先秦儒家道德人格及其教化思想研究

张晓庆 ◎ 著

人民出版社

目　录

第一章　绪　论……………………………………………………………1

第二章　先秦儒家道德人格思想的形成源流……………………41
　　第一节　先秦儒家道德人格思想产生的社会背景………………41
　　第二节　先秦儒家道德人格思想产生的理论基础………………55
　　第三节　先秦儒家道德人格思想发展的历史脉络………………83

第三章　先秦儒家道德人格思想的基本内涵……………………98
　　第一节　多层面的道德人格范型…………………………………98
　　第二节　在君子与小人对举中彰显价值取向……………………111
　　第三节　在圣人与君子超越中达至理想境界……………………135
　　第四节　在内圣与外王互动中体现实践品格……………………158

第四章　先秦儒家道德人格的教化诉求及路径…………………169
　　第一节　道德人格的教化诉求……………………………………169
　　第二节　自我教化…………………………………………………184
　　第三节　家庭教化…………………………………………………197
　　第四节　社会教化…………………………………………………210

第五章　先秦儒家道德人格及其教化思想的评价与反思..............228

　　第一节　先秦儒家道德人格及其教化思想的历史评价.............228

　　第二节　先秦儒家道德人格及其教化思想的当代价值.............238

　　第三节　先秦儒家道德人格及其教化思想的转化发展.............264

参考文献..............273

后　记..............279

第一章 绪 论

一、研究背景与研究意义

先秦儒家思想以教人做有道德的人为核心内容，以部署伦理秩序为价值旨归。而如何将此二者有机结合，不仅要考察先秦儒家确立的做人道德标准，还要考察其如何运用这一道德标准安排部署人间秩序，这就涉及了本书的研究问题：先秦儒家关于做人标准范型以及运用此标准范型来完善自己、影响他人、安顿社会秩序的观点和看法，也即先秦儒家道德人格及其教化思想。

对于上述问题的研究，关涉目前如何在中华民族伟大复兴进程中培育时代新人，如何推进文化自信中构建中华民族精神家园，如何在中西文化交流互鉴中对中华优秀传统文化进行价值定位等现实问题。

（一）研究背景

1. 当代中国文化建设中科技理性与人文道德的价值背离

当前中华民族处在最接近伟大复兴的历史时刻，我们既要深刻认识到文化复兴是中华民族伟大复兴的应有之义，也要清醒地认识到当代文化建设中依然存在片面强调科技发展而忽视人文道德的弊端。随着现代科技的迅猛发展，经济也在更高层面发展，现代科技在促进经济发展中表现出巨大的作用，文化产业创造了巨大的物质财富，在经济发展中占据更大比重，科技文化俨然成了文化的主流。但是文化的道德维度依然存在不少问题，正如 2019 年 10 月中共中央、国务院印发的《新时代公民道德建设实施纲要》中作出的判断："一些地方、一些领域不同程度存在道德失范现象，拜金主义、享乐主义、极端个人主义仍然比较突出；一些社会成员道德观念模糊甚至缺失，是非、善恶、美丑不分，见利忘义、唯利是图，损人利己、损公肥私；造假欺诈、不讲信用的现象久治不绝，突破公序良俗底线、妨害人民幸福生活、伤害国家尊严和民族感情的事件时有发生。"①

究其深层原因，可涉及三个维度的思考。首先，这些问题是文化道德自身发展的历史阶段或者说文化断层影响所致。在中国文化发展的历史进程中出现了几次对传统伦理道德的批判否定，严重影响了伦理道德作用的发挥与价值影响。在辛亥革命之前，中国传统伦理道德占据主导地位，产生了巨大的影响。在新文化运动期间，中国传统伦理道德作为旧道德受到了严重冲击，当然，这一危机主要是在民族危亡时刻中国社会近代化进程的必然结果。新中国成立后，尤其是在"文化大革命"期间，中国传统伦理道德被作为封建意识形态遭到批判否定，丰富的中国传统伦理道德资源难以发挥其应有作用。其次，在市场经济建设过程中，市场主体多元化、价值意识利益化对道德建设带来了挑战。正如陈来所说："知识分子拒绝儒家价值，民众及青年缺乏稳定的道德权威和价值信念，无法形成'刚健有为、厚德载物'的统一国民精神，文化病症与道德危机在市场经济和社会转型期变得越来越严重。"② 随着社会主义市场经济主体多元化，相应地带来的多元价值意识与多元价值取向体现在不同的价值主体上，便形成了不同的价值观及其冲突。而市场经济

---

① 《新时代公民道德建设实施纲要》，人民出版社 2019 年版，第 2—3 页。
② 陈来：《孔夫子与现代世界》，北京大学出版社 2011 年版，第 151 页。

中的利益倾向，使得经济利益成为人与人交往的重要内容，大大激发了人们利益倾向的价值意识，其极端化则导致了拜金主义。拜金主义使得人们内心道德自律失范，将人伦道德规范颠倒，使精神文化产品扭曲变形。在文化产业和文化事业的发展中出现了一味追求功利实用、缺乏信仰关怀等现象，文化发展的宗旨、主体和过程等要素均存在一些问题，这也是文化道德发展的阶段性和市场经济体制与规则尚不健全的结果。最后，是现代性价值的冲击。在当代的价值理念中，现代性价值一度占据主导地位，在欧洲"启蒙运动"之后，以理性思维、主体意识等为标志的现代性价值将人类从对上帝的崇拜与权威的迷信中解放出来，理性成为时代精神的标志与衡量一切的标准。一时间，高扬的主体理性和科技知识战胜了传统的道德与信仰，这种工具理性膨胀伴随着价值理性的衰微，一方面促进了资本主义经济的飞速发展，另一方面带来了人与人关系中的功利化、自我中心化以及人对自然的征服与掠夺。在我国，改革开放以来，伴随着社会转型，公民信仰一度出现危机，西方的拜金主义、功利主义和工具理性思维乘虚而入，冲击、影响着人们的价值观和道德观。

2. 全球化进程中伦理秩序变革与人类共同价值理念的构建诉求

随着资本主义生产方式在全世界的扩张，资本主义国家的生产力得到了前所未有的发展，但是物质上的丰饶并没有给人们带来心灵上的安宁，反而出现了生态环境恶化、人际关系紧张、种族冲突加剧等诸多问题。面对全球化飞速发展带来的种种问题，西方社会出现了价值信仰危机，而发展中国家也面临着民族文化焦虑与对西方文化失望的矛盾心理。在新旧道德秩序更替之际，人类开始呼唤全球伦理秩序。

1993 年 8 月 28 日，在美国芝加哥召开"第二届世界宗教议会"，这次大会通过了由孔汉思、库舍尔起草的《全球伦理：世界宗教议会宣言》，与会的宗教界人士认为，"若无一种伦理方面的基本共识，任何社会迟早都会受到混乱或专制的威胁；若无一种全球性的伦理，就不可能有更美好的全球性秩序"①。宣言确立了全球伦理的两条基本原则：一条是每一个人都应该得到人道的对待，也就是"你愿意别人怎样对待你，你就应该怎样对待人"；一条是"你不愿意别人怎样对待你，你就不该怎样对待别人"。这实际上对应的就是儒家的"己欲立而立人，己欲达而达人"与"己所不欲，勿施于人"的"忠恕之道"，构成了所谓的"黄金规则"。这充分说明了面对生存冲突的压力与价值理念的差异，人类主体开始寻求超越地域、超越文明、超越种族的共同价值观念，也说明了以儒家思想为核心的中华传统文化已经成为全球伦理构建的重要文化资源选项。

当然，我们这里所说的全球伦理的建构是人类应对人口、能源、粮食、环境等全球问题的责任选择，以推进世界和平与人类发展的国际秩序建构，实现人与自然、人与社会以及人与人的关系的和谐发展为指向，而并非当前西方所提出的作为资本主义意识形态强势话语的所谓"普世价值"。应当说，近代西方资产阶级倡导的"自由""民主""人权"等价值观，在反对封建制度的过程中发挥过历史性作用。但是当资产阶级取得统治地位后，他们逐渐将这些价值观美化为"普世价值"输出、贩卖，用以实现其全球霸权的特定目的。正如美国学者塞缪尔·亨廷顿所说："普世文明的概念是西方文明的独特产物。……普世主义是西方对付非西方社会的意识形态。"②

总之，当前人类社会面临的问题，最终还是以人为核心的秩序安顿的问题。在人与自身关系方面，是对物欲无度追求而带来的身心紧张，物质

---

① [德] 孔汉思等编：《全球伦理：世界宗教议会宣言》，何光沪译，四川人民出版社1997年版，第1页。

② [美] 亨廷顿：《文明的冲突与世界秩序的重建》，周琪等译，新华出版社2009年版，第45页。

与精神关系失衡以及在自身生存意义上的茫然与失措；在人与人的关系方面，包括人与他人、人与社会、社会与社会等关系，随着资本主义社会中利益至上观念、工具理性下的功利化倾向以及拜金主义的泛滥，家庭关系松弛，社会问题畸变，国家、民族之间冲突加剧，个体在社会中也常常感到无所适从；在人与自然的关系方面，是现代性蕴含的工具理性主义与主体至上思维带来的征服与掠夺自然的自我中心主义、科学技术万能认识，以及最终导致的气候变化、资源枯竭等生态环境问题。

（二）研究意义

1. 促进人的自由全面发展，培育担当中华民族复兴伟业时代新人的历史需要

人既是自然界进化的最高产物，也是自然界的改造者与人类社会的创造者。人是自然属性与社会属性的统一，其中，社会属性是其本质属性。人在改造自然和社会的过程中不断改造、发展自我与社会，这是人与动物区别的本质与规律。而作为普遍的人的本质与规律正是通过特殊的个体的本质和规律展现出来的。换言之，作为社会历史活动的主体，个体在改造自然与社会的过程中不断发展完善自我，确认自己人之为人的本质力量，实现自由全面的发展。自由的发展指的是人作为主体，彻底摆脱外在与内在的束缚，真正发挥自己的独特创造性，以展现自己的本质力量为目的。人的全面发展则意味着人作为主体的劳动能力、社会关系以及潜能素质的全面发展。

马克思将人的发展概括为三个阶段，即人的依赖关系占统治地位的阶段、以物的依赖性为基础的人的独立性的阶段、人的自由全面发展的共产主义阶段。前两个阶段对应"异化"的生存状态，其中，人的活动目的是获取物质利益，劳动是谋生的手段，人受自己的活动及其结果的控制。而"自由全面发展"则意味着活动的目的是确证自己人之为人的本质力量，劳动是第一需要，人能自由支配自己的活动与结果，从而实现能力的全面发展。从"异化"向"自由全面发展"是人的生存状态的质的飞跃，是从"必然王国"向"自由王国"的飞跃。中国共产党继承了马克思关于人的发展的思想并赋予其中国特色与时代特色，例如，毛泽东提出"应该使受教育者在德育、智育、体育几方面都得到发展，成为有社会主义觉悟的有文化的劳动者"①，邓小平提出要培养"有理想、有道德、有文化、有纪律"的社会主义新人。习近平将"培养什么样的人"与"培育什么样的价值观"紧密结合，提出"培养担当民族复兴大任的时代新人"的命题，时代新人要求能立大志、明大德、成大才、担大任等。而人的自由全面发展体现在个体道德品质方面的要求上，就是不断追求理想道德人格。

纵览中国传统伦理思想的发展过程，我们发现，先秦儒家尤其是孔孟及其后学等先贤们都极为重视道德人格的确立与塑造，并将其作为挽救人心、重整社会秩序的良方。在先秦儒家经典著作中，出现了以伦理道德思想为核心的不同层次、不同类型的道德人格，既有表征做人最高典范的圣人，也有表征做人一般范型的君子，还有大丈夫、贤人、士、小人等不同层次的道德人格。同时，先秦儒家思想适应以小农经济、血缘宗法等级为特征的传统社会，以处理伦理关系为价值旨归，以教人做道德人为核心的教化理念凸显着政治、道德与教育的一致性。先秦儒家道德人格及其教化思想对中国传统社会产生了巨大影响，上至历代思想家及文人士大夫，下至社会各阶层人士包括普通百姓，都对某一道德人格范型产生了广泛认同、推崇和追求，造就了一大批仁人志士，熔铸了中华民族精神品格，而"君子喻于义""君子坦荡荡"等关于君子道德人格的论述，已然融入百姓日常生活中，成为一种文化心理。

----

① 《毛泽东文集》第七卷，人民出版社1999年版，第226页。

从更宽泛的意义上看，先秦儒家追求的理想道德人格契合马克思的人的自由全面发展思想，它为当时的文化发展树立了道德标杆和价值尺度，并在以后逐渐发展成占据主导地位的意识形态的承载者，对传统中国人的价值观念、思维方式和行为习惯等方面都产生了极其深远的影响，是自古以来仁人志士政治实践、文化追求、道德践履的重要力量源泉。在当今的社会转型期，反思信仰缺失、价值冲突、道德焦虑、人际关系冷漠、生态危机等现象的深层文化原因时，我们可以借助先秦儒家创造并传承下来的思想精华，经过重新阐释和拓展，完全可以在培育和践行社会主义核心价值观，构筑中国精神、中国价值，培养担当民族复兴大任的时代新人方面大有作为。

2. 传承中华文化基因，构建中华民族精神家园的现实需要

中华民族在五千余年的历史发展中所形成的思想文化，包括精神活动、理性思维、文化成果等，反映了中华民族的精神追求，其核心已融为中华民族的文化基因，成为中华民族别于其他民族的独特标识。古往今来，一个国家的发展不仅包括经济总量与军事力量等硬实力，也包括思想文化与价值观念等软实力，在新时代，我们要坚守中华文化立场，传承中华文化基因，弘扬超越时空、具有当代价值的文化精神，不断提高国家文化软实力。如自强不息、以民为本、以和为贵、协和万邦等都是以中国文明来宣示中国性，展示中国政策的文化背景，也呈现着中国的未来方向。

中华传统文化中蕴含的以"仁、义、礼、智、信"等为主要内容的价值观念，作为中华传统文化的精神内核构成了维护和巩固传统社会发展的稳定精神力量，也是中国特色社会主义文化的源泉，为培育和弘扬社会主义核心价值观提供了深厚滋养。只有不断汲取中华传统文化的思想精华与道德精髓，传承优秀传统价值观，才能使得社会主义核心价值观更有生命力与影响力。中国共产党自成立之日起，就注重在传承中华文化基因中推进马克思主义中国化，不断加强意识形态建设。中国共产党十九届六中全会更是明确将马克思主义中国化的第三个飞跃表述为：习近平新时代中国特色社会主义思想是当代中国马克思主义、21 世纪马克思主义，是中华文化和中国精神的时代精华，实现了马克思主义中国化新的飞跃。

随着现代社会发展以及中国的社会文化变迁，对传统道德价值的需要更加凸显。实际上，正如陈来所说："对儒家价值关注的必然性在于现代化转型过程中'道德性'与'现代性'的分裂以及克服分裂的要求，是理论上对多元文化的肯认和实践上对现代化过程的治疗，是对价值理性深切关怀的表达，对理想人生与理想人格追求的体现，在中国还是对民族文化认同的强烈要求，同时，也是对启蒙叙事的道德的人文反思。"① 在现代化过程中如何对待传统文化道德价值与西方外来价值是构建中华民族精神家园的重要内容，而这两个问题在一定意义上又是一致的，那就是反思现代性与传统道德在现代社会中的关系与价值定位，要围绕公民道德与伦理秩序的维护，思考如何守护价值传统与道德权威。面对启蒙后的现代性所蕴含的主客二分的思维方式与工具理性主义，要重塑传统儒家思想中的人文价值理性，消除主导现代社会秩序的现代性弊端，以人文价值理性引领科学工具理性，增强中华民族文化认同。

先秦儒家以家族和群体为本位，视个人为家族和国家的一分子，强调整体利益和群体价值，主张"天下为公"，个人必须服从并服务于家族、国家和民族。这种整体主义理念造就了以国家和民族利益为重的道德传统，同时，延伸出以"礼"维护其等级秩序、以"和"协调等级对立的指向社会有序和谐运转的理性观念。在纪念孔子诞辰 2565 周年国际学术研讨会上，习近平指出："中国优秀传统文化的丰富哲学思想、人文精神、

---

① 陈来：《孔夫子与现代世界》，北京大学出版社 2011 年版，第 150 页。

教化思想、道德理念等，可以为人们认识和改造世界提供有益启迪，可以为治国理政提供有益启示，也可以为道德建设提供有益启发。"① 这明确指出了儒家思想中蕴含的人文价值及其全方位作用。先秦儒家注重以人格养成的道德人文精神化民成俗、辅弼社会和谐发展所蕴含的内在精髓，经过创造性转化与创新性发展，对于加强文化道德建设、构建中华民族精神家园具有重要的借鉴意义。

3. 顺应全球伦理秩序变革，推进人类命运共同体文化构建的内在要求

在全球化进程中，人类主体试图通过对话、交流与协调来寻求一种全人类共同的价值观念体系，这种观念体系应当具备以下几个特征。首先，它应当是从底线出发的最基本最可行的伦理观念，以达成各民族、各国家、各地区的人们的共识，是人类最基本的用以维护社会秩序的底线伦理，如"己所不欲，勿施于人""尊重他人"等。其次，要顺应全球化趋势，满足人类共同发展需要，要关注全球问题的责任、对公正合理新秩序的设计以及对人与自然、人与人、人与社会关系和谐发展的关怀等内容，"要阐明基于各大宗教伦理传统的对当今世界道德状况的不满和改造人心状态的看法，阐明道德危机的原因，谋求从根本上改变人类的精神生活"②。再次，除了表达最低限度的伦理共识之外，要包含理想、人类终极价值目标等崇高要求，体现人类对自由、民主、权利、公平、正义的向往与追求，以全球的共同利益和人类共同福祉为价值旨归。③ 我们反对西方的所谓"普世价值"，同时，我们也承认人类社会的共同价值。人类生活在一个地球村里，作为命运共同体，客观存在的共同利益必然要求共同价值。这里的共同价值并非独尊一家，而是倡导求同存异、和

---

① 习近平:《在纪念孔子诞辰 2565 周年国际学术研讨会暨国际儒学联合会第五届会员大会开幕会上的讲话》，《人民日报》2014 年 9 月 24 日。

② 陈来:《孔夫子与现代世界》，北京大学出版社 2011 年版，第 16 页。

③ 谭培文等:《从底线伦理到终极关怀》，广西师范大学出版社 2009 年版，第 24 页。

而不同，充分尊重文明的多样性，尊重各国自主选择的社会制度和发展道路的权利。

回溯儒家学说的发展历程与价值影响，我们发现，儒家思想的表达方式和理论结构与古代社会组织、生产方式乃至政治制度有着密切联系，同时，其伦理价值又具有超越特定政治制度和社会组织的普遍性。正如杜维明所说："虽然从发生学上来看，儒家与农业经济、官僚制度、家族社会密切关联，深深扎根于传统中国的经济、政治和社会，但既不能把儒学简单还原为家族主义、官僚主义、反商主义，而且也不能认为社会根柢被摧毁，儒家思想就因此丧失了它作为人文关怀和伦理宗教的意义，这些关切和意义与现代世界仍然相关。"①

先秦儒家通过对理想人格的塑造，构建了一个以仁为核心、以礼为形式的完整的思想体系，勾勒出其在天地之间建构人与自然和谐、在社会中促进人与人和睦以及人的精神世界充盈愉悦的理想人文秩序。它以人的类本质为思考的基点，强调从人类生活本身来确立道德基础，而不借助于宗教信仰或鬼神迷信，从而为其道德原则、道德修养以及道德理想确立了现实性基础。先秦儒家追求的仁爱、和谐的思想境界，倡导的整体主义价值观念以及对"大同世界"的构想，都表达了对理想社会的价值诉求，对于构建人类命运共同体价值理念具有重要借鉴意义。

二、学术研究现状

目前学界对于先秦儒家道德人格及其教化思想的研究主要从先秦儒家道德人格的基本内涵、主要特征与价值启示，先秦儒家教化的产生条件、

---

① ［美］杜维明：《儒家传统的现代转化——杜维明新儒学论著辑要》，岳华编，中国广播电视出版社1993年版，第517—518页。

结构特点与实现方式，先秦儒家道德人格及其教化思想的局限困境与现代
转化等维度展开。

（一）先秦儒家道德人格的基本内涵、主要特征与价值启示

1. 先秦儒家道德人格的基本内涵

目前关于先秦儒家道德人格基本内涵的研究主要集中在以下几个方
面：先秦儒家道德人格是儒家设立的做人的一般典范，是对处于宗法血缘
关系网中的各类个体提出的做人格式和具体规范，是安排部署人间秩序的
社会标准。郭广银等认为，根据修养的境界，先秦儒家道德人格可分为
做人最高典范的圣王人格和做人一般范型的君子人格，其中圣王人格是
全德、全智、全功的，而君子人格则具有重义轻利、安贫乐道、自强不
息、坦荡宽容等内涵。[①] 杨国荣认为，先秦儒家的理想道德人格是个体全
面发展的完美理想，其内涵从情、知、意三个方面体现为仁爱精神、自觉
理性、主体意志。[②] 杨谦、林贵长则认为，先秦儒家道德人格是以仁为核
心的仁、智、勇以及展开的仁、义、礼、智等规定。[③] 先秦儒家道德人格
体现为仁者爱人的人道精神、乐天知命的生活智慧、见义勇为的实践精
神[④]，也有人认为其更核心的内涵在于理想追求和使命意识[⑤]。

先秦儒家道德人格是仁、义、礼、智等各种优良品质的集合。朱义
禄认为先秦儒家的君子就是内心以"仁"为主导，而其行为符合"礼"的
人。[⑥] 梁国典认为君子道德人格包括仁、义、礼、智、忠信、勇、中庸、和

---

① 郭广银：《论儒家理想人格及其现代价值》，《江海学刊》1996 年第 4 期。

② 杨国荣：《人格之境与成人之道——从孟子看儒家人格学说》，《南京社会科学》1994
年第 6 期。

③ 杨谦：《理想人格与成人之道——孔孟人格论再议》，《道德与文明》2004 年第 4 期。

④ 林贵长：《先秦儒家"君子"人格及其现代价值》，《天府新论》2010 年第 4 期。

⑤ 杨国荣：《儒家视阈中的人格理想》，《道德与文明》2012 年第 5 期。

⑥ 朱义禄：《儒家理想人格与中国文化》，复旦大学出版社 2006 年版，第 42 页。

而不同、文质彬彬与自强不息等内涵。① 于建福认为孔子的君子道德人格内涵的多重规定中，仁是首要的、根本的因素，义是最重要的内在要求；圣人道德人格内涵主要包括在人生境界上追求天人合一、从心所欲不逾矩，在社会理想上追求大同，外在形象是仁且智、博施济众、修己以安百姓。②

先秦儒家道德人格是不同领域的优秀道德典范的集中体现。彭国翔认为先秦儒家君子人格是道德主体、政治与社会主体、智识主体及批判主体的统一。③ 李长泰等认为先秦儒家君子人格体现了治国才能、内在道德本性和广博学识的统一④。

2.先秦儒家道德人格的主要特征

先秦儒家道德人格是一种强调独立性的人格。张岱年、陈来等认为，先秦儒家肯定人的独立意志，高扬人的尊严，强调人的价值就在于是否具有独立的意志和人格。⑤ 同时，先秦儒家道德人格与社群利益、人伦关系相统一，其中，人伦实践是完成独立人格的条件。⑥ 李仁群、翟东林等认为"士志于道""君子喻于义"，强调了儒家对知识分子人格独立和精神自由的追求以及承担实现社会大同历史使命的诉求。⑦

先秦儒家道德人格是一种具有全面性与超越性的理想人格。郭广银、杨明等认为，儒家尤其是先秦儒家造就了中华民族在追求理想人格方面所展示出的独特历史风貌，即思想境界上的天人合一、内在要素上的真

---

① 梁国典：《孔子的"君子"人格论》，《齐鲁学刊》2008年第5期。
② 于建福：《孔子的理想人格教育》，《中国教育学刊》2005年第7期。
③ 彭国翔：《君子的意义与儒家的困境》，《读书》2009年第6期。
④ 李长泰：《儒家君子范畴内涵新论》，《江西社会科学》2011年第10期；裴士京、孔读云：《〈论语〉君子观及其现代启示》，《学术界》2006年第1期。
⑤ 张岱年：《〈先秦儒家教育哲学思想研究〉序》，《上饶师专学报》1990年第2期。
⑥ 陈来：《儒学论"人"》，《哲学动态》2016年第4期。
⑦ 李仁群、翟东林：《"志于道"与"喻于义"——孔子对士君子人生抉择的思考》，《孔子研究》1995年第1期。

善合一、实现手段上的知行合一。① 张怀承、唐凯麟等认为，孔子对君子道德人格的论述概括起来说，君子就是遵循礼、追求仁的人。② 郭齐勇等认为，儒家尤其是孔孟所言的道德人格的特点在于与天道相联系的"圣"的境界，与人道相联系的"凡"的现实，是终极至上性与经世致用性的统一。③ 丁祯彦、陈卫平等认为，先秦儒家道德人格体现了人道和理性两种原则的统一，对人的全面发展的要求以及儒家一贯重教化、修养的特点。④

先秦儒家道德人格是一种注重内在修养的人格。关于这一特点的研究主要集中在修养的路径和方法上。在修养的路径方面。郭齐勇等认为，儒家的仁是一种境界，义是道路，而礼是规范。先秦儒家道德人格的养成在仁、义与礼之间的张力中实现。其中，克己复礼是君子培养仁德的重要方法。⑤ 杨国荣认为，孟子的道德人格思想中的修养是内在根据的展开和后天涵养的结合，是对本性的顺应和潜能的激发，修养的过程就是善端的展开过程，而后天涵养是理性的自觉和意志的磨炼。⑥ 在修养的具体方法方面。杨谦认为，孔子的道德人格修养方法包括欲仁、克己、知耻、学习等，孟子的道德人格实现方式主要在于反求诸己的主观努力和寡欲。⑦ 黄雨田、汪凤炎认为君子道德人格的形成以"感应万物"为前提，以"反身

---

① 郭广银、杨明：《儒家伦理与当代理想人格》，《学术研究》1996 年第 2 期。

② 唐凯麟、张怀承：《成人与成圣——儒家伦理道德精粹》，湖南大学出版社 1999 年版，第 104 页。

③ 郭齐勇：《孔孟儒学的人格境界论》，《华中师范大学学报（人文社会科学版）》2000 年第 11 期。

④ 丁祯彦：《儒家的理想人格与现代新人的培养——兼谈冯契"平民化的自由人格"》，《华东师范大学学报（教育科学版）》1998 年第 1 期。

⑤ 郭齐勇：《"仁""义"与现代人的精神世界》，《人民论坛》2013 年 10 月。

⑥ 杨国荣：《人格之境与成人之道——从孟子看儒家人格学说》，《南京社会科学》1994 年第 6 期。

⑦ 杨谦：《理想人格与成人之道——孔孟人格论再议》，《道德与文明》2004 年第 4 期。

修己"为根本。具体的培养方法包括修养心性、学习知识、管理情绪、磨砺意志、养成习惯。①

3.先秦儒家道德人格的价值启示

先秦儒家提出的道德人格具有自身的理论特色，作为一种人格范型，其在处理人与自我、人与社会、人与自然等关系方面均展现出独特优势，学界进行了充分挖掘并提出了相应见解。

肯定先秦儒家道德人格在处理自我身心关系方面的价值。张岱年认为先秦儒家树立的道德人格是使人成其为人的人格，肯定人的独立意志，保持人格尊严，高扬人的主体意识。②蒋国保认为，儒家君子人格在当代的价值主要体现在为塑造理想人格提供了现实榜样，揭示道德实践对于人生的根本性意义，深化了羞耻意识对人存在本质意义的认识。③谭忠诚认为儒家君子道德人格具有"与仁"和"知命"的二维结构，体现了内在价值取向与外在认同两个维度，有助于当代人的心灵陶冶。④有的学者主张，先秦儒家以德性作为人之为人的根本规定，而道德人格教化实际上就是实现有诸己的道德品质。詹世友、郭燕华等认为，孟子的道德教化思想以对生命的关怀提升着人的生命价值的层次⑤。

强调先秦儒家道德人格在处理人与社会关系方面的价值。杨谦认为，要把人格的完善作为道德教育的核心内容和终极目的，从"人之为人"的高度理解道德和道德教育的价值，有利于解决道德自律性的问题。从做人、

---

① 黄雨田、汪凤炎：《〈周易〉论君子的人格素养及其形成途径》，《心理学探新》2013年第2期。

② 张岱年：《〈先秦儒家教育哲学思想研究〉序》，《上饶师专学报》1990年第2期。

③ 蒋国保：《儒家君子人格的当代意义——以孔孟"君子"说为论域》，《道德与文明》2016年第6期。

④ 谭忠诚：《君子修养与心灵安顿》，《中州学刊》2014年第8期。

⑤ 郭燕华、詹世友：《存养扩充：孟子道德教化思想之理路》，《南昌大学学报（人文社会科学版）》2006年第4期。

成人等人格提升的层次上遵守道德规范，理解道德教育和道德修养，增强道德约束力。① 林贵长认为，君子道德人格对提升人性修养、淳化社会风俗、完善社会价值体系有所助益。② 任锋认为，君子作为具有文教和政治双重意义的复合型精英，是天人秩序和文教之间的枢纽。③ 李和平认为，孔子教化思想以仁学为核心，有助于纠正当前社会弊病，推动文化中国发展。④

注重先秦儒家道德人格在处理人与自然关系方面的价值。郭广银认为，先秦儒家理想人格思想的精神价值巨大，其中的"仁爱"思想、"天人合一"理念都为解决环境危机提供了指导性哲学依据。⑤ 余卫国认为君子"三畏"——畏天命、大人和圣人之言，体现了君子对于人类行为的自我约束和德性自觉，有利于解决物化问题、抑制人类中心主义的泛滥。⑥

（二）先秦儒家教化的产生条件、结构特点与实现方式

关于教化，学界部分学者凸显其政治性维度，将其理解为自上而下的思想意识灌输。如张锡勤认为，教化就是以教化民，以教导民，是通过道德教育感化人民，移风易俗。它与刑罚相对，是德治的体现。⑦ 杨朝明认为，"教"是以使人向善为宗旨的文教，"化"的本义是上教下行后发生的潜移默化的改变。儒家对人的教化，就是通过教行迁善，促使人经由社会化达到至善。⑧ 张惠芬认为教化就是综合运用政治、经济、道德、教育、

---

① 杨谦：《理想人格与成人之道——孔孟人格论再议》，《道德与文明》2004 年第 4 期。

② 林贵长：《先秦儒家"君子"人格及其现代价值》，《天府新论》2010 年第 4 期。

③ 任锋：《天人、治教与君子：〈中庸〉经义解析》，《天津师范大学学报（社会科学版）》2014 年第 4 期。

④ 李和平：《孔子教化为本的决策断想》，《江西教育学院学报》1992 年第 1 期。

⑤ 郭广银：《论儒家理想人格及其现代价值》，《江海学刊》1996 年第 4 期。

⑥ 余卫国：《敬畏之心的存有与和谐社会的建构》，《湖北社会科学》2011 年第 6 期。

⑦ 张锡勤：《试论儒家的"教化"思想》，《齐鲁学刊》1998 年第 2 期。

⑧ 杨朝明：《刍议儒家的教化文化》，《孔子研究》2008 年第 6 期。

宗教等各种手段，对人们的道德意识及思想行为施加影响，从而协调、稳定统治秩序。[①] 另一些学者则着力强调教化的道德维度，将其理解为自下而上的个体由特殊向普遍的提升。如有的学者认为教化是人的心灵、精神从自然状态到普遍状态的发展过程；[②] 有的学者认为教化在尊重自由的基础上以促进人的精神成长和自我形成为宗旨；[③] 有的学者指出"教"主要是通过道德教育来完成的，"化"的过程主要依靠良好的道德环境加之正确的评价手段。[④] 还有的学者强调教化对旧自我的改造以及对新人的塑造。[⑤] 有的学者指出了教化所具有的保持特性，就是将教化的普遍化作用落实为一种"合适感""共通感"的培养。[⑥]

应当说，将教化理解为维护统治的工具，而道德只是教化的内容和手段，凸显政治的维度，容易消解教化的道德内涵。而仅仅将人格教化理解为个体精神涵养与境界提升，而试图摆脱政治的规约，强调道德维度，则容易导致教化的理想化。学界对先秦儒家教化的研究主要集中在以下几个方面。

1. 关于教化的产生条件

先秦儒家教化具有独特的伦理政治诉求，追求伦理政治化、法律礼教化的政治理想，期待"内圣外王"式的理想道德人格，这些都有其深刻的社会历史背景和人性论依据。有的学者从政治经济等社会背景出发进行探

---

① 张惠芬：《中国古代教化史》，山西教育出版社 2009 年版，第 3 页。

② 詹世友：《道德教化与经济技术时代》，江西人民出版社 2002 年版，第 13—14 页。

③ 金生鈜：《规训与教化》，教育科学出版社 2004 年版，第 8 页。

④ 王保国：《教化的政治与政治的教化——传统中原政治文化传播模式探析》，《学术论坛》2008 年第 1 期。

⑤ ［美］理查德·罗蒂：《哲学和自然之镜》，李幼蒸译，商务印书馆 2003 年版，第 337 页。

⑥ ［德］伽达默尔：《真理与方法》，王才勇译，辽宁人民出版社 1987 年版，第 10—58 页。

讨，认为春秋末期社会失范和文化冲突，孔子以高度的社会责任感，主张通过道德教化塑造道德人格、整顿社会秩序。杨朝明认为，面对春秋后期的无道现实，早期儒家注重社会秩序的整合，儒家以尧、舜、文、武等圣王为道德楷模，以他们的思想行为感染世人，进行社会教化。① 王杰认为孔子提出的"庶、富、教"教化次序，孟子的"有恒产者有恒心"思想，均指出了教化需要的物质前提。② 荀子的"不富无以养民情，不教无以理民性"（《荀子·大略》），也揭示了物质生产对于教化的基础作用。这表明了先秦儒家教化有观照现实生活的一面。有的学者从人性论、认识论等方面进行挖掘。张锡勤认为，无论是荀子的性恶论还是孟子的性善论，都与先秦儒家道德人格的修养和教化密不可分。③ 葛瑞汉认为孟子性善论中的"性"是兼具事实性和规范性的范畴。④ 张锡勤指出，儒家重视道德人格教化，不仅基于德善非天生的认识，还出于对道德人格形成过程的科学认识。⑤ 王炳照等认为，由于统治者认识到了"民"对于维护国家稳定、社会秩序的重要性，才重视道德教化。⑥

2.关于教化的结构特点

先秦儒家教化作为一种思想，在当时以及后来能产生"化民成俗"的效果，不仅源于其契合政治统治需要，而且在于其自身独特的结构特点。

强调先秦儒家教化的人格目标与道德内容。杨朝明认为，儒家教化是心性教化，其目标是促使人们知修身、讲仁爱、敢担当，从而达到圣人、

---

① 杨朝明：《刍议儒家的教化文化》，《孔子研究》2008 年第 6 期。

② 王杰：《孟子仁政思想中的经济利益原则与道德教化原则》，《中共中央党校学报》2005 年第 2 期。

③ 张锡勤：《试论儒家的"教化"思想》，《齐鲁学刊》1998 年第 2 期。

④ 施忠连：《美国对儒学的新认识》，《社会科学》1997 年第 8 期。

⑤ 张锡勤：《试论儒家的"教化"思想》，《齐鲁学刊》1998 年第 2 期。

⑥ 周慧梅、王炳照：《沿革与流变：从古代社会教化到近代民众教育》，《河北师范大学学报（教育科学版）》2005 年第 4 期。

君子等理想道德人格的要求。① 肖群忠认为，儒家的学说是为己之学，为己强调自我是道德修养中的主体和核心，是为学的起点，为己之学以实现圣贤人格为旨归，学做人的圣人之学也就是为己之学，或者说学做人是其性质，道德修养或学道德是其内容。② 顾明远、郭齐家等认为："孔子强调道德教育，而且把它放在培养人的首要地位，认为具有高尚的道德品质，是成为圣贤君子的首要条件，认为道德教育与道德修养是最根本的问题。"③ 徐仲林、谭佛佑、梅汝莉认为，在孟子的思想里，仁学就是人学，教育乃是实施人道，"造就人格是教育的根本任务"④。

先秦儒家教育的目标是内圣外王的理想人格。以培养弘道的君子为教育目的，而君子人格的第一要义就是依仁立礼，追求品德修养的内外和谐与统一。⑤ 韩钟文认为先秦儒家的理想人格是"内圣外王"的人格，作为人生理想和社会理想最高境界的"内圣外王"是道德教育的目标。⑥ 陈超群则认为，在先秦儒家那里，"理想社会需要相应的人才。因此，思想家设想了相应的理想人格并规定了具体要求。为教育规定了高远目标，为人性改造指明发展方向。如儒家的'圣人''君子'，墨家的'兼士''贤士'……"⑦

指出了先秦儒家教化的阶段性与层次性。郭齐家认为，关于道德品质形成，先秦儒家中孔子已经初步涉及知、情、意、行四个方面，但并未明确将其视为完整的四个道德教育阶段。⑧ 徐仲林、谭佛佑、梅汝莉认为，

---

① 杨朝明：《刍议儒家的教化文化》，《孔子研究》2008 年第 6 期。

② 肖群忠：《儒家为己之学传统的现代意义》，《齐鲁学刊》2002 年第 5 期。

③ 郭齐家：《中国教育思想史》，教育科学出版社 1987 年版，第 25 页。

④ 徐仲林等主编：《中国教育思想通史》第 1 卷，湖南教育出版社 1994 年版，第 241 页。

⑤ 顾明远：《民族文化传统与教育现代化》，北京师范大学出版社 1999 年版，第 49 页。

⑥ 韩钟文：《先秦儒家教育哲学思想研究》，齐鲁书社 2003 年版，第 141 页。

⑦ 陈超群：《中国教育哲学史》第 1 卷，山东教育出版社 1999 年版，第 7—8 页。

⑧ 郭齐家：《中国教育思想史》，教育科学出版社 1987 年版，第 26 页。

孟子指出教化以"四端说"为出发点,以实现"仁政"和"大丈夫"为目标,以人格的力量为动力,以"人境"为成人途径;荀子将教化目标分为士、君子、圣人三个层次,就是把人培养成具有一定文化的知识分子,包括俗儒、雅儒、大儒。① 王保国认为,孔子认为治国理政就是执政者进行道德感化的过程,在"推己及人"的过程中,放大道德的作用,将其置于国家治理的关键。② 钟肇鹏认为儒家以"修身安人"为根本的系统分为两个阶段:第一阶段是以格、致、诚、正、修为关键的"内圣之道";第二阶段是以齐、治、平为关键的"外王之道"。③ 有的学者认为先秦儒家教化是以"仁"统摄、以"礼"纲纪、以"乐"总成的教育模式。④

概括了先秦儒家教化的理想性与实践性。徐仲林、谭佛佑、梅汝莉认为,先秦儒家道德人格教化具有道德至上,尤其重视和谐发展思想和以道德修养为中心的特点。"孔子教人做人,主旨在于使人人格完善,成为一个人格高尚的人。……完美人格是指这种人的表里是和谐的,其智仁勇是兼全的。"⑤ 儒家教育的最高境界是使培养出的人能够具有高水平的道德修养,在精神层面上达到善美,并能外化出来,所以儒家强调知行合一,把道德认识与道德实践紧密结合,实现人的道德及行为的内外统一。儒家传统教育的方向是使道德成为每个社会成员自觉的选择和实践,即达到所谓的化民成俗。郭齐家认为,儒家道德教育的特点是注重德操的培养与训练,具有德操的人是"成人",即尽善尽美有成就的人。⑥

---

① 徐仲林等主编:《中国教育思想通史》第 1 卷,湖南教育出版社 1994 年版,第 243、281 页。

② 王保国:《教化的政治与政治的教化——传统中原政治文化传播模式探析》,《学术论坛》2008 年第 1 期。

③ 钟肇鹏:《孔子的教化思想》,《江西社会科学》2000 年第 12 期。

④ 张焕君:《论孔子礼学思想中的成人之道与君子养成》,《安徽史学》2012 年第 1 期。

⑤ 徐仲林等主编:《中国教育思想通史》第 1 卷,湖南教育出版社 1994 年版,第 58页。

⑥ 郭齐家:《中国教育思想史》,教育科学出版社 1987 年版,第 102 页。

3.关于教化的实现方式

先秦儒家为了实现理想的教化效果，结合现实与教化的内容，提出了一套组织严密、行之有效的方式方法。张锡勤认为，先秦儒家教化主要包括礼乐并举与神道设教两种方式，以礼区分等级秩序，以乐促进关系和谐，而神道设教即利用鬼神祭祀进行教化。[1] 而儒家礼乐的核心并不在于各种礼仪，而是人与人之间的交往原则以及共同体内部的秩序规则。[2] 李承贵、杨朝明等认为儒家借助宣传榜样的品行与事迹而进行的"榜样教化"[3] 以及身教方式值得注意。崔华前认为，先秦儒家教化的方法包括教育者的施教方法、受教育者自我教育的方法和道德评估的方法三个层面。[4] 郭齐家认为，孔子教化强调持之以恒，倡导克己内省，主张迁善改过、身体力行；孟子重视对天赋固有善观念的自觉，主要是通过内在的存心养性、寡欲自反；荀子强调"外铄"，强调"积"与"渐"，也即社会实践对于人格完善的重要性。[5] 徐仲林、谭佛佑、梅汝莉认为，孔子重视道德自觉和自我修养，注意对人生理想和高尚境界的追求，对自我认知和控制能力的培养，对善于改过品德的培养，以及对躬行践履教育原则的培养；孟子则要求人们"存心""养心"，加强内在的陶冶修养，注重自我人格的完善，然后推己及人，促进人与人、人与社会关系的和谐发展。[6]

---

① 张锡勤：《试论儒家的"教化"思想》，《齐鲁学刊》1998 年第 2 期。
② 张鲲：《儒家道德化育的人格指向与实践智慧》，《宁夏社会科学》2020 年第 6 期。
③ 李承贵：《儒家榜样教化论及其当代省察——以先秦儒家为中心》，《齐鲁学刊》2014 年第 4 期。
④ 崔华前：《先秦诸子德育方法思想研究》，中国社会科学出版社 2007 年版，第 23 页。
⑤ 郭齐家：《中国教育思想史》，教育科学出版社 1987 年版，第 35、73、99—101 页。
⑥ 徐仲林等主编：《中国教育思想通史》第 1 卷，湖南教育出版社 1994 年版，第 262、267、290 页。

（三）先秦儒家道德人格及其教化思想的局限、困境与现代转化

1.先秦儒家道德人格及其教化思想的局限与困境

有学者指出，先秦儒家道德人格理论本身具有内在缺陷。如狄百瑞认为，儒家君子在政治上并不能直接获得权力和政治影响力，同时，儒家君子承担了太多的责任，甚至于要为整个民族的苦难负责。[①] 杨国荣认为，孔子在对人格典范的设计中，以圣人、君子为普遍的人格模式，似乎蕴含着模式化和单一化的趋向，忽视了人格的多样化问题，同时，君子的类型化特点压抑了个性与自由。[②] 傅永军认为儒家君子是一些精通历史、典籍、礼仪和伦理纲常的知识分子，其最高理想也就是顺从圣意的"帝师"，其品格无法与先知相比。[③] 陈卫平认为，君子与圣人互补而与小人对立的关系，决定了其与平民化的理想人格相去甚远，只不过是现实社会中精英分子的人格典范，基本上囿于士大夫群体；作为君子人格内在要素的知情意和真善美均统一于仁，君子成了仁的人格化身，而仁的本质内容与德性相联系，所以君子人格或多或少地存在突出德性主体开发的偏转。[④] 李仁群、翟东林认为，孔子为君子所建立的行为模式及其在政治上既要求独立又依赖统治者的矛盾心理和处境，使其学说成为政治空想，或者在现实中被歪曲运用。[⑤]

有的学者从社会政治文化基础方面分析了先秦儒家道德人格的现实困境。如彭国翔认为，儒家君子的困境在于其无法获得统治者的支持，所以

---

① ［美］狄百瑞：《儒家的困境》，黄水婴译，北京大学出版社 2009 年版，第 5、23 页。

② 杨国荣：《善的历程：儒家价值体系研究》，上海人民出版社 2006 年版，第 37—38 页。

③ 傅永军：《君子：先知还是师儒？》，《理论学刊》2013 年第 7 期。

④ 陈卫平：《孔子君子论的多重理论内涵》，载单纯主编、国际儒学联合会编：《国际儒学研究》第 17 辑，九州出版社 2010 年版，第 76 页。

⑤ 李仁群、翟东林：《"志于道"与"喻于义"——孔子对士君子人生抉择的思考》，《孔子研究》1995 年第 1 期。

其政治主张无法切实推行，主要根源在于在当时的社会环境及之后的皇权专制环境中，其政治主体身份无法获得最终保障。① 林贵长认为现代社会由精英等级制社会向平等多元的大众社会转向，儒家塑造的君子失去了社会文化土壤，无法像规范伦理一样作为大众的普遍道德要求。② 韩中谊认为孔子固守崇高政治理想而最终郁郁不得志，这是在先秦世俗政治现实环境下，思想家们所面临的普遍问题。③

2. 先秦儒家道德人格及其教化思想的现代转化

学界在分析先秦儒家道德人格思想的理论局限和现实困境的同时，也在寻找能对其进行重新改造，使其在当代社会重新发挥作用的途径和机制。

学界主要从社会制度的完善、个体的努力以及教育的改革等方面进行研究。如彭国翔认为要想真正实现先秦儒家道德人格的现代转化，必须保证社会的民主性，因为，只有在一个健全的民主社会中，儒家君子才能实现其完整意义。④ 傅永军在对先秦儒家君子与犹太先知进行比较的基础上提出，前者需要更加追求真理，契合天道，自觉地承担起批判社会、维护正义的责任，同时要理性地摆脱世俗名利诱惑，与政治权势保持距离，才能接近犹太先知般的品格。⑤ 冯国超认为，儒家主张每个人都有先天相同的本性，这一本性决定了人在后天为善为恶的可能性，通过后天严格的道德教化，人人都可成为君子；但在现实社会中，由于所受教育的程度不同，君子与小人并存，所以最好的治国之道，就是用仁义道德培养人，最

---

① 彭国翔：《君子的意义与儒家的困境》，《读书》2009 年第 6 期。
② 林贵长：《先秦儒家"君子"人格及其现代价值》，《天府新论》2010 年第 4 期。
③ 韩中谊：《政治生态中的君子——从孔子与冉有为政思想的分歧看孔子之惑》，《学术论坛》2011 年第 4 期。
④ 彭国翔：《君子的意义与儒家的困境》，《读书》2009 年第 6 期。
⑤ 傅永军：《君子：先知还是师儒?》，《理论学刊》2013 年第 7 期。

终使人人都成为道德君子。① 林贵长认为要针对当代社会的现实需要来转化君子人格的要求，从精英和大众两方面同时扩大君子的主体基础，多方位完善倡导君子的形式，只有如此，先秦儒家的君子道德人格方能在现代社会发挥其作用。②

（四）对现有研究成果的整体评价与展望

1. 现有研究成果的价值

关于先秦儒家道德人格及其教化思想的研究，目前学界从哲学、历史学、社会学、文学、教育学、心理学等多学科、多视角进行了广泛研究，研究的问题也涉及先秦儒家道德人格思想的内涵、理论特质、修养思想、价值启示、局限与困境、现代转化等，研究主要运用了文本诠释、个案分析、价值分析、比较分析、历史与逻辑统一等方法，积累了大量的研究成果，为后人的进一步研究奠定了基础。主要表现在以下方面。

关于先秦儒家道德人格，不同学科的学者从不同角度对其基本内涵进行了深入挖掘和分析归纳，将其理解为道德修养的理想境、教育的目标、治国人才典范等。通过对文本的解读，相对全面地概括了先秦儒家道德人格的主要特征，认为它已经汇集了各种优秀的道德品质，是一种近乎完美的人格形象，体现了全面性和理想性的特点。而关于先秦儒家道德人格的价值，学界也从处理人与自我、人与人、人与自然的关系等方面进行了宏观考量、初步揭示。在局限性方面，从当前的研究看，学界已经注意到，作为社会上层的代言人，儒家代表的知识分子群体利益决定了它的立场与平民之间有着天然的鸿沟。所以，先秦儒家提出的道德人格具有模式化、类型化等缺陷。关于先秦儒家教化，学界依据对先秦儒家道德人格的

---

① 冯国超：《人性论、君子小人与治国之道——论〈韩非子〉的内在逻辑》，《哲学研究》2000 年第 5 期。

② 林贵长：《先秦儒家"君子"人格及其现代价值》，《天府新论》2010 年第 4 期。

两重理解，即它不仅是个体发展的理想，也是社会发展的需要和社会价值的落脚点，进而确立了对先秦儒家教化的两重指向方面的研究，即不仅指向个体的生命价值和道德完善，也指向社会发展和政治需要，从个体与社会两个方面揭示了先秦儒家教化的产生条件、结构特点与实现方式。

2. 现有研究成果存在的不足之处

关于先秦儒家道德人格及其教化思想的研究，也存在研究尚不充分、不系统等不足。从研究问题来看，对于先秦儒家道德人格所涉及的范畴进行静态阐释的较多，而较少梳理与分析其生成过程与内在关系；对人格内涵的规范性研究较多，而对其主体性研究较少，对于其在普通百姓中的生活性、实践性特点研究不够。从研究方法来看，个案研究较多，如按照孔子、孟子、荀子等人物，按照儒家的某一经典或者按照涉及先秦儒家道德人格的某句话、某个范畴等进行研究，而对先秦儒家道德人格思想进行整体、系统、深入研究的较少。研究中直接进行价值判断或就事论事，甚至存在结合自身立论需要，从文本中简单归纳，以经典作家的判断作为立论依据的较多，而将研究对象置于特定的社会文化背景中，分析其历史逻辑发展，探寻其所以然的较少。

具体来看，关于先秦儒家道德人格，学界从历史发展维度分析探求基本内涵的研究不够，从比较的视角概括其主要特征的研究不足，从发挥作用的内在机制方面揭示其价值的研究不充分。作为伦理关系和道德生活的反映，道德人格的基本内涵也应当由社会生活尤其是道德生活凝练产生，而目前结合先秦儒家道德人格思想产生的社会背景以及实践进行分析探求，准确反映当时道德生活客观现实的内涵挖掘不够充分。在概括其主要特征时，缺少与历史上传统道德人格、与同时期不同思想流派提出的人格模式的比较，同时，不能充分依据其道德人格的形成过程和内容来概括其特征，对相关范畴的生成逻辑和相互关系揭示不够。目前，学界能看到先秦儒家道德人格在社会治理方面具有铸造仁人志士、维护社会稳定、凝聚民族力量、形成中华民族精神方面的独特价值，也关注了其在提升个体道德境界、完善心性修养方面的重要性。但是，从个体心性与社会治理相结合方面探讨其内在作用机制的研究不够，不能看到先秦儒家道德人格所蕴含的责任意识和担当品格对当前社会中过分注重权利义务对等而忽视义务这一现象的纠偏意义。在局限性方面，学界从人格产生的社会土壤尤其是在社会化进程的内在矛盾中探寻其根源不够。先秦儒家提出的道德人格，存在理想与现实的矛盾，同时存在倡导理想道德人格却出现众多伪君子的奇怪现象，这种矛盾不能仅从先秦儒家道德人格思想本身反思，更应从专制制度上寻找原因。从个体与社会相结合的角度去研究先秦儒家教化不足。学界或者更多地倾向于研究道德人格的个体向度，或者更注重社会向度，而现实是个体与社会的统一，这就导致一些研究脱离社会现实与人伦实践去理解和考察先秦儒家教化。一方面，对其历史和文化背景考察不够，不能把握其精髓要义；另一方面，不能立足现代社会实践、结合社会发展需要进行客观评价，从而真正概括出先秦儒家教化的实践特点。

3. 需要进一步展开的研究空间

基于此，本书的相关研究主要从以下几个方面展开。一是通过系统梳理，真实客观地呈现相关思想理论结构全貌，为新时代中国特色社会主义文化建设服务。"不忘历史才能开辟未来，善于继承才能善于创新"，儒家思想历来具有与时迁移、应物变化的特征，它不断顺应中国社会发展和时代前进的要求而发展更新，具有长久的生命力。对于先秦儒家道德人格及其教化思想，我们也要进行系统梳理和深入阐释，说清"本义"，进而阐发"新义"，激活其生命力，夯实新时代中国特色社会主义文化建设的深厚根基。二是要在回应现实问题中，对先秦儒家道德人格及其教化思想进行充分挖掘与科学阐释，努力实现创造性转化与创新性发展。先秦儒家注重发挥文以化人的教化功能，把对个人、社会的教化同对国家的治理相结合。我们要把适合调理社会关系和鼓励人们向上向善的内容，结合时代条件加以继承和发扬，赋予其新的含义，促进其与现实文化的相融相通，共同服务于培育时代新人的历史任务。同时，通过对道德价值的彰显，解决工具理性带来的物欲追求无度与个人主义膨胀等社会难题。三是要树立国际视野，在全球化视域内，在构建人类命运共同体理念中去发挥传统思想资源的重要作用。"文明因交流而多彩，文明因互鉴而丰富"，人类命运共同体是中国应对新时代国际关系的新型方案，也源于中华优秀传统文化尤其是儒家思想的深厚滋养，先秦儒家的道德人格及其教化思想强调道德价值、文明观念对种族、民族、地域的超越，完全可以成为联系全世界人民命运的文化纽带，为人类命运共同体的构建提供文化支撑。

三、相关理论概念界定

（一）道德人格

人格，包括心理学、法学、哲学、伦理学等层面的含义。"在心理学上也称为'个性'。指个人稳定的心理品质。包括人格倾向性和人格心理特征。前者包括人的需要、动机、兴趣、信念等，决定着人对现实的态度、趋向和选择。后者包括人的能力、气质和性格，决定着人的行为方式上的个人特征。""在法律上，指人能作为权利、义务的主体的资格。""在人格主义哲学中，指具有自我意识并能控制自我的主体。其中，'人'、'我'与'人格'同义。上帝为主宰世界的最高人格。""在伦理学上是个人在社会化过程中形成，具有意志自主性、自我同一性和主体完整性的特征的比较稳定的精神结构和'人的社会特质'。就人的尊严而言，人格是平等的；作为价值和品格的总和，人格在现实性上有不同的层次。"[①]

在西方语境中，"人格"一词来源于拉丁文 Persona，原意指舞台上的

---

① 夏征农、陈至立主编：《辞海》第六版彩图本，上海辞书出版社 2009 年版，第 1879 页。

面具。包括生活舞台上表现出的行为和个体真实的自我两层含义，包括道德、智力、审美等要素。

在中国古代，并没有"人格"一词，但是"人品"一词与其意思基本相当，指作为人应具有的品德、尊严、体面等。在《辞海》中，"格"主要有以下几重意思："(1) 方框。(2) 支架。(3) 一定的标准或式样。《礼记·缁衣》：'言有物而行有格也。'(4) 品质、风度：如人格、性格、风格。(5) 量度。(6) 纠正。《书·冏命》：'绳愆纠谬，格其非心。'(7) 受阻碍。(8) 抵敌。(9) 击打。(10) 推究。(11) 来、至。(12) 感通。如：感格。(13) 树木的枝条。(14) 古代一种刑具。(15) 中国古代规定官署办事规则的行政法规。(16) 抽象代数学的重要概念。(17) 语法范畴之一。"① 可见，格最初指方形的框子，后被引申为法式和标准。人格也就是人的范式、范型和标准。它表征着人与动物的区别，体现了人类个体的价值、尊严，是人之为人的规定性。合乎做人的标准就是有人格，不合乎做人的标准就是无人格。

道德人格就是伦理学意义上的人格，"是人格概念在伦理学上的具体化。它不是一种特殊的人格，也不是人格发展与构成的某个特殊的层级或因素，而是人参加了道德活动，进入了伦理关系后获得的道德性质和展示的道德形象。简言之，所谓道德人格，就是指人格的道德规定性，是人格主体的道德认识、道德情感、道德意志、道德信念和道德习惯的有机结合"② 。因为人是不能离开一定的伦理关系和道德实践而存在的，所以，现实生活中的人都表现出一定的道德人格，它是伦理关系和道德实践的产物。

从本质上看，道德人格与道德品质、道德主体都是不同的。道德品质，也称"德性"或者"品德"，它是一定的社会道德原则和规范在个体意识和行为中的表现，是比较稳定的、一贯的特点和倾向。道德人格是

---

① 夏征农、陈至立主编：《辞海》第六版彩图本，上海辞书出版社 2009 年版，第 699 页。

② 郭广银主编：《伦理学原理》，南京大学出版社 1995 年版，第 407—408 页。

贯穿于各种道德品质中的同一规定性，支配着道德品质，二者是"源"与
"流"的关系。而道德人格也不同于道德主体，道德人格表明了个体道德
行为的内在根源，它是道德主体的动力。道德人格的基本特征表现为意志
自主性、自我同一性和主体完整性。① 完整性表明道德人格是社会性与个
体性、内在人格价值与外在社会价值、道德意识和道德行为的关联与统
一。其中，社会性是道德人格转化的现实根据，而个体性则表明道德人格
的主体性与差异特点。② 人格的完整性与其道德性是统一的。或者说，人
格的完整性包含了人格的道德性，道德人格是人格的一种道德规定，是伦
理关系和道德实践的体现。

伦理学意义上的人格与道德人格相一致③，即一个人做人的尊严、价
值和品格的总和。作为个体尊严，道德人格揭示了人与动物相区别的道德
规定性，可谓做人的资格；作为个体的价值与品格，道德人格揭示了个人
与他人相区别的规定性，可谓做人的规格与品格。

（二）先秦儒家道德人格

先秦指"秦以前的时代。汉书五三河间献王传：'献王所得书皆古文先
秦旧书。'注：'先秦，犹言秦先，谓未焚书之前。'"④ 按照这个解释，先秦

---

① 唐凯麟：《道德人格论》，《求索》1994 年 5 期。
② 彭定光：《道德人格再认识》，《湖南师范大学社会科学学报》1992 年第 3 期。
③ 唐凯麟教授从与其他学科相比较的基础上指出，伦理学研究的人格既与现实联系，又
超越现实内含着人类理想成分，它的本质由现在和未来规定，取向于个人的精神完善
与全面发展和社会关系的和谐这一理想目标。在对其评价上，伦理学研究人格就是在
揭示"人是什么"的基础上，着重揭示"人应当怎样为人"的问题，着眼于价值，或
者说，总是把个体同社会伦理关系和道德活动联系，从善和恶、高尚和卑下的分别上
研究人格。所以，伦理学的人格概念等同于道德人格概念。见唐凯麟：《道德人格论》，
《求索》1994 年第 5 期。
④ 广东、广西、湖南、河南辞源修订组，商务印书馆编辑部编：《辞源》，商务印书馆
1997 年版，第 151 页。

主要指秦代以前的历史时期。从远古一直到公元前 221 年秦始皇统一中国、建立秦王朝为止。儒家，从词源意上，儒有柔的意思，《说文解字》中说，"儒，柔也，术士之称。从人，需声"①。《论语·雍也》记载"子谓子夏曰：'女为君子儒！无为小人儒！'"，提到了两种不同性质的儒，虽然没说明儒是什么，但是这里的儒应当指为贵族人家相礼的知识分子。《史记·太史公自序》中引用了司马谈的《论六家要旨》，也没有界定儒的含义。《辞海》指出儒有以下几种含义："（1）古代从巫、史、祝、卜中分化出来专为贵族人家襄礼的知识分子；（2）孔子创立的学派；（3）古指学者；（4）柔顺；（5）通'懦'，懦弱。"②这基本上概括了儒的来源、含义、特点和职能。

儒家，则是以当时的一种职业来命名的思想流派。③班固在《汉书·艺文志》中说："儒家者流，盖出于司徒之官，助人君顺阴阳、明教化者也。"指出了儒家的源头就是司徒官，职能就是帮助君王"顺阴阳、明教化"。"顺阴阳，就是'亲亲有术，尊贤有等'，明教化，就是宣传礼制，进行教化，简称礼教。……熟悉礼数，主持礼仪，主张礼治，成为儒的特点"④，儒家"'游文于六经之中，留意于仁义之际，祖述尧舜，宪章文武，宗师仲尼，以重其言，于道最为高。'自西汉以后，逐渐成为我国封建社会的统治学派，信奉孔孟学说的人，都叫儒家"⑤。由此可知，儒

---

① （汉）许慎：《说文解字》，江苏古籍出版社 2001 年版，第 162 页。

② 夏征农、陈至立主编：《辞海》第六版彩图本，上海辞书出版社 2009 年版，第 1904 页。

③ 杨明先生认为，先秦诸子学派取名或者依创始人的姓，如墨家，其创始人是墨翟，或依学说讨论的核心范畴，如道家，讨论"何以为道"的问题；或依学派所涉及的领域，如兵家，讨论军事斗争中的战略战术等。而以仁义道德为中心话题、以修齐治平为讨论范围的儒家，则是以当时的一种职业来命名的。引自 2014 年南京图书馆第五届阅读节"儒学与现代社会"主题讲座。

④ 周桂钿：《中国儒学讲稿》，中华书局 2008 年版，第 1 页。

⑤ 广东、广西、湖南、河南辞源修订组，商务印书馆编辑部编：《辞源》，商务印书馆1997 年版，第 143 页。

家以孔子为宗师，从其学说主张来看，儒家"崇尚'仁义'、'礼乐'，提倡'忠恕'和'中庸'。重视伦理道德教育和修身养性。在政治上，主张'德治'和'仁政'"①，具有明显的伦理道德特征。从其历史发展来看，春秋战国时期，天下大乱，为救乱世，不同阶层的思想家提出各自的政治主张，百家争鸣，思想家、教育家孔子创立了儒家。②孔子继承西周重人道、德治的传统，建立以仁礼结合为核心的道德范畴体系，主张"为政以德"的德治论，其思想体现出鲜明的伦理道德色彩。战国时期，儒家共分八派，其中，孟子和荀子是重要的两派。孟子注重人的内在心性，从性善论出发，提出仁政论以及存心、养气、知性的修养论。荀子注重外在道德规范，以礼义为基本范畴，主张化性起伪、积善成德。二者都保持了以伦理道德为核心的特征。先秦时期，儒家与其他诸学派地位平等。③而在汉武帝"罢黜百家，独尊儒术"使其成为官方的意识形态后，儒家成功占据传统社会的统治地位，当然，这也是由于被董仲舒定型为"三纲五常"的儒家伦理道德思想适应了封建社会大一统的需要。汉代以后，官方儒学的发展经历了汉代经学与宋明理学两种形态，其中，汉代经学以神学目的论为儒家伦理道德制造理论依据，宋明理学则以天理论为儒家伦理道德提供理论论证。所以，从先秦儒学，经过汉代经学，到宋明理学，都保持了儒学的伦理特征，这也成为儒家区别于其他学派的根本标志。④从其历史评价

---

① 　夏征农、陈至立主编：《辞海》第六版彩图本，上海辞书出版社 2009 年版，第 1904 页。

② 　杨明先生认为，孔子是儒学的奠基人，就是把儒家思想理论化、系统化的人物。儒学历史悠久，可上溯至尧舜禹。引自 2014 年南京图书馆第五届阅读节"儒学与现代社会"主题讲座。

③ 　杨明先生认为，春秋战国时期，百家争鸣是一种繁荣的文化现象。百家不是定数，而是约数。有六家、九家、十家、十二家等不同的说法。其中，儒墨影响最大，韩非子认为是显学，后有人又加上影响较大的道法两家，谓之儒墨道法。引自 2014 年南京图书馆第五届阅读节"儒学与现代社会"主题讲座。

④ 　李书有主编：《中国儒家伦理思想发展史》，江苏古籍出版社 1992 年版，第 3 页。

来看，以伦理道德为特征的儒家学说对中国文化产生了深远的影响。① 从消极方面看，它禁锢人们的思想，维护封建统治，阻碍了社会发展；从积极方面看，它又对凝聚民族精神、维护国家稳定统一、推动中华传统文化存续发展等发挥了重要作用。一般认为，先秦儒家的代表人物包括孔子、孟子、荀子等，而他们又以尧、舜、禹、汤、文王、武王、周公为思想先驱。

关于道德，就字源来说，在西周就存在二字，但是一直分开使用。在后来的《管子》《庄子》《荀子》等书中，二者连用。如"君之在国都也，若心之在身体也，道德定于上，则百姓化于下矣"（《管子·君臣下》），意思是只要统治者能确定和奉行道德，老百姓就能接受教化。荀子说："《礼》者，法之大分、类之纲纪也。故学至乎《礼》而止矣，夫是之谓道德之极。"（《荀子·劝学》）后两句的意思是，如果能按照礼的要求去做，就意味着达到了道德的最高境界。在古代文献中，"道"原指道路，后借指事物运动变化所遵循的规律、法则和宇宙万物的本体，即天道的意思。德，在甲骨文中，德写作"徝"，意思是正直的行为；在金文中，写作"悳"，意思是正直的心性。其实正直的行为和正直的心性一般也可以理解为德行或德性。许慎在《说文解字》中解释得更为明确："德，外得于人，内得于己也。"也即德表示在认识和实行了道之后有所得，一方面，"外得于人"，即"以善德施之他人，使众人各得其益"；另一方面，"内得于己"，即"以善念存诸心中，使身心互得其益"。可见，道德内含了人们处理人我关系时应当遵循的准则之意。

《辞海》中道德主要包含两层含义。第一层含义，指"道"与"德"

<hr/>

① 杨明先生认为，儒学是中国传统文化的根干，大概没有儒学，很难把中国五千年文明史说清楚。与其他学派相比，其传承体系明晰。儒家的学说思想在不同历史时期有不同名称，但是学派名称可统称儒学。引自2014年南京图书馆第五届阅读节"儒学与现代社会"主题讲座。

的关系。孔子提出，"志于道，据于德"。"道"即理想人格或社会图景，"德"即立身依据和行为准则。老子的"道"指万物的本体或事物运动变化的规律。"德"指具体事物从"道"所得的特殊规律、特殊性质，亦指对"道"的认识修养有得于己。韩非把德解释为道的功用，"德者道之功"。第二层含义，指以善恶评价方式调节人际关系的行为规范和人类自我完善的一种社会价值形态，属于社会意识。在西方，源于拉丁文moralis，意谓风俗、习惯、品性等。它包括客观上一定社会对其成员的要求，如道德关系、道德规范等；主观上人们的道德实践，如道德意识、道德判断、道德行为等。道德具有受一定的社会物质生活条件制约的历史性、阶级性、实践性、全人类性，与利益密切相关、以"应当"如何的方式调节人的行为和生活方式等特点。①

而学界在辨析道德与伦理概念的过程中，对道德的含义有了进一步深化。伦理，指"事物的条理。……后亦称安排部署有秩序为伦理"②。从词源学意义上，"伦""理"二字，早在公元前8世纪前后的《尚书》《诗经》等著作中已经分别出现，伦，具有辈分、次第、类等意思，理，则表达治玉、条理、道理、治理等意思。杨明先生在其所著的《宗教与伦理》一书中，结合与伦理的关系，对道德进行了中国本土化意义上的解析。伦理在中国古代是分开使用的，伦是辈分、次第等意思，后引申为类、序。《礼记·乐记》中"乐者，通伦理者也"，二者连用，还只是指事物条理，并没有人文意义。后来指人伦关系，"汉初贾谊云：'商君违礼仪，弃伦理'，这里，伦理具有了'人伦之理'的意思。后表示处理人伦关系的规则，引申为形成良好人伦关系的基本原理"③。人伦关系可以被感知并且希望达至

---

① 夏征农、陈至立主编：《辞海》第六版彩图本，上海辞书出版社2009年版，第409页。
② 广东、广西、湖南、河南辞源修订组，商务印书馆编辑部编：《辞源》，商务印书馆1988年版，第127页。
③ 杨明：《宗教与伦理》，译林出版社2010年版，第8页。

一种理想化的状态就是理。伦是客观的事实判断，理是主观的价值判断。面对客观的、同样的人伦关系，可能会有不同的理的选择，往往会出现"公说公有理，婆说婆有理"的局面。为了寻求一种各方认可的公理，有两种途径：一种是向外寻求体悟出绝对的外在法则——道，另一种是向内寻求发明出内在的良心——德。可见，人类寻求处理人伦关系的至善公理的过程催生了道德的概念。①

先秦儒家以伦理道德为基本特征，但其关注的核心问题乃在于伦理问题，也就是安排部署人伦秩序的问题。因此，所谓先秦儒家伦理也即先秦儒家这一思想流派在理论上所安排部署的人伦秩序及其理想状态。相对于生前死后的彼岸世界，儒家更加关注现实人世，表现出鲜明的入世、人道色彩。对于先秦儒家而言，安排部署人间秩序的标准有两个：一是自然标准，即以血缘宗法关系为标准，体现了先秦儒家的宗法伦理特征；二是社会标准，即是以社会关系中的人的道德境界为部署秩序的标准。先秦儒家认为社会动乱，礼乐制度崩坏，要从人心上找办法，所以比较看重人心、人的道德境界。而在两种标准合二为一的问题上，先秦儒家所设计的理论就是以社会标准去制约自然标准，对处于血缘宗法伦理关系中的各个个体都提出了相应的做人标准和范型。这就是先秦儒家的道德人格问题。先秦儒家道德人格就是先秦儒家这一思想流派在部署人间秩序、处理人伦关系的实践中所树立的供社会不同阶层、不同群体对照、追求、学习、效仿或警戒的做人的标准和范型，包括做人的尊严、价值和品格。它凝结了先秦儒家的伦理道德思想，承担着部署现实社会伦理秩序的功能。

对于先秦儒家而言，由于人格承载了个体的人生理想和社会理想，所以，先秦儒家主张的人格往往被称为理想人格。一般而言，理想人格强调人格的理想性，其对应的是现实人格。道德人格强调人格的道德规定性，

---

① 杨明：《宗教与伦理》，译林出版社 2010 年版，第 9 页。

以与法律人格、政治人格相区分。理想人格与道德人格侧重点不同，其内容有交叉。而先秦儒家人格的道德规定内涵尤其丰富，处于统领地位，甚至取代、掩盖了其他因素。同时，它也是应然的规定、理想化的状态。从这个意义上说，先秦儒家道德人格就是先秦儒家理想人格，它是道德要素的全体，包括仁、知、勇等。其范型有圣人、贤人、君子、士等正面意义的理想道德人格，代表儒家的价值取向、道德境界和实践诉求。

（三）教化

教有以下两重含义。（1）"教育，训诲。《孟子·滕文公上》：'饱食暖衣，逸居而无教，则近于禽兽。'"[1]"如：屡教不改、因材施教、言传身教。《荀子·大略》：'《诗》曰：饮之食之，教之诲之。'（2）政教。《商君书·更法》：'前世不同教，何古之法？'"[2]《国语·周语》说："教，文之施也。"

化有以下几重含义。在《辞海》中，化表示：（1）"变、改。《楚辞·离骚》'伤灵修之数化。'（2）感化、转移人心风俗。《礼记·学记》：'就贤体远，足以动众，未足以化民。'（3）融解。（4）死。（5）烧。（6）化生、化生之物。《礼记·乐记》：'和，故百物皆化。'郑玄注：'化犹生也。'又'鼓之以雷霆，奋之以风雨，动之以四时，暖之以日月，而百化兴焉。'（7）造化、自然的功能；表示转变成某种性质或状态；风俗、风气。"[3]在《古代汉语词典》中，化的含义主要包括："（1）变化、改变。（2）生长、化育，自然界生成万物的功能。（3）教化感化。《礼记·学记》：'君子如

---

① 广东、广西、湖南、河南辞源修订组，商务印书馆编辑部编：《辞源》，商务印书馆1988年版，第726页。

② 夏征农、陈至立主编：《辞海》第六版彩图本，上海辞书出版社2009年版，第1100页。

③ 夏征农、陈至立主编：《辞海》第六版彩图本，上海辞书出版社2009年版，第936页。

欲化民成俗，其必由学乎。'(4)治。'《战国策·楚策四》：夫报报之反，墨墨之化，唯大君能之。'"①

而在《辞源》中，"教化，一是指政教风化。荀子道：'政令教化，刑下如影。'诗周南关雎序：'先王以是经夫妇，成孝敬，厚人伦，美教化，移风俗。'二是指教育感化。礼经解：'故礼之教化也微，其止邪也于未形。'"②

可见，在中国文化语境中，教化主要是通过上位者的德性修养，以礼乐为中介，对民众施加道德影响。其中，礼乐制度是道的载体，"道之显者谓之文，盖礼乐制度之谓"③，以文化人，主要就是通过礼乐制度开展教化。

在西方文化语境中，教化最初起源于中世纪的神秘主义、巴洛克神秘教派，然后是克洛普施托克的《弥赛亚》赋予其宗教性的精神意蕴，最后是赫尔德将其规定为"达到人性的崇高教化"④。赫尔德认为教化与修养紧密联系，意指人类发展自己天赋能力的方式。而康德还没有使用"教化"一词来表达这个意思，他只是用修养来表达人以不让自己的天赋退化为自己的义务。黑格尔强调教化就是自然存在的异化。就个别个体而言，个体的教化是实体在思维中的普遍性向现实性的直接过渡，是个体向它普遍的对象性本质的发展，也就是说，是它向现实世界的转化。⑤ 教化既不是沉溺于个别性与特殊性，也不是局限于理论性，它实质上是追求普遍性的实

---

① 商务印书馆辞书研究中心编：《古代汉语词典》，商务印书馆 2014 年版，第 618 页。

② 广东、广西、湖南、河南辞源修订组，商务印书馆编辑部编：《辞源》，商务印书馆 1988 年版，第 726 页。

③ （宋）朱熹：《四书集注》，岳麓书社 2004 年版，第 125 页。

④ ［德］伽达默尔：《真理与方法：哲学诠释学的基本特征》上卷，洪汉鼎译，上海译文出版社 2004 年版，第 11 页。

⑤ ［德］黑格尔：《精神现象学》下卷，贺麟等译，上海人民出版社 2013 年版，第 46—47 页。

践性教化。威廉·洪堡则认为，教化指一种由知识以及整个精神和道德所追求的情感并和谐地贯彻到感觉和个性中的情操，它更高级、更内在，要在自身中塑造灵魂中固有的上帝形象。这实际上与表示能力或天赋培养的"修养"一词是不同的。伽达默尔认为教化不仅是对天赋自然素质的单纯培养，更要有超越手段、追求本身的目的和意义。"在教化中，某人于此并通过此而得到教化的东西，完全变成了他自己的东西。"①在所获得的教化中，一切东西都被保存，教化是一个真正的历史性概念。

综合中西方的观点，在伦理学视域中，教化主要有这样几层含义。首先，它是一种道德治理手段。与"刑"相对，它表现为在治国理政中道德人格感召和道德规范制约的结合，还体现了政治与伦理一体化的特点，即处理人伦关系中伦理手段与行政目标的一致性。这种手段有利于将人伦秩序与情感关怀结合，建构伦理型生活世界。其次，它是一种道德传播方式。就是通过个体自身的人格魅力或群体组织的制度、场域传播道德观念，影响他人的道德知识学习、道德情感认同和道德品质养成。再次，它是一种道德认同过程。它是教育者通过价值理念和道德规范引导以及受教育者内心转变而形成道德共识的过程，也是社会各种伦理关系得以恰当处理的过程。最后，教化是一种道德理想状态。在马克思主义哲学视域中，它是个体从自然本能走向社会，从理想走向现实的状态，相当于人的自由全面发展，同时，也是各种社会伦理关系得以恰当处理、社会和谐发展的状态。

先秦儒家以道德人格为安排部署现实社会秩序的标准，体现了先秦儒家思想的政治伦理特征。先秦儒家在其理论设计中，以各种不同的道德人格标准、范型为社会各类群体提出道德要求，指导其各安其分、各得其

---

① [德] 伽达默尔：《真理与方法：哲学诠释学的基本特征》上卷，洪汉鼎译，上海译文出版社 2004 年版，第 13 页。

所，这就是道德人格教化的问题。先秦儒家道德人格及其教化思想就是先秦儒家关于做人的道德标准和范型及运用这一标准和范型处理人伦关系、安排部署社会秩序的方式、过程的总的观点与根本看法。

四、主要内容及研究方法

(一) 主要内容

在研究问题上，先秦儒家产生于以农耕文明为核心的宗法等级社会，致力于安顿现世社会秩序，而在如何构建理想社会秩序的思考中，其对培养什么样的人给予了极大关注，提出了做人标准的问题，其中，不仅有适应宗法血缘关系规定的自然标准，而且有适应社会发展、承载其做人道德理想的社会标准，即道德人格。先秦儒家围绕如何以道德人格来完善自我、影响他人、安顿社会构建了一套完整的理论体系，力图以此指导安顿社会秩序。对于上述问题，基于对教化概念理解维度的不同，目前学界主要有两条探究路径：一条路径是从政治维度出发将教化视为思想意识的灌输，从而指出在先秦儒家思想中，教化与刑罚相对应，强调教化作为治理手段与工具自上而下维护政治统治的功能；另一条路径是从道德维度出发将教化看作道德品质的完善，从而着重探寻在先秦儒家思想中个体道德境界如何实现由特殊向普遍的自下而上的提升。回溯先秦儒家思想的源头，探究其对秩序安顿问题的追寻路径和设计方案，可以发现，其以做人为核心的秩序设计中，融入了更高层次、更宏大视野的思考，结合了对现实政治生活与理想道德价值的充分考量，力图实现在道德与政治、个体与社会、现实与理想深度融合基础上的理想秩序的深层人文建构。

在学术观点上，本书基于对道德人格教化的综合理解，将其视为道德价值导向、道德境界提升和道德规范制约的统一，在道德人格自我实现基础上的道德治理手段、道德传播方式、道德认同过程以及道德理想状态的统一，指出先秦儒家道德人格及其教化思想是先秦儒家在人的类生活视域下，基于天人合一理念，以做人道德标准为载体而提出整体伦理秩序的人文构建理论。在当代社会，这一理论指向人类命运共同体的文化构建，强调道德共识基础上的理想伦理秩序构建与终极人文价值关怀。

在具体内容上，本书共包括五部分。第一部分为绪论，主要在梳理前人研究的基础上，确定研究方向和内容，界定道德人格、先秦儒家道德人格以及教化等相关理论概念，明晰研究的方法与思路。第二部分探究先秦儒家道德人格思想的形成源流。主要包括：宗法伦理关系变迁、儒士阶层诉求变化、社会价值信仰转向等社会背景；天人合德的天人观、性善倾向的人性论、儒道墨法的比较域等理论基础；从注重鬼神崇拜到崇尚先王的萌芽阶段、仁礼结合的发展阶段，从仁义并重到隆礼重法的定型阶段等历史脉络。第三部分阐明先秦儒家道德人格思想的基本内涵。主要包括圣人、君子、士等多层面道德人格范型；坚守道义原则、重视内在价值、坚持和谐包容等价值取向；圣人仁且智、君子至诚、君子中庸等理想境界；强调重行品质、规范道德行为、关注社会现实等实践品质。第四部分探讨先秦儒家道德人格的教化诉求及路径。主要包括道德人格的教化价值旨归、道德人格的教化认同基础等教化诉求；体现为追寻美好德性、克制恶性情欲、强调环境磨砺的自我教化路径；体现为父慈子孝、兄友弟恭、夫义妇顺等道德规范的家庭教化路径；体现为理念层面的以教化引导民众向善、形式层面的以礼乐方式开展教化以及社会生活领域中教化实践的社会教化路径。第五部分对先秦儒家道德人格及其教化思想进行评价反思。主要包括铸就传统士人品格、凝聚中华民族精神、道德理想化色彩和个体权利失落倾向等历史评价；为治国理政提供方法启迪、为公民道德教育提供内在动力、为文化发展提供精神指引等当代价值以及转化发展的必要性、原则与路径。

（二）研究方法

一是逻辑与历史相统一的方法。一方面，将道德思想放在人类历史发展过程与具体的历史条件中进行分析。"物质生活的生产方式制约着整个社会生活、政治生活和精神生活的过程。不是人们的意识决定人们的存在，相反，是人们的社会存在决定人们的意识。"①对于一种思想学说的研究也要注重其产生的社会背景与时代条件，将其置于人类历史发展的过程中去考察与分析。如，作为伦理关系和道德生活的反映，先秦儒家道德人格思想的产生由社会关系与生活实践所决定，所以要对其产生的宗法伦理关系、儒士阶层变迁以及社会价值信仰转向等社会背景以及生活实践进行分析探求。同时，在研究思想的发展、演变过程中，不仅要注重已有的思想理论的奠基意义，也要考察不同思想流派对其思想形成的参照影响，综合其发展的各种内外机制及其相互联系，以求准确揭示其形成发展的社会动因与客观规律。例如，天人合德的天人论、性善倾向的人性论为先秦儒家道德人格思想形成奠定了理论基础，而道、墨、法诸流派的人格思想为概括先秦儒家道德人格思想特征提供了分析参照系。另一方面，自觉运用逻辑思维方法对相应的思想材料进行理论提升，以抽象的形态把握思想发展的必然性，在对具体现象材料的逻辑抽象中得出一般本质的规定。如，在对先秦儒家发展脉络的梳理中，通过对商朝的鬼神崇拜向周朝崇尚先王、春秋时期孔子注重仁与礼结合、战国时期孟子的仁义并重到荀子的隆礼重法等思想观念转变的具体现象材料考察，概括其萌芽、发展、定型的三个历史阶段。

二是事实与价值相统一的研究方法。本书从文化伦理的视角考察先秦儒家道德人格及其教化思想，不仅要研究道德事实，也要研究道德价

① 《马克思恩格斯文集》第2卷，人民出版社2009年版，第591页。

值。"'思想'一旦离开'利益',就一定会使自己出丑。"① 道德思想是一定经济关系的产物,都是一定社会的阶级、阶层或集团利益的反映并为其服务,离开了利益就无从把握道德思想、伦理学说的本质特征、产生根源以及功能作用。而作为反映一定主体需求、利益关系、实践需要的道德问题,是赋予事物与现象以好坏、善恶评价的"应然"要求,也就更需要运用价值分析的方法,考察其社会意义。例如,对先秦儒家道德人格及其教化思想进行的积极与消极的辩证历史评价,对其在当代社会中治国理政、公民教育、文化建设等领域的功能发挥与价值体现的论述,都是着眼于"应然"的理想要求的。

三是文本分析法。先秦儒家的各种经典文本是先秦儒家道德人格及其教化思想的最直观与真实的反映,也是研究的第一手材料。如果说,各个时期的具体道德规范及其演变历史等在严格意义上属于伦理学史的研究内容,那么先秦儒家道德人格及其教化思想则重在研究先秦儒家代表人物就当时的社会伦理道德现象所作的解释与理论上的阐发,注重相应史料的选择与运用。如,通过研读《尚书》《论语》《孟子》《荀子》《礼记》等经典原典,考察孔子、孟子、荀子等对于理想道德人格的理论规定与价值设计,在理想境界、价值取向、实践品格等维度进行内涵概括与具体分析。

当然,作为伦理学、教育学、文化学、历史学、社会学多学科交叉研究,要有更宏大的理论视野,既注重伦理学理论与方法的运用,也注重相关学科的有机融合,更重视对现实实践问题的回应,所以,要根据具体问题,综合使用多种不同方法,包括比较法、思辨法、实证法等。

---

① 《马克思恩格斯文集》第 1 卷,人民出版社 2009 年版,第 286 页。

第二章　先秦儒家道德人格思想的形成源流

作为一种社会意识，关于它的起源，人们更应当从与之相应的社会存在、生产关系和交往活动等社会物质生活中考察。要把视野由神转向人，由人的自然性转向社会性，通过社会性深入人的物质生活过程中。① 只有如此考察，方能得出客观结论。先秦儒家道德人格思想也不例外，它由社会存在和经济基础决定，受其所处时代生产关系制约，所以，不能脱离其时代背景和历史条件去研究。当然，由于社会现象的复杂多样，在考察道德人格思想的制约因素时不能简单地从当时的经济关系中寻找现成答案，要考虑上层建筑和意识形态的其他方面的影响②。这里既要考虑宗法伦理关系变迁、儒士阶层诉求变化和社会价值信仰转向等社会现实因素，也要考虑天人合德的天人观、性善倾向的人性论等理论基础，更要梳理其从鬼神崇拜到崇尚先王的萌芽阶段、仁礼结合的发展阶段、从仁义并重到隆礼重法的定型阶段等发展脉络。

第一节　先秦儒家道德人格思想产生的社会背景

先秦儒家提出其道德人格思想，表明社会已经不仅仅重视人的政治地

---

① 郭广银：《伦理学原理》，南京大学出版社 1995 版，第 67—69 页。
② 朱伯崑：《先秦伦理学概论》，北京大学出版社 1984 年版，第 5—6 页。

位，而且开始关注人的良好道德品质，这是维护经济基础的需要，也是顺应时代发展的要求，具体来看，是为了顺应当时宗法伦理关系的变迁、儒士阶层崛起后的诉求变化，也是为了应对社会价值信仰危机的自觉转向。

一、宗法伦理关系变迁

西周的社会政治制度是宗法等级制度，考察周礼可见，父系家长制演变形成了制度、仪式和习俗等。随着社会发展，其中蕴含的原始平等色彩逐渐淡化，而等级要素愈来愈强化，同时，从社会结构来看，血缘关系一直延续。如此，形成了家族组织与社会政治组织合一的现象。

夏、商、周三代社会关系主要是以血缘关系为联系纽带的宗法等级关系，在西周，这种特点尤其明显。由于人们之间的普遍利益关系尚未完成，人与人之间的利害冲突尚不明显，所以，调节的主要手段是伦理道德。其中，西周统治者主要通过礼制来维护宗法血缘关系为实质的等级关系。而在春秋时期，社会处于一种无序状态，正如孔子描述的，是一个贵贱失序、尊卑不分、僭越暴乱等现象频出的礼崩乐坏时期，先秦儒家的创始者开始从人的类本质出发，思考人的道德本性平等问题，试图在彰显人之价值的过程中改造周礼，注入情感要素，来维持现实人与人之间的关系，重塑亲亲尊贤、各安其分的理想社会秩序。

（一）维系现实政治统治的宗法制度

根据人类学研究，人类进入阶级社会之前，中西方各民族的社会演进过程大致相似，基本上是从母系氏族演化为父权氏族制，同时，氏族部落中出现父权家族制，形成家族公社，氏族部落逐步演变为以家庭所有制为主的形式，接着氏族制度进一步演化为氏族贵族制度等，而其中的原始群居、氏族、部落、公社等组织形式的共同特点就是以血缘关系为联系纽带。同时，中国生活定居的自然环境和农业生活方式决定了人们与世隔绝、聚族而居的生活特点。由此，血缘关系为纽带的家族关系一直成为基本的社会组织形式。与之不同，古希腊的海洋型地理环境以及海上贸易流动生活方式形成了以地域和财产关系为基础的城邦社会。

随着氏族社会解体，阶级关系替代宗族关系，在古希腊，氏族贵族制被彻底破坏，家族组织被打碎，建立起以地域为核心的城邦民主制的国家与社会。而中国由于奴隶制发展"不典型"，在铁器出现之前就进入了阶级社会，因而氏族社会中以血缘关系为纽带的宗法制度不仅存在而且发展得更加完备，成为维护宗族奴隶制的政治制度。在宗法制度影响下，中国传统社会呈现出家国同构的特点，也就是在以小农自然经济为基础、与此种生产方式相联系的家族制度为内容的社会结构中，国家结构打上了家族结构烙印，父家长支配家与国的组织系统和权力。这里强调了家庭、家族和国家在组织结构方面的共同性。在中国，无论是奴隶制国家还是封建制国家都未摆脱氏族血亲宗法关系的纠缠。[1]

根据《左传》记载，周武王灭商后，周王室分鲁公"以殷民六族"：条氏、徐氏、萧氏、索氏、长勺氏、尾勺氏……分唐叔以"怀姓九宗"（《左传·定公四年》）。这里的氏、族、宗就是宗族存在的证明。周人最初的黄土高原生活环境与农业生活传统决定了宗族关系在社会关系中的地位，这成为周代宗法制度的基础。武王伐纣灭商后，周成为"天下共主"，为了强化统治，周公旦改革周礼，创立了西周的宗法制度，其内容包括确立嫡长子继承制、封邦建国制和宗庙祭祀制度等[2]，史称"制礼作乐"，促使当时的中国社会发生了巨大变化。《尚书大传》提到，"周公居摄，一年救乱，二年克殷，三年践奄"，"四年建侯卫，五年营成周，六年制礼作乐，七年致

---

[1] 张岱年、方克立主编：《中国文化概论》，北京师范大学出版社 2004 年版，第 48 页。

[2] 张岱年、方克立主编：《中国文化概论》，北京师范大学出版社 2004 年版，第 43—44 页。

政成王"。而根据政治统治的需要，以宗法制度为原则，西周确立了严格的等级制度。其中，第一等级是周天子；第二级包括公、侯、伯、子、男五爵，有封国；第三级包括卿大夫，有采邑；第四级包括士，有食田。庶民工商，即自由民和平民，不入等级。社会结构的最底层是皂隶和牧圉。这些等级便是"名分"，它们确立了个体无法更改的社会地位和举止行为。可见，宗法制度反映的是同一宗族的血缘关系，而本质是家族制度的政治化。

与殷商相比，周确立的立子立嫡制、庙数制以及同姓不婚制等新制度，其功能是"纲纪天下，其旨则在纳上下于道德，而合天子诸侯卿大夫士庶民以成一道德之团体"①，这些制度，其核心原则是尊尊、亲亲，再加上贤贤，是治理天下的通义，这也是政治制度在社会意识形态上的反映，"上治祖祢，下治子孙，旁治昆弟，而以贤贤之义治官"②。所以，"欲观周之所以定天下，必自其制度始矣"③。可见，宗法制度兼具政治权力统治和血亲道德制约的双重功能，直接影响着整个社会的运转。

应当说，周初统治者通过完备的宗法制度和分封制，将上层建筑诸领域制度化，同时，通过制礼作乐，固定上下尊卑等级关系并促使其情感和谐。"由是制度，乃生典礼，则'经礼三百、曲礼三千'是也。"④详尽的"礼"，体现了社会的结构层次，区别规范每个社会成员的身份、地位、权利和义务，确立了差异有别的社会秩序。同时，统治者充分发挥音乐艺术的教化功能。例如，将武王伐纣等先王事迹编成乐舞，在祭祀等大型活动中演奏，进行道德教化，促进价值认同。君臣上下同在庙堂上听音乐，莫不和敬；同族老小，在乡里听音乐，莫不和顺；父子兄弟，在家庭里听音

---

① 王国维：《殷周制度论》，载《王国维考古学文辑》，凤凰出版社 2008 年版，第 52 页。
② 王国维：《殷周制度论》，载《王国维考古学文辑》，凤凰出版社 2008 年版，第 59 页。
③ 王国维：《殷周制度论》，载《王国维考古学文辑》，凤凰出版社 2008 年版，第 52 页。
④ 王国维：《殷周制度论》，载《王国维考古学文辑》，凤凰出版社 2008 年版，第 60 页。

乐，莫不和亲。雅乐尽善尽美，促进了社会关系的和谐，维护了国家秩序。

周代的礼制既是典章制度的汇总，也是具体生活领域规范行为的准则，是制度、行为和观念的集中体现。"道德仁义，非礼不成。教训正俗，非礼不备。分争辨讼，非礼不决。君臣、上下、父子、兄弟，非礼不定……是以君子恭敬撙节退让以明礼。"（《礼记·曲礼》）周人的礼，从形式上，包括各种礼节和仪式；从内容上，包括贯彻血缘宗族原则的亲亲，执行政治关系等级原则的尊尊。"有制度典礼以治天子诸侯卿大夫士，使有恩以相洽，有义以相分，而国家之基定，争夺之祸泯焉。民之所求，莫先于此。使天子诸侯大夫士各奉其制度典礼，以亲亲、尊尊、贤贤明男女之别于上，而民风化于下。是故天子诸侯卿大夫士者，民之表也；典礼制度者，道德之器也"①，可见，周代的典礼制度是为道德而设的，同时，也是为教民而设，这也揭示了周代礼制实是"周人为政之精髓"，是文王、武王、周公治理天下的"精义大法"。

（二）规范理想伦理秩序的道德要求

以血缘为本位的伦理关系以及相应的社会地位和社会角色直接影响着道德人格的塑造。或者说，人伦关系中的家族本位、血缘亲情构成了道德人格的基础。各种伦理关系的处理，主要是家庭血缘亲情的推广，对社会道德规范的认同就是个体情感的内化过程。在调整各种关系中，存在两个标准：一是认同现实生活中血缘宗法关系的自然标准；二是看重在社会关系中体现出来的人们的道德境界，也就是对礼制的熟悉和遵守情况的社会标准。"先秦儒家致力于以社会标准制约自然标准，对处于血缘宗法关系网上的各类个体都提出了相应的做人格式和具体规范"②，也就是以道德人

---

① 王国维：《殷周制度论》，载《王国维考古学文辑》，凤凰出版社 2008 年版，第 61 页。
② 郭广银、杨明：《儒家伦理与当代理想人格》，《学术研究》1996 年第 2 期。

格来调整制约血缘宗法关系。

　　春秋战国时期，社会变革，与分封制度和血缘宗法政治相适应的伦理也开始转型为一种新型伦理。其中，宗法分封制度瓦解，礼乐崩坏，政统与血统分离，之前以孝悌为内容的伦理逐渐分化为家庭伦理、政治伦理和社会伦理，血缘宗法政治功能减弱。"天下有道，则礼乐征伐自天子出；天下无道，则礼乐征伐自诸侯出"；"天下有道，则政不在大夫。天下有道，则庶人不议"（《论语·季氏》）。当时，"禄之去公室五世矣，政逮于大夫四世矣"（《论语·季氏》），诸侯掌握礼乐征伐的权力，大夫甚至陪臣操纵政令，而庶民则议论政事，周天子已无法维系自己的权威，这表明了维系社会秩序的礼乐制度已经崩坏。而统治者个人的道德品质不容乐观，非礼现象频繁出现，"今之君子，好利无厌，淫行不倦，荒怠慢游，固民是尽。以遂其心，以怨其政，以忓其众，以伐有道"①。这说明仅仅依靠礼的组织原则、宗族的血缘关系调节社会运行过程中产生的矛盾还不够，尤其是在春秋时期民众力量逐渐发展的情况下，这一缺陷更为凸显。先秦儒家的思想家们认为在不抹杀上下尊卑界限的同时，加强社会意识形态的建设，也就是通过让各个阶层都具备仁爱的道德观念，上层可以开展德政，给民以实惠，使下层民众生活富足且有一定的教养，这样，理想的社会伦理秩序就能得以建构，而道德人格的出场也是适应这种理想社会发展和伦理秩序建构的需要。

二、儒士阶层诉求变化

　　春秋战国时期，奴隶制崩坏后，社会阶层流动加剧，主要是贵族阶层由于政争失败等下降，下层庶民通过战功和学术等上升。而处于交汇点的

---

① 《孔子家语》，王国轩等译注，中华书局 2011 年版，第 49 页。

士受到了严重冲击，作为贵族阶层的职位和身份丧失，但是，他们希望能够依靠自己掌握的知识技能依附统治者，实现自己的政治主张，谋求重新确立自己的尊贵身份和社会地位。当时，意识形态斗争激烈，各个思想派别都在寻求自己的治国方案，先秦儒家掌握礼仪，熟悉礼数，主张礼治，他们试图发挥自己的优势，以帮助统治者进行道德教化。

（一）强化知识技能的现实考量

士属于古代的知识分子阶层，[①]"士"在甲骨文中作"⼟"，杨树达进一步补充道，"一"象征地，"｜"象征秧苗插入地中的形状[②]，二者相结合，指在田地里耕作的农夫。余英时认为，"士"在古代泛指各部门中掌事的中下层官吏。[③] 关于"士"的起源，学界一般认为最初为武士，"吾国古代之士，皆武士也"[④]，经过春秋战国的社会变动才转化为文士。

西周时期，同官师政教合一的王官之学相一致，士属于贵族集团中的最低阶层，身份地位世袭，"士之子恒为士"[⑤]，生活依靠剥削，相对固定。由于受过"六艺"教育，士通晓"礼、乐、射、御、书、数"，具备文武双全的才能。在战争时，士作为下层军官征战以卫社稷，在和平时，作为卿大夫高级贵族辅佐王室治理平民，美之曰"国士"。

春秋战国时期，随着奴隶主等级制度的崩坏，士的贵族地位发生变化，由贵族之末变为了四民之首。同时，一部分诸侯、大夫的庶支沦落为

---

① 余英时认为，知识阶层在中国古代被名之为"士"，但"士"并非一开始就被认作知识阶层，"士"变为知识阶层，中间有重要发展过程。参见余英时：《士与中国文化》，上海人民出版社 1987 年版，第 3 页。

② 杨树达：《积微居小学述林》卷三，中国科学院出版社 1954 年版，第 72 页。

③ 余英时：《士与中国文化》，上海人民出版社 1987 年版，第 6 页。

④ 顾颉刚：《武士与文士之蜕化》，载《史林杂识初编》，中华书局 1963 年版，第 85 页。

⑤ 林同济：《大夫士与士大夫》，载温敦儒等：《时代之波——战国策派文化论著辑要》，中国广播电视出版社 1995 年版，第 63 页。

士，一部分平民中的佼佼者升迁为士。另外，其生存方式也发生了变化，无田可食，无职可守，失去了固定的地位和工作，只能依靠自己对"六艺"的掌握维持生活，变成了"游士"。此时的士，由于与政治体制疏离，要想获得政治地位，必须凭借所掌握的知识和技能。

而随着当时阶级斗争尤其是意识形态领域斗争激烈，国君和政治上的当权者都纷纷"养士"以制造舆论。例如，齐国的王在齐国都城建立"稷下学宫"，招徕四方游说之士，"皆赐列第，为上大夫，不治而议论"（《史记·田敬仲完世家》），其他一些大的贵族，如孟尝君、春申君等，都"养士"数千。而士的生活来源也主要依靠执政者提供。当时，士阶层人数众多，其活动影响着诸侯国的盛衰。其中，除了武士、"鸡鸣狗盗之徒"之外，神仙方士、星祝卜史都可以称为儒士。孔子就是其中精通"六艺"的儒士。[①]

特殊的时代为士提供了施展才华的机会，各个阶层都可以充分表明自己的世界观和利益诉求，"帝者与师处，王者与友处，霸者与臣处，亡国与役处"（《战国策·燕策一》）的人才观，为士实现自身的价值、摆脱原有宗法关系和政治观念的束缚创造了条件，也造就了士的独立品格。在战国时期，"朝为布衣，夕为卿相"的情况屡见不鲜，士的价值和地位日渐凸显。其中有些士推动社会改革，如管仲等；有些士担负起了重塑文化传统、以文化人的历史使命，如孔子等。

而士阶层的崛起，也与私学兴起紧密相关。西周时期，学校设于官府之中，政教师官合一，只有贵族子弟能受教育，即"学在官府"。春秋中叶，等级制度瓦解，政治格局变化，官学的老师们被迫流落民间，出现了"天子失官，学在四夷"的局面。同时，孔子首倡私学，私学逐渐兴起。与官学相比，私学表现出相对独立性，并且以"有教无类"的原则，起到了沟通社会各阶层——士农工商——的作用，培养了社会所急需的政治人

---

① 阎韬：《孔子与儒家》，山东教育出版社 1991 年版，第 17 页。

才，加剧了社会的流动。而自由的学术风气，也培养了师生们的独立人格和高尚情操。正是由于私学的兴起、学术的下移，贫寒之士可以通过学习提高自己的德与才，进而很快提升自己的身份地位。"学而优则仕"成为一种风气。这也表明了才能要比等级身份更加重要。

（二）关注内在道义的理想诉求

按照班固在《汉书·艺文志》中的记载："儒家者流，盖出于司徒之官，助人君顺阴阳、明教化者也。"儒家是从司徒官出身，最初的职能就是帮助君王顺阴阳，明教化。所谓"顺阴阳"，主要就是关于"亲亲有术，尊贤有等"的礼制。而"明教化"，就是对礼制的宣传，对庶民的教化。①而当时儒者主要是依靠自己对礼的熟悉和掌握，进行礼的宣传和教化，提出礼治的政治主张，当然，需要改造这种礼制以表达自己的利益诉求、建立自己的政治学说。

应当说，从没落的贵族转化而来的儒士们，代表知识分子阶层利益，有为出仕而学的目的性、工具性的一面，同时，也有对道义的关注。这里的"道"是一种理论建构，就儒家而言，就是在认识历史发展规律基础上的一种社会责任感和历史使命感，它关注人间秩序的安排。而"义"是贯彻这种理论的合宜的方法。对道的关注，是先秦儒家一开始就具有的。"中国知识阶层刚出现在历史舞台上的时候，孔子便努力为它灌注一种理想主义精神，要求它的每个分子——士——都能超越他自己个体和群体的利害得失，而发展对整个社会的深厚关怀。"②官学下移后，士阶层就开始以道的承担者自居，而这种以道自任的精神在儒家身上表现得更为明显。"笃信好学，守死善道"（《论语·泰伯》）、"士志于道"（《论语·里仁》）、"君

---

① 周桂钿：《中国儒学讲稿》，中华书局 2008 年版，第 1 页。

② 余英时：《士与中国文化》，上海人民出版社 1987 年版，第 35 页。

子谋道不谋食"(《论语·卫灵公》)，都体现了先秦儒家以道为终极依据的价值取向。孟子对士阶层与道的关系作了进一步论述："天下有道，以道殉身；天下无道，以身殉道。"(《孟子·尽心上》)。这里的道就是仁义之道。"王子垫问曰：'士何事？'孟子曰：'尚志。'曰：'何谓尚志？'曰：'仁义而已矣。……'"(《孟子·尽心上》)士能以仁义之道为依归，超脱于穷达，自然就能不为权势所束缚而有尊严感。"乐其道而忘人之势，故王公不致敬尽礼，则不得亟见之"(《孟子·尽心上》)，而孟子对新兴士阶层期待甚高，认为其能"无恒产而有恒心"(《孟子·梁惠王上》)。荀子则是基于政治斗争白热化的现实，提出以儒家之道来拒斥其他各家，并且以道为治之要。"可道，然后能守道以禁非道。……以其可道之心与道人论非道，治之要也。"(《荀子·解蔽》)荀子主张以儒家之道"禁非道"并将道归于治，以达到"儒者在本朝则美政，在下位则美俗"(《荀子·儒效》)的效果。可见，对道的坚持是先秦儒家一贯的主张。这里的"道"，就个体而言，就是不但追求地位身份上的高贵，而且在道德品行上也要高尚，不仅是在"六艺"等技能训练上有所进步，还有"揖让而升，下而饮，其争也君子"的人品上的道德涵养。就社会而言，就是对理想大同社会的期待。对道义的强调，体现到现实的社会政治中，就是一种"乐其道而忘人之势"(《孟子·尽心上》)的政治抱负和理想。正是具备了外在知识技能和内在道义追求，才有了对独立道德人格的诉求。"以位，则子，君也；我，臣也；何敢与君友也？以德，则子事我者也，奚可以与我友？"(《孟子·万章下》)这则关于缪公与子思对话的历史记载反映了春秋战国时期"士"的独立、重德的人格形象。

三、社会价值信仰转向

随着社会生产力的发展和人类改造自然力量的增强，宗教神学在文化价值领域的地位逐渐动摇，人们的思想领域需要新的普遍价值观念和更加理性的人文价值，道德与道德人格的价值开始凸显，并逐渐代替宗教信仰成为新的价值目标。

（一）从尊神重鬼到人文理性的宗教伦理化

人类社会的宗教发展史表明，适应大的社群和族群的真正宗教的出现，必然是宗教思维与伦理原则的结合。伦理原则是检视宗教之所以为宗教或宗教发展水平的自然标尺。人类的宗教—伦理文化的发展，就是以各种方式通过伦理意识的奋斗摆脱禁忌体系体现的巫术的消极压抑和强制，走向自由的理想的行程。[①] 这表明，真正成熟的宗教必须克服原始的禁忌主义而逐渐走向伦理化的方向。

脱离原始社会未久的殷商人，仍然受神秘性与笼统性为特征的原始思维支配，体现出强烈的神本文化色彩。"殷人尊神，率民以事神"（《礼记·表记》），人之生死与国之兴亡皆寄托于神，在殷商人的观念中，地位最高的神是帝或上帝，它通过统率各种自然力来主宰人间事务。殷商人听命于上帝，按其旨意办事，通过卜筮来决定自己的行止，殷商王是政治上的最高统治者，又是最高祭司。殷商人以盛大的祭祀活动表达对上帝或鬼神的敬意。殷商人还祭祖宗神，这在于他们生前担任最高祭司，死后"宾于帝所"侍于帝左右，成为上帝与人世的联系纽带。这种重鬼神的文化，反映了人类思维水平仍然处于蒙昧阶段。[②] 随着"周邦"取代"殷国"，周代统治者注意到受命于天的殷商遭受天命灭亡，开始反思并提出"皇天无亲，惟德是辅"的敬德、保民的思想，这也意味着神本倾向开始向人本倾向过渡。应当说，西周思想家们对民与神、民与国等关系进行了深入的思

---

① 陈来：《古代宗教与伦理：儒家思想的根源》，生活·读书·新知三联书店 2017 年版，第 145—147 页。

② 张岱年、方克立主编：《中国文化概论》，北京师范大学出版社 2004 年版，第 62 页。

考，"虢其亡乎！吾闻之，国将兴，听于民；将亡，听于神"（《左传·庄公三十二年》），这种民本思想的产生与疑天思潮相伴而生，在这样的氛围下，西周的文化集中体现为重孝、崇德、贵民的人格模式。重孝体现为对"宗族成员的亲情，对人间生活和人际关系的热爱，对家族家庭的义务和依赖"①。崇德体现在西周"德感"基因的形成，也就是对事物评价的"德感"特点。而贵民也与崇德联系在一起，就是政治领域中对民意的关注，民意即是人民的要求，它被视为政治终极合法性规定。西周时期，儒家文化已从简单而笼统的神话转变成一套完备的礼乐制度。礼是仪式制度，而乐则是内在情感，这实际上是文化发展中宗教的理性化过程。②

殷商对神鬼恐惧与崇拜的观念是自然宗教的体现，尽管它比巫文化要复杂，但是从对待神鬼的宗教态度中看不到相关道德理想、伦理价值以及理性智慧，所以，从宗教所应包含的价值和理想来看，这种止步于消极的禁忌而无"价值理性"的宗教不是真正的宗教。而周人对天的尊崇敬畏则承载了积极的价值和理想，包含着社会进步与道德秩序的原则，它的独特礼乐文化与德性追求开启了真正的圣哲宗教的道路。先秦儒家道德人格思想正是随着宗教伦理化进程在西周初得以萌芽。而在这一进程中，与西方相比，中国"并不是认识到自身的局限而转向超越的无限存在。……更多的似乎是认识到神与神性的局限性，而更多地趋向此世和'人间性'"③，这种转向是一种人文化的转向。

先秦儒家价值理性的建立与逐渐淡忘天神信仰并关注人间文化价值相联系。这一过程是物质文化、精神文化不断丰富与人类不断解放自己、实

---

① 陈来：《古代宗教与伦理：儒家思想的根源》，生活·读书·新知三联书店1996年版，第7页。

② 陈来：《古代宗教与伦理：儒家思想的根源》，生活·读书·新知三联书店1996年版，第12页。

③ 陈来：《古代宗教与伦理：儒家思想的根源》，生活·读书·新知三联书店1996年版，第4页。

现道德人格的交织过程。在物质文化的发展中，农业经济的发展让思想家们开始重视人的力量，殷商时期，农业生产已有一定规模，而在西周，农业生产力已有更大发展并有了以"稼穑为宝"、为立国之本的观念，农业的发展，彰显了人的力量，而人对自身力量的自觉客观上也冲淡了天神和上帝的影响。同时，科学技术的发展标志着人对自然规律一定程度的把握，也增加了思想家们将视野从"天"转回"人"的可能。当然，我们也要看到当时的科技处于与宗教迷信混杂的萌芽状态。

西周礼乐文化为儒家道德人格思想的产生提供了文化土壤，提供了世界观、道德观等方面形成的理论基础。而西周文化又是夏商文化演进的结果，"经历了巫觋文化、祭祀文化而发展为礼乐文化……从而构成了孔子和早期儒家思想产生的根基。进一步追溯，从龙山文化以降，经历了中原不同区域文化的融合发展……在西周开始定型成比较稳定的精神气质"[①]，这种精神气质的体现就是儒家的礼乐文化。正如有的学者指出的，倘若没有周公，传世的礼乐文明就不存在，也就没有儒家的历史渊源，而儒家不存在，中国传统文明可能是另一种精神状态。[②]可见，春秋末期儒家以仁、礼为主要内容的思想也是以德、礼为主的周公之道的传承发展。

（二）从天命神学到伦理本位的信仰道德化

春秋战国时期，社会失序混乱，产生思想信仰危机。人们开始突破天命神学的重压而觉醒、崛起，追求道德理想信仰。在社会转型期间，政治经济变化不仅引起了社会结构变化，也冲击着人们的伦理价值观念，人们开始对之前的观念、信仰产生了怀疑，如贵族们的"德位二分"的现象，

---

① 陈来：《古代宗教与伦理：儒家思想的根源》，生活·读书·新知三联书店1996年版，第16页。

② 杨向奎：《宗周社会与礼乐文明》，人民出版社1992年版，第136页。

对社会的主导价值产生了怀疑，如人生的价值、人生的意义等。《论语》中的"问成人""问士""问君子"等，都从侧面反映了当时人们对这些问题的普遍疑惑，社会亟须树立新的道德典范。

当时，思想界没有公认的是非真伪的标准。"天下有道，则庶人不议"，所以，当时非常重要的事情就是"正名"。"名不正，则言不顺；言不顺，则事不成；事不成，则礼乐不兴；礼乐不兴，则刑罚不中。"（《论语·子路》）荀子说："今圣王没，名守慢，奇辞起，名实乱，是非之形不明，则虽守法之吏、诵数之儒，亦皆乱也。"（《荀子·正名》）正名要建立是非善恶的标准。"齐景公问政于孔子。孔子对曰：'君君，臣臣，父父，子子。'公曰：'善哉！信如君不君，臣不臣，父不父，子不子，虽有粟，吾得而食诸？'"（《论语·颜渊》）可见，正名的宗旨就在于各得其所、各安其分，使得家庭、社会中各种关系按照理想的标准，达到"至善"的理想境界。

先秦儒家为了应对价值信仰危机，提出了圣人、君子等相应的道德典范，并对其内涵进行诠释，为世人的言行树立道德理想标准。"孔子指出一种理想的模范，作为个人及社会的标准。使人'拟之而后言，仪之而后动'。他平日所言君子就是人生品行的标准。"[1] 西周初从天命神学向人文伦理的转向与某些思想家的自觉很有关系。"历史赋予古代某些人物以巨大的文化选择权能，他们的思想方向决定，或在相当程度上决定了后来文化与价值的方向，从而对后来文化的发展产生了决定性的作用。"[2] 先秦时期，周公和孔子都是这种具有自觉意识的思想家，周公和西周文化为孔子思想的形成提供了文化土壤，而孔子把周公的思想进一步发展和推广。作为奴隶主旧贵族代表的孔子自觉意识到当时的社会价值危机，力图通过道德改革来恢复周礼。"周监于二代，郁郁乎文哉！吾从周。"（《论语·八

---

[1]　胡适：《中国哲学史大纲》，东方出版社 2012 年版，第 96 页。
[2]　陈来：《古代宗教与伦理：儒家思想的根源》，生活·读书·新知三联书店 1996 年版，第 4 页。

俗》）经过对夏商两个朝代文化的损益，周礼已经达到了较高的水平，"从周"充分表明了孔子对于周礼教化价值的认可。当然，周礼也要有所损益，"齐一变，至于鲁；鲁一变，至于道"（《论语·雍也》）。孔子毕其一生，周游列国，都在努力推行自己的道德主张，以期重建理想社会。应当说，孔子深刻地认识到，要改变社会礼崩乐坏的局面，不仅仅要修改文制，更重要的是要从人心入手，重建自我控制的能力，即通过"克己""复礼"，重建周代文制权威。在孔子的这一理性判断和理想规划中，圣人、君子等道德人格是重要的载体和寄托。

第二节　先秦儒家道德人格思想产生的理论基础

先秦儒家道德人格思想的产生，不仅是社会现实发展的需要，而且以前人思想理论发展为基础，同时也受同时代思想理论的影响。这种思想理论主要包括天人合德的天人观、性善倾向的人性论以及儒道墨法的比较域。具体而言，天人观体现在商周时期顺受天命、修德配命到春秋时期的畏天命、知天命再到战国时期的天人合德理论，人性论体现在孔子的性相近、孟子的性本善以及荀子的性本恶等理论，比较域则包括儒与道、墨、法诸思想流派的道德人格思想的参照互动，以上共同构成了先秦儒家道德人格思想的理论基础。

一、天人合德的天人观

天人观，简而言之，就是关于天与人以及天道与人道的关系的观点。所谓天，在中国古代含义非常丰富，按照冯友兰先生的区分，在中国文化语境中，天有五义：一是与地相对的物质之天，二是有人格的主宰之天，三是人生命运之天,四指自然运行的自然之天,五指宇宙最高原理的义理之天。《诗经》《尚书》《左传》《国语》中的天,除指物质之天外,好像都是指主宰之天。① 虽然天的具体内涵在不同时期和不同思想家那里侧重点有所不同,但是从总体上看,先秦儒家的思想家们讲天、天道,总是与人、人道相联系,讲天道就是为了论证人道的合理性。而在先秦儒家的道德人格思想中,天人观同样是为了给现实中人们的道德人格追求提供一种具有超越性的理论证明。

(一)源于德治考量中的秩序建构

考古学和人类学研究表明,人类最早生活在一个"万物有灵"的世界里,当先民们对于自然与自身的种种现象百思不得其解时,就会求助于一种超自然的神秘力量,认为在人之外有种神秘的主宰,称之为"天"或"帝"。这种神秘主宰是宇宙间的唯一决定力量,而自然与人事的行为都来自它们的旨意,所以敬事鬼神成为天人关系的突出特点。殷商时期,天人关系主要表现在宗教思想里,鬼神祭祀和祖先祭祀比较盛行,包括经济、政治、军事等各方面的大事都求助于祖先神,也就是"殷人尊神,率民以事神"。这种祖先神相较于自然物的图腾崇拜是进步的。此外,商代社会对应氏族整体制度,在观念世界中也呈现出氏族整体的全能一元神。先祖不是一般的上帝,而是先祖=上帝的宗教形态。② 商统治者特别强调王权神授,而且永不改变,从而为自己的统治披上了神权外衣,同时,为了强化这种统治,在祭祀仪式上,也把统治者和被统治者进行了区分,只有统治者才能祭祀。而这祭祀仪式就是与上天保持联系的唯一通道,以至于强调"国之大事,在祀与戎"。实际上就是商利用天命思想论证其统治

---

① 冯友兰:《中国哲学史》上册,商务印书馆 2011 年版,第 45 页。

② 侯外庐等:《中国思想通史》第 1 卷,人民出版社 2011 年版,第 62 页。

合理性。当然，商的宗教思想也是当时人类和自然尚且无法分离、社会分工不发达的表现。正如恩格斯所说的，"一切宗教都不过是支配着人们日常生活的外部力量在人们头脑中的幻想的反映"[①]。

　　武王伐纣，牧野之战后，周赢得了军事胜利，取代了商的政权，这不仅是政权的更迭，更动摇了人们头脑中根深蒂固的对"天""帝"的绝对权威的信仰。周初的统治者充分利用这种对天命的怀疑情绪，解决商遗民在思想上的顽抗、反攻，论证其统治合理性，他们一方面强调"天""帝"是存在的，但又是变化的，也就是"天命靡常"，以此来解释商所受天命改降周的原因，强调"天""帝"洞悉善恶、赏罚分明，商人不服天命而失天下，周朝奉天命而代商。"尔殷遗多士，弗吊旻天，大降丧于殷。我有周佑命，将天明威，致王罚，敕殷命终于帝。"（《尚书·周书·多士》）另一方面，他们告诫周朝的奴隶主贵族们，要修德配命，否则王位不保，周取商而代之就是因为商纣王不能修德。"皇天上帝改厥元子，兹大国殷之命。惟王受命，无疆惟休，亦无疆惟恤。呜呼！曷其奈何弗敬？"（《尚书·周书·召诰》）。强调商纣王失德，上天才选派有德之周王做"元子"，周王朝必须"敬德""保民"，才能维持其统治。商以天命来维系王权，而周吸取商灭亡的教训，开始强调以德配天，修德配命，并逐渐补充了道德教化的内容，制定了一套完备的上层建筑——周礼。当然，这里的德主要是针对统治者的要求——王德。它要求统治者加强道德修养，不辜负上天期待，即"敬德"，"王其德之用，祈天永命"（《尚书·周书·召诰》）。同时，还要求统治者顺应民意，看到民众的力量，考虑民众的需求。"天视自我民视，天听自我民听"（《尚书·周书·泰誓中》）。"民之所欲，天必从之"即"保民"，这主要是针对商灭亡对其天命论的补充，进而从思想理论上论证周执政的合法性。周代仍然相信天命，但是更重

---

① ［德］恩格斯：《反杜林论》，人民出版社 2018 年版，第 340 页。

视修德配命，并提出一整套"敬天保民""敬德保民"的思想，创立了天、德、礼相结合的思想体系。根据周人关于"德"的观念，君主的敬德对上可以达天，作为降命的根据，对下可以保民，民好德而厌恶暴行，天亦是如此。这里用"德"将天与人联系起来，促进天命与人事的互动，从而开启了天人关系秩序构建中理解德治的传统，天与人的关系被纳入理论框架，从而具有了全新的意义。

（二）确立道德人格的绝对依据

以"德"为纽带的天人关系框架为先秦儒家树立的理想道德人格提供了绝对依据。天人合德，首先指人本于天，人道本于天道，人类社会的伦理道德以天为根据，道德的价值以天为根据。就先秦儒家的道德人格而言，也以其为绝对依据。周代提出的道德人格首先指向统治者的"君德"，在周人看来，文王具有最高德性，通于天德，其道德人格最可以景仰。统治者要注重规范自己的行为，这源于周统治者将天命的得失与是否敬"德"联系，赋予了天一种明辨是非的智慧和奖善惩恶的道德使命。如此，天就不再是一种盲目的、神秘莫测的自然力量，而是有了人格化的理性和道德属性，天人之间有了共同的好恶选择。孔子继承了周人天命观，强调崇拜"天"这一人格神。他明确提出，要"畏天命，畏大人，畏圣人之言"（《论语·季氏》），当有人问他是巴结"奥"还是奉承"灶"的时候，他说"不然，获罪于天，无所祷也"（《论语·八佾》），表达了对天的敬畏。这里的天，与商周天命观的相似之处是仍然强调其能主宰个人的生死富贵吉凶和天下国家的兴亡盛衰。[1] 当然，春秋时期的天还具有义理之天的含义，它不主宰人的吉凶祸福，只是赋予人的善性。[2] 这一层含义

---

[1]　王钧林：《中国儒学史》，广东教育出版社 1998 年版，第 150 页。

[2]　王钧林：《中国儒学史》，广东教育出版社 1998 年版，第 150 页。

为人体认善性、成就道德人格提供了动力。"天何言哉？四时行焉，百物生焉，天何言哉？"（《论语·阳货》）表明天道运行，即使不说话，不发布命令，四时正常运转，百物自然生长，而人只要效法即可。这里的天就是一种自然规律，近乎天道。"天生德于予"（《论语·述而》），仍然强调天作为完美德性，需要人去学习、体认。"不怨天，不尤人，下学而上达，知我者其天乎！"（《论语·宪问》）也是要求人效法天道，体认天命。这是上天赋予人的使命，后来孔子将其概括为"知天命"，并作为自己精神境界发展的一个阶段。

在先秦儒家的天人合德观念中，天作为本体与本原，以不同的形式规定着宇宙万物的运动与变化，是宇宙万物存在的根据，同时，也规定着人类社会的一切，是人类社会伦理道德客观性与合理性的根据。宋明理学对《周易》的"继善成性"进一步阐发，指出人的道德价值，人性之善本于天道之善。同时，人类社会的道德原则、道德规范来源于天的意志，而且个人现实的德性也以天为本原。按照这一思想，思考做人道德标准的道德人格问题也要以天为模型和范式或者体现天的意志。当然，天不完全指人格神，可以决定人事兴废的意志之天也可以作为现实道德人格价值的依据。孔子强调道德规范源于天的意志，而内在的品德也是天赋的，这一点同西周的天命论是没有区别的。张岱年先生认为，在中国大部分哲学家的认识中，就天人关系而言，天是根本，是理想，自然的规律也是当然的准则。而天人之间的联系纽带即是性，人受性于天，而人的理想就在于尽性；性就是本根，也就是道德原则，而道德原则是出于本根。[①] 由此可见，这里的天人合一体现于道德境界和道德原则两个方面。

《周易·乾卦·文言》说："夫'大人'者与天地合其德，与日月合其明，与四时合其序，与鬼神合其吉凶。先天而天弗违，后天而奉天时。天

且弗违，而况于人乎？况于鬼神乎？""大人"就是儒家的理想道德人格，其与天地的大公无私精神相吻合，与日月一样行为光明正大，与四季一样秩序分明，与阴阳的往来相合赐吉降凶。先秦儒家的理想道德人格与天地之道一致。圣人与天地之道相默契，同事物的存亡得失相一致，随时进行变通而不失中正之道。这一方面把客观自然界天地看作人类主观道德色彩的投影；另一方面又用道德化自然界为其理想人格学说辩护。"大人"之所以为"大"，就是深谙天地之性，而天地之性又是人所努力的目标。①天的自然属性与社会属性交织，天的概念中始终带有道德色彩，客观的自然界被赋予德性，亦能体认天德为理想道德人格的根本和理想。理想道德人格既是天人关系的中介，又是天人合一的化身，"惟圣人既生而知之，又学以审之，尽人之性，尽物之性，德合天地，心统万物，故与造化相参而主斯道也"②。

天人合德，这一境界是道德修养的最高境界，体现了先秦儒家道德人格思想的宏大旨趣和内在超越。先秦儒家提出的理想人格一方面承载了先秦儒家道德理想，展示了其最高境界，以天为道德之根本，强调了道德对必然性的觉悟。道德是生活中的"应然"，它高于生活的"实然"，而"应然"作为理想目标，其高于"实然"的根据，只能内在于"实然"本身，而且与"实然"具有内在本质的一致性，确切地说，"应然"揭示了"实然"所内含的"本然"，其本质是对"实然"的完善。③另一方面，这一理想人格需要通过日常生活的道德实践展现，从现实社会层面来看，天人合德是小农自然经济社会生活的必然产物。无论是对自然界提供的生产资料的需求，抑或是对自然力量的敬畏，乃至于对自然生产交往经验的重

---

① 朱义禄：《儒家理想人格与中国文化》，复旦大学出版社 2006 年版，第 155、158 页。

② （宋）胡宏：《知言》，载《胡宏集》，吴仁华点校，中华书局 1987 年版，第 14 页。

③ 唐凯麟、张怀承：《成人与成圣——儒家伦理道德精粹》，湖南大学出版社 1999 年版，第 54—55 页。

视，都体现了这种必然性。"人们的生产、生活乃至整个生命在最终意义上决定于外在的必然，这种外在的必然是整个宇宙包括自然界和人类社会的主宰，它决定着宇宙万物的运动变化，决定着人类社会的根本秩序，也决定着人的生活与命运。"①换言之，天人合一的境界为先秦儒家道德人格的理想追求和现实实践提供了一个融合模式，展示了其内在超越价值。天被抽象为超越的本体，人在尊崇、复归于天中才能实现自我价值，人与天处于不可分割的有机体中。

（三）凸显主体价值的德性力量

天人关系的思想模式在建立后承担着庞大的解释、主宰人间事务的职能，而随着其职能过分膨胀，具有宗教意义的主宰之天开始酝酿着自我否定的危机。以周公为代表的周初统治者把着眼点从天转移到人，开始注意到人在道德上的主观能动性，相比较商的天命观，这是一种道德意义上的革命性变革，客观上是对主宰之天所面临危机的理论回应。在西周末年到春秋时期，各种疑天、怨天思潮以及冲破宗教之天藩篱的人的理论的出现都是此种危机与人的主体价值凸显的明证，其时，许多思想家不同程度地想摆脱以神灵主宰之天为内涵的神学天命论，着力弘扬人的主体能动性。随国贤者季梁说，"夫民，神之主也。是以圣王先成民而后致力于神"（《左传·桓公六年》），已有推崇人的意向。而春秋末期郑国政治家子产对裨灶说："天道远，人道迩，非所及也，何以知之？灶焉知天道？是亦多言矣，岂不或信？"（《左传·昭公十八年》）这里将天道与人道区别，表现了对人的地位与人的价值的凸显。孔子对天人关系的认识有继承殷周传统的方面，将宇宙和人类社会的最高主宰称为"天"，把支配社会生活的

---

① 唐凯麟、张怀承：《成人与成圣——儒家伦理道德精粹》，湖南大学出版社 1999 年版，第 62 页。

盲目的异己力量称为"命",也表现出过渡时期新的特点。首先,孔子将"天"与"命"进行了区分,以"天"为有意志、能赏罚的人格神,依然承认"天"的权威与公正。同时,对命提出自己的见解,"道之将行也与,命也;道之将废也与,命也"(《论语·宪问》),从而将政治抱负的实现与否归结为命,而作为禀受天德的君子只能知命与接受命运的支配,这反映了孔子在其时代所面临政治境遇下的矛盾心理。其次,孔子不再如西周那样自上而下或自外而内地谈"降命""受命",而更多的是自下而上地谈"知命"和"畏命"。"不知命,无以为君子也;不知礼,无以立也;不知言,无以知人也。"(《论语·尧曰》)再次,表现出意图脱离宗教思想,[1]但又不能与之彻底决裂的矛盾特点。如"子不语'怪、力、乱、神'"(《论语·述而》),"季路问事鬼神。子曰:'未能事人,焉能事鬼?'曰:'敢问死。'曰:'未知生,焉知死'"(《论语·先进》)等,表明了孔子对各种鬼神敬而远之的态度,但是,他并不否认鬼神,在危险时,依然以天来鼓舞自己,以天支持自己这个孤独的行道者。

孔子将天命视为不能抗拒的外在力量,能给人带来幸与不幸,在人的生死寿夭和富贵贫贱等生活遭遇方面起着决定作用。同时,他又主张人在精神生活尤其是道德生活方面可以是自主的。[2]孔子的仁道原则不仅将人视为目的,而且确认了人的道德主体地位和自主力量。"为仁由己"表明了人作为道德主体,不仅是被尊重与爱的对象,也是自觉履行道德义务、遵守道德准则的仁爱主体。人的自主力量不仅体现为个人道德的选择和修养,更重要的是对社会理想与道德原则的推广弘传。孟子认为人高于自然界之处在于人的道德自觉意识,而其在很大程度上是一种先验的道德情感——"四端",即恻隐之心、羞恶之心、辞让之心、是非之心,从

---

① 侯外庐等:《中国思想通史》第 1 卷,人民出版社 2011 年版,第 140 页。
② 阎韬:《孔子与儒家》,山东教育出版社 1991 年版,第 36 页。

而建立起人道原则，确认人的主体力量。与孔子一样，孟子在推行自己的政治理想中也面临主体无法支配的力量，他将这种力量称为天命。孟子提出"在我者"与"在外者"来化解天命与道德理想的紧张，认为生死寿夭、富贵贫贱等道德之外的领域都是人力所不能及的"在外者"，而为善为恶等道德领域的活动是人有自主权和主动权的"在我者"，从而强调道德生活领域中人的主动性。孟子不仅指出了天命与性的区别，也指出了二者的联系，他以仁、义、礼、智等道德性为中介把天与人统一起来，"尽其心者，尽其性也；知其性，则知天矣"，这种以德性为中介的"天人合一"思想在《中庸》中得以发挥，"天命之谓性，率性之谓道，修道之谓教"（《礼记·中庸》），以对人伦道德规范的遵循、推广将天命、人性、教化相联系，凸显了主体道德自觉的价值。在先秦儒家看来，天与人之间表现出同类感通、同构贯通以及同质和谐的关系特点，正是因为人具有独特的主体能动性，在伦理生活中的道德性，才能在天人关系中彰显其德性力量。

　　以上关于天人关系的思想认识，一方面明确了先秦儒家道德人格的价值原则，要顺承天道，时刻与天的德性保持一致，使人的道德原则与宇宙法则相符合；另一方面，为先秦儒家的道德人格提出了修养境界上的要求，即天人合一，从而为先秦儒家道德思想奠定了理论基础。

二、性善倾向的人性论

　　在先秦典籍中，"性"的含义比较广泛，但是其用法基本固定于自然之性的范畴。如"王先服殷御事，比介于我有周御事，节性，惟日其迈"（《尚书·周书·召诰》），这里的"节性"，就是改造性情之性。"岂弟君子，俾尔弥尔性，似先公酋矣"（《诗经·大雅·卷阿》），"弥尔性"指使人善始善终的性命之性。"天生民而立之君，使司牧之，勿使失性"（《左传·襄公十四年》），"失性"就是失去天地之性。"夫小人之性，衅于勇，啬于祸，以足其性而求名焉者，非国家之利也"（《左传·襄公二十六年》），小人之性，就是指人的自然属性。由上可见，在孔子之前的"性"尚不具备道德意义。

崇尚道德的孔子较少谈论"性"，"夫子之文章，可得而闻也；夫子之言性与天道，不可得而闻也"（《论语·公冶长》）。孔子认为，"性相近，习相远也"（《论语·阳货》），可视为儒家人性论的滥觞。孔子提出并讨论的人性问题，与其修养和教化思想紧密相连，这一思想主要包括"克己""推己""成己"等内容。所谓克己即是用周礼规范约束自己；推己则是行仁之方，推己及人，施行"忠恕"之道；成己则强调以仁的要求成就自己，最终实现个体理想道德人格。从这个意义上说，克己、推己与成己是内在关联、前后一致的，反映了内在个体情感与外在社会规范的一致，也指出了孔子的修养与教化思想在人性论基础上的契合。孔子讲"性相近，习相远"，一方面，强调以先天之性相近作为后天习善的基础，也表明了教化实现的可能。朱熹注释说："性是气质之性，固有美恶不同矣，然以其初而言，则皆不甚相远也。但习于善则善，习于恶则恶，于是始相远耳。"①孔子认为，人的本性相近，而后天习染造就了君子与小人的巨大差异。这在环境可以改变人的意义上，提出了以礼克己的观点。另一方面，在大致相同的环境下，仍然会有贤与不肖的差异，这提出了为仁由己的主观能动性。

应当说，孔子的人性论，一方面把人性问题提到了道德本原的高度，肯定了人类具有共同的道德本质，把人类看成在道德上先天平等的族类，这具有重要意义；另一方面，把性规定为一种不确定但可通过后天环境教化塑造的对象。

———————————

① （宋）朱熹：《四书集注》，岳麓书社 2004 年版，第 200 页。

　　孟子继承孔子的思想，在批驳告子人性论的基础上，系统阐发了自己的人性论思想。告子提出"生之谓性"，孟子指出，人性应当是人类独具的本质，而不能与犬、牛等物种的特性混同。告子提出"食色性也"，孟子批评其把生理欲望当作人之为人的标志，而不懂"仁义礼智"。"人之所以异于禽兽者几希？庶民去之，君子存之。"（《孟子·离娄下》）孟子认为人与禽兽之间的区别只是一点，也就是作为"四端"的道德本性，其中，恻隐心是仁的发端，羞恶心是义的发端，恭敬心是礼的发端，是非心是智的发端。孟子把仁义礼智视为善，并且主张人性本善，如同水之由高处向低处流一样。

　　孟子的人性论也与他关于道德修养和道德教化的认识联系在一起。正是由于人性本善，所以要自觉意识到善的本性，也即"知性"，而人性之善"求则得之，舍则失之"，所以还要"养性"，就是不断地培育和扩充人的善性。这样，孟子从认识论与修养论两个维度阐述了对人性论的深刻理解，当然，其最终落脚点还是实现其理想道德人格的修养与推恩天下的仁政教化的主张。此一思想的关键之处在于提出"诚"之概念，以之进行其修养与教化思想的阐述，强调人性中的善端是先天所赋，而且可失可求，所以要"思诚致反"。应当说，孟子的人性论强调了人性中道德意义的方面，从而与其大丈夫道德人格思想联系在一起。

　　有的学者认为，人性问题是孟子道德人格理想目标系统的有机组成，其"道性善，言必称尧舜"（《孟子·滕文公上》），揭示了人性与人格之间的关系，其中性善论回答了实现道德人格的内在根据，甚至可以说孟子的人性论就是为了论证其道德人格思想而展开的。孟子性善论把对人性的研究引向了深入，尤其是在人与禽兽区别的宏观视野中去理解人的本质，为道德人格思想的研究奠定了基础，孔子也通过"仁者，人也"的命题，对人与动物进行了区分，但是孟子比其进步的是，他不仅提出性善，还将性归结为人特有的社会道德属性，其本质是善，并且广泛涉及人类心理特征及人类行为中的深层内容，认为"四心"就是性善，将性、心和道德连为一体。所以，性善论之于其道德人格的意义在于强调了人的独立道德人格是人的本质发展需要，是人性和心理的表现，或者是人的本质外化。如此，性善论就成了人追求理想道德人格的内在驱动。① 这一观点确实揭示了孟子性善论之于其道德人格思想的重要意义，即要想塑造理想的道德人格，就要通过激发人内在固有的善端、本性，以推进自我作出善的行动。

荀子认为人性是人与生俱来的自然属性。"性者，本始材朴也。"（《荀子·礼论》）荀子批评了孟子的性善说，认为他混淆了性与伪的区别，抹杀了先天之性与后天学习的区别，进而否定了学习礼义的必要性以及圣人的作用。"礼义者，圣人之所生也，人之所学而能、所事而成者也。"（《荀子·性恶》）荀子认为人的本性是什么呢？就是追逐利益，喜好声色的自然欲望，这种欲望的自然发展就是罪恶。所以，既然人性本恶，人要提高道德水平，就必须"化性起伪"以限制人性，如此，荀子通过人性恶的认识推导出道德产生的必要性。而荀子也以"诚"的概念将人性与其道德人格思想联系在一起，"君子养心莫善于诚，致诚，则无他事矣"（《荀子·不苟》），强调作为真心实意履行的道德信念，诚是实现道德人格与教化百姓的动力。而诚在成就仁义道德过程中的作用也体现了荀子"化性起伪"的思想。应当说，孟子与荀子的人性虽然观点各异，但是，孟子讲性善是强调人们自觉地以道德调节欲望，荀子讲性恶是注重用礼义节制物质利益需求，他们均承认物质需求满足的正当性和一定道德原则指导的必要性。② 在这一点上，二者殊途同归，保证了人性论的价值指向上的一致性。

由上可见，先秦儒家关于人性的学说的共同之处在于：以善恶论性，

---

① 陈谷嘉：《儒家伦理哲学》，人民出版社1996年版，第136页。

② 梁韦弦：《中国传统伦理思想研究》，黑龙江人民出版社2007年版，第56页。

换言之，关于性的主要争论主要集中在性善、性恶等问题。而且，其人性学说是以讨论阐发政治、教育与修养等问题为目的的。"应如何施教，应如何为政，须先看人之本来状态如何，于是便提起性的问题……所注意者不在性之实际内容，而在善恶的起源。"①

　　尽管先秦儒家人性论各有不同，但是从与道德的联系来看，它们均为先秦儒家道德人格思想的提出奠定了基础。主要表现在以下几个方面。首先，先秦儒家人性论为其修养提供了可能性。先秦儒家人性论的基本点是把人当作类来考察，在人与"禽兽"区别的基础上，提出人之为人的标准，尤其是孔孟所表达的人性倾向于善的观点②。同时，尽管对人性的认识有所差异，但无论是认为人性善还是人性恶，他们都承认人性可变，而且，从最终人格境界来讲，先秦儒家对人性发展持乐观态度，从而为道德人格修养指明了可能的空间。其次，先秦儒家人性论自然蕴含着人的本性天然平等的观念。先秦儒家人性论主张人的本性一致。正如有的学者指出的，只要是人类，无论是圣人还是普通人，是尧、舜、禹或是"涂之人"，在人性方面均是一样的。我们不能就此说这些思想就是人道主义的萌芽，但是这种以共同的人性作为理论前提而认定"凡人"与"圣人"具有共同本性的观点，只要在逻辑上稍加延伸，就可得出人与人在本质上是平等的思想。然而，封建道德的核心是维系贵贱尊卑的等级关系，两者之间便发生了矛盾。尽管先秦的思想家们没有明确自觉到这一点，但是他们仍然以不同的方式来协调这一矛盾。③从比较的角度看，"与古希腊相比，这种人性论蕴含的社会含义是：它不会为奴隶制

---

① 张岱年：《中国哲学大纲》，江苏教育出版社 2005 年版，第 240—241 页。
② 关于孔子的性善倾向，据《孟子·告子上》："《诗》曰：'天生烝民，有物有则。民之秉彝，好是懿德。'孔子曰：'为此诗者，其知道乎！故有物必有则；民之秉彝也，故好是懿德。'"孔子认为，人能够掌握事物的法则，所以崇尚美好的品德。这应当可以算其性善论倾向。
③ 参见沈善洪、王凤贤：《中国伦理思想史》（上），人民出版社 2005 年版，第 88 页。

度论证，在人性上也绝不假设任何人一出生就应被他人所奴役，换言之，人性是自然平等的"①。可见，学界基本认可先秦儒家关于人的本性是共同的这一观点，同时对此观点的价值有所发现，这为形成先秦儒家共同的道德人格提供了可能。再次，承认在人的本性一致基础上的性情和心理的互通，即"人同此心、心同此理"。所以，每个人可以根据自己的情感、欲求进行道德推理，进而制定合理的道德规则。同时，也为先秦儒家道德人格的实现提供了理论根据，就是说，无论是尧、舜、禹等圣人还是普通人，既然能够同心同情，"推己及人"就成为可能，道德人格就不是静态的或者是无法达到的幻境，而是在现实社会中，在人与人的道德实践与互动关系中可以实现的。

先秦儒家相信人类具有共同的属性，其中孟子认为人性本善，为道德修养提供了可能，人只要发挥自身的主观能动性，就可以达到圣人的境界。而荀子主张人性本恶，强调了环境的熏陶和后天教化的作用。尽管二者强调的侧重点不同，但都强调人能达到圣人的理想境界。

三、儒道墨法的比较域

先秦儒家道德人格思想的形成与发展不仅是社会历史发展的需要，而且与同时期不同思想流派的斗争互动密不可分，由于各个派别所代表的阶级集团利益不同，所持政治观点不同，所依据的哲学理论不同，从而对道德生活的观察角度和方法、对道德人格诸问题的回答也分歧明显。具体来看，当时较为典型的思想流派包括以老庄为代表的先秦道家、以墨翟为代表的先秦墨家以及以韩非为代表的先秦法家。

---

① 陈来：《儒学论"人"》，《哲学动态》2016 年第 4 期。

（一）先秦道家道德人格思想及其比较

针对当时社会中人与人之间存在的欺诈巧伪现象，先秦道家认为，仁、义、礼、智等社会道德规范存在被利用或成为教条的弊端。"天下皆知美之为美，斯恶已；皆知善之为善，斯不善已"（《老子·二章》），善行都是人的真朴本性的自然流露，而非刻意人为。所以，主张去除道德形式主义，"绝仁弃义"可以使民众恢复孝慈的天性。

先秦道家创始人老子提出，道家道德人格思想的核心是朴，朴是未经雕琢的天然状态，它是事物固有的本质规定性，是道的根本特性。"道常无名，朴，虽小，天下莫能臣也。"（《老子·三十二章》）人作为万物的部分，人性也来自道，人的本性就是纯朴的。人类应当效法道的这一特性，回归真朴的本性，大丈夫就要立足于厚重而不是轻薄，立足于真实而不是虚华。先秦道家与先秦儒家的道德人格思想的区别主要体现在以下几个方面。

1. 抽象之道与人伦之道

从所处时代背景和代表的阶级阶层来看，先秦道家与先秦儒家没有本质区别，其道德人格的不同主要在思想认识上。老子认为，道在天地出现之前就存在，它无声无形，独立存在并且永不改变，普遍运行也不衰败，可以视其为产生天地万物的母亲。"道生一，一生二，二生三，三生万物"（《老子·四十二章》），道指规律性，常道即普遍的规律，老子以抽象的道为宇宙根源。抽象的东西来自具体之中，一般寓于特殊之中，老子把以"无"为特征的道作为宇宙的根源和支配物质世界的法则，就无法看到人类由蒙昧状态走向文明社会的必然性，也不能在社会发展中去认识道，而是以主观的东西衡量人类社会。孔子对人类社会的认识，也与对天的认识相联系。"天何言哉？四时行焉，百物生焉，天何言哉？"（《论语·阳货》）、"有天地，然后万物生焉"（《周易·序卦传》），实际上，孔子对世界本原的认识，体现了他朴素的唯物主义观念。"一阴一阳之谓道"(《周易·系辞上传》)，指出了规律是在事物发展过程中矛盾对立统一的结果。在这一认识的基础上，先秦儒家揭示了道的规律与物质的关系。人伦是人类社会发展的必然，人道就在人伦之中，即在父子、夫妇、君臣等血缘伦常之中。总的来说，老子脱离人类社会来论道，孔子则以社会发展必然为道。

2. 贵柔不争与刚毅进取

先秦道家推崇贵柔、知足、不敢为天下先、不争等德目。[①] 老子所讲的柔，与刚健对立。"人之生也柔弱，其死也坚强。万物草木之生也柔脆，其死也枯槁。……是以兵强则灭，木强则折。强大处下，柔弱处上。"(《老子·七十六章》)这里以草木为例，说明保持柔弱才能生存，树木生长得壮大，就容易被砍伐，所以保持柔弱方能居于上位。柔与和气相联系，老子认为婴儿最能体现和气的美德，所以主张要如同婴儿一样专心致志地守住元气以保持柔软。与"慈"相联系，"慈"即慈悲之意，与勇对立，柔慈可以胜敌，一味追求勇敢则容易被杀。所以，要贵柔慈以全己保身。先秦儒家的勇与自强相联系，不是血气之勇，而是强调合乎社会责任担当的礼义之勇。老子的柔弱胜刚强思想，有辩证的一面，其理论依据是大道的运行规律是向相反方向或对立面运动转化，也即"反者道之动，弱者道之用"(《老子·四十章》)，而一味强调全己保身也容易忽视自己的社会责任。依据马斯洛的需要层次理论，人活着有被尊重的需要，同时，要承担相应的社会责任。柔弱与刚健相结合，刚健是常道，柔弱是变通，这就是时中。应当说，儒道两家都讲仁，但是，儒家之仁与礼、义相结合，与血缘伦常、社会责任密切联系。有的学者认为，从思想来源看，老子贵柔的道德原则与殷易《归藏》属同一思想体系，其柔和不争是氏族社会人们关

---

① 朱伯崑:《先秦伦理学概论》，北京大学出版社 1984 年版，第 196—199 页。

系以及相应道德观念的反映。老子反复强调的重母性、重柔弱两个观点，是和《归藏》有一定关系的①。这与强调合乎礼义的仁爱、与《周易》联系颇深的儒家思想有所区别。

先秦道家推崇知足。认为没有什么灾害比不知满足更大，所以，知道满足才能常常感到满足。这里指出了不知足会导致灾祸。为什么呢？"甚爱必大费，多藏必厚亡。故知足不辱，知止不殆，可以长久。"（《老子·四十四章》）人贪图名利，贪得越多，越害其身。爱惜过分，收藏越多，损失越重。所以，要知足知止，方能不受辱、无危险，生命长久。可见，知足也是为了保全生命。这看到了事物的两重性，事物发展到极端就会发生转化，所以，要去甚、去奢、去泰。

不争与无为一样重要。不争的内容包括功名、地位、利益等。老子以水为例，认为："水善利万物而不争，处众人之所恶，故几于道。居善地，心善渊，与善仁，言善信，政善治，事善能，动善时。夫惟不争，故无尤。"（《老子·八章》）就是说，善良的品德如水往低处流，有利于万物而不争夺功绩和地位。处理人际关系也是如此，居于低处反而可与"道"更接近。居于不争之地，心以不争为渊，施于对方而不争功德，言而有信，为政无私，办事有能力，审时度势，皆能不争，如此就不会有失误了。不争的具体要求是"不自见，故明；不自是，故彰；不自伐，故有功；不自矜，故能长。夫唯不争，故天下莫能与之争"（《老子·二十二章》），就是说，不坚持己见，不自以为是，不自我炫耀，不自高自大，如此就能立于不败之地。

不敢为天下先。老子认为，在处理人际关系中，尤其居高位者更不应争先，这是做人的美德。"我有三宝，持而保之。一曰慈，二曰俭，三曰不敢为天下先。……不敢为天下先，故能成器长"（《老子·六十七章》），

---

① 金景芳：《中国奴隶社会史》，上海人民出版社1983年版，第288页。

身居要位，为首领或众人之长，突出自己，以首领自居就容易失去众人的拥护。江海之所以能成为百川归附的汇聚之所，就是因为它能处于百川的下位，所以，居高位者要像江海一样虚怀若谷、包罗百川，如此才能得到百姓的真心拥护。

3. 安之若命与人伦责任

儒家和道家都讲圣人。儒家的圣人顺应天道，尽人道，是人伦道德的楷模，能够改善政治与社会风俗，同时，协助天地化育万物。道家的圣人顺天道是任天道自然，天道就是最完美的人道，天地运化万物不存在任何仁爱情感可言，如同人们对待刍狗一样，"天地不仁，以万物为刍狗"（《老子·五章》），老子的圣人是天道无为的体现者，其任务是把社会治理为自然状态。

庄子以超脱世俗生活为理念，进一步把老子的人格学说引向了出世主义。真人是庄子的最高理想人格，是能把握"至道"原则、悟解真道之人。从境界上看，就是任其自然，不作人为努力。庄子的这一思想，表现在对待生死、对待社会遭遇、对待人的智力三个方面。在对待生死上，庄子认为："古之真人，不知说生，不知恶死；……不以心损道，不以人助天。是之谓真人。"（《庄子·大宗师》）。在生死问题上，一方面，庄子看到了"人之生，气之聚也；聚则为生，散则为死。若死生为徒，吾又何徒？故万物一也"（《庄子·知北游》），认识到生与死不可抗拒。另一方面，庄子提倡保全生命，逍遥生活。庄子认为，生死属于天，非人力所能为，所以，要顺应自然，生不欢欣，死不抗拒，不要干预。庄子思想中的天不是主宰和意志之天，也不是物质之天和义理之天，而是自然而然，即天然。"牛马四足，是谓天，落马首，穿牛鼻，是谓人。"（《庄子·秋水》）庄子认为，生来如此的都属于天。同时，人的社会遭遇、生活处境也是命里注定，不可改变，要顺从。"知天之所为，知人之所为者，至矣。"（《庄子·大宗师》）就是说人的智力天生注定，人不要去增长智力，不去追求自己不能知道的事情，这才是有智慧。

庄子强调"安之若命"，听任环境摆布，完全排斥个人的努力，容易倒向命定论。这种命定论，与先秦儒家的意志之天不同，是讲自然而生之天的自然命定论。"讲逍遥人生，关心个人的自由和幸福，并以'无所待'和'无己'的态度为达到精神自由和摆脱人间烦恼的境界，这种理想不仅没有现实性，也反映了他对人伦责任的漠视"①，在庄子眼中，自我是摆脱社会群体的个人精神的自我，实质是追求抛弃社会义务、不要仁义礼法、提倡个人高于群体的个性自由，是消极、退缩的利己主义。这一点与儒墨所主张的个人价值应体现于社会群体完全不同。

庄子以是否顺从自然天性作为衡量圣贤的标准，在这一标准下，世俗君子和小人应当互换位置，人们追求的君子人格受仁义羁绊，自然天性丧失最多。庄子强调个人精神的解脱，其理想人格具有强烈的自我意识，追求绝对的自由和个性解放，他所强调的德具有超脱现实的理想功能，而非社会现实的行为规范，是一种超现实的理想主义。

4.自然无为与修身养性

从修养方法上看，道家主张以自然无为为天道，人道也应当自然无为，从而否定了儒家的人道原则与德智修养的必要。他们的道德修养是让人们摆脱现实社会道德生活以达到自然无为境界的修养方法。

老子认为，道德高尚之人是"赤子"般无知无欲的自然人。这种人能像婴儿一样专心致志地守住元气、保持柔软，能如同天下的川溪，使常用的道德不离自己，复归于天真状态。老子理想的社会是没有现实道德的原始自然社会，理想的人是原始自然人。对人们来讲，就是少私寡欲，不受外物引诱，从而可全身远祸、安身立命。老子以自然之道为人道，以原始朴素的太古时代为理想社会，以无知无欲、自然而然的人为完美之人，认

---

① 梁韦弦：《中国传统伦理思想》，黑龙江人民出版社 2007 年版，第 221 页。

为为学让人离道愈来愈远，所以，他反对为学，提倡为道。"为学日益，为道日损"（《老子·四十八章》）。老子将对道、对天下的知视为一种修为，"是以圣人不行而知，不见而名，不为而成"（《老子·四十七章》），从而肯定了人的先验之知。

庄子讨厌人世的烦琐和矛盾，追求精神上安宁自由和保身全生，他教人回避矛盾，以麻木换取精神上的宁静和保身。"为善无近名，为恶无近刑。缘督以为经，可以保身，可以全生，可以养亲，可以尽年"（《庄子·养生主》），保身全生是修养目的。"缘督以为经"，就是教人放弃追逐欲望，顺应生命的规律。如庖丁解牛，就是庄子以刀的保养比喻生命的保养，主张避开损害生命的事情。孟子说："莫非命也，顺受其正。是故知命者，不立乎岩墙之下。尽其道而死者，正命也；桎梏死者，非正命也。"（《孟子·尽心上》）可见，先秦儒家也讲顺应自然规律。但是，在先秦儒家看来，修养不仅仅是为了顺应天道，更应该是尽性修人道。"生亦我所欲也，义亦我所欲也；二者不可得兼，舍生而取义者也。"（《孟子·告子上》）先秦儒道两家都认为矛盾无法躲避，生死、福祸、善恶会必然遇到。而庄子认为修养越高越要躲避，实际上，真正的人世间尤其是人与人之间的关系中普遍存在矛盾。庄子所提倡的"心斋""坐忘"的修养方法就是通过心遵守的斋戒、通过静坐而忘掉一切，都是要彻底放弃人为的道德修养，任凭生命自然，这与先秦儒家的德知修养是完全不同的。

总的来讲，先秦道家在本体论上否定人道、否定人的道德修养，是要反对社会道德，回到先天原始状态。应当说，离开人伦关系谈修养，容易导致利己主义，离开现实谈规律，则陷入唯心主义。先秦儒家的道德修养思想主张天道是物质，人道是人伦关系的规律，社会责任和个体完善相结合决定了道德修养的必要，人性本善决定了道德修养的可能。

（二）先秦墨家道德人格思想及其比较

先秦墨家的理想道德人格是"兼士"。主要有以下几项规定："厚乎德行、辩乎言谈、博乎道术"（《墨子·尚贤上》）。其中，第二、三项主要强调思维辩论能力和科学技能方面的要求，第一项规定主要是道德上的要求。作为一种理想道德人格，兼士的核心规定是"兼爱"和"正义"。以仁义为道德行为准则。仁义不仅是圣人的品德，而且是统治者治理国家的准则。"必去喜，去怒，去乐，去悲，去爱，而用仁义。手足口鼻耳，从事于义，必为圣人。"（《墨子·贵义》）与先秦儒家不同，先秦墨家主要以"兼爱"解释"仁"，以不侵犯别人利益解释"义"。"兼爱"和"正义"作为墨家提出的最高道德理念，也是"兼士"的道德理念。先秦墨家与先秦儒家在道德人格上的区别主要表现在以下几方面。

1. 兼爱与爱有差等

先秦墨家认为，当时社会混乱的原因在于人与人、家与家、国与国之间的相互争夺，所以，要消除混乱就应"兼相爱"。"兼爱"有以下几个内容：首先，爱无差等。就是把别人的国、家、人当作自己的国、家、人。以孝道为例，墨家认为爱别人的父母是使自己的父母被爱的前提，爱别人的父母与爱自己的父母不应有区别。这里从兼爱角度解释孝道，是对儒家宗法道德的突破。其次，兼以易别。当时社会中大侵小、强欺弱、贵凌贱，主要原因在于彼此相别。"然即之交别者，果生天下之大害者与！是故别非也。"（《墨子·兼爱下》）"交相别"就是互相不能容纳。所以，墨子主张兼以易别，这种以别为非的思想，有反对等级压迫的含义。兼士要以兴天下之利、除天下之害为己任，不分彼此亲疏、贵贱，能够做到"饥则食之，寒则衣之，疾病侍养之，死丧葬埋之"（《墨子·兼爱下》），要与只顾自己、不管他人的"别士"区分开，实现"兼以易别"，让兼士成为"国家之珍而社稷之佐"（《墨子·尚贤上》）。墨家"爱利天下"的兼士与儒家"爱有差等"的君子无论是在内容还是形式上均有所不同，反映了当时在严酷自然环境和社会等级压迫下的小生产者追求平等、和衷共济的愿望。兼士还要"兼相爱、交相利"（《墨子·兼爱中》）。兼的含义就是无差别地爱人、利人。爱的功利价值就是利，所以要交相利。这一要求把人的主观心理情感与客观现实需要相结合。而且，"兼爱"必须"相利"，如此，才能达到人与人之间的绝对平等与理想和谐。"夫爱人者，人亦从而爱之；利人者，人亦从而利之。"（《墨子·兼爱中》）这里表现出的平等性，是对儒家爱有差等狭隘观念的突破。再次，反对杀彼以利我。墨子认为，要得到别人的爱护，首先要爱护别人。从爱人的角度看，儒墨有所区别。兼爱说主张爱无差等，摆脱了孔子"克己复礼为仁"的内容，反映了小生产者要求独立社会地位的愿望。当然，他反对儒家的"亲亲有术，尊贤有等"（《墨子·非儒》），但并未反对等级制度，更未要求取消等级贵贱差别。"若使天下兼相爱，人若爱其身，恶施不孝？犹有不慈者乎？视子弟与臣若其身，恶施不慈？不孝亡有。"（《墨子·兼爱上》）只有兼爱，才能父慈子孝。可见，此学说只是调整等级关系的道德。当然，也不同于泛爱主义，它强调君臣、父子等在对立关系中互爱，并没有抹杀利益区别。

2. 功利之义与制利之义

先秦墨家主张"兼士"必须"为义"，"万事莫贵于义"（《墨子·贵义》），"为义"是"兼士"的首要条件。墨子所讲之义有两重规定：一是强调不能侵犯别人的利益，即不损人利己。其中，偷窃与侵略别国均属于不义。墨子以尊重别人劳动果实为基础解释这个观点："今有人于此，入人之场园，取人之桃李瓜姜者，上得且罚之，众闻则非之，是何也？曰：不与其劳，获其实，已非其有所取之故。"（《墨子·天志下》）可见，偷窃和掠夺都是不劳而获，所以不道德。动物依靠其自然本能生存，而人类依靠生产劳动生活，这是人与动物的区别所在，"赖其力者生，不赖其力者不生"(《墨子·非乐上》)，这比孟子、荀子将人的特点归之于理性更为深刻。二是从物质和精神两方面帮助有困难的人，即乐于助人。墨子要求弟子们"利天下而为之"，这与"兼爱"必须要"利人"的思想相一致。爱的本质就是奉献而非索取。"为贤之道将奈何？曰：有力者疾以助人，有财者勉以分人，有道者劝以教人"(《墨子·尚贤下》)，指出了从劳力、钱财和文化上帮助别人，才是真正的义。可见，"为义"是以天下大利为前提，而非人的心理情感，其根本在于"利民"的实践性和现实功用。

先秦墨家不仅把义当作社会道德，还以义作为选拔官吏的标准和统治者统治国家的最高原则。针对当时贵贵亲亲的用人观，为了调整当时的等级关系，先秦墨家认为，当时社会存在"三患"："饥者不得食，寒者不得衣，劳者不得息"(《墨子·非乐上》)。当时的王公大臣们努力寻求"国家之富""人民之众""刑政之治"(《墨子·尚贤上》)，为此，先秦墨家提出自己的应对举措：以"兼爱"让人与人之间平等和睦；以"非攻"制止各种非正义征战；以"尚贤"破除世袭特权，施行举贤任能的政治；以"尚同"统一人们的思想；以"节用"来制止浪费现象；以"天志"宣扬上天与鬼神惩恶扬善的意志和力量，约束统治者行为。而先秦儒家之义不仅强调不能以利害义，而且主张"不必曰利"，具有纯粹的道义论色彩，是符合内在情感和礼制的义。

3.俭朴非乐与礼乐教化

兼士还要具备俭朴德性。墨子以大禹为榜样，崇尚俭朴并身体力行，他反对儒家的礼乐之教。儒家孔、孟、荀都赞成礼乐的教化作用。孔孟认为礼乐能教化百姓，可以防止犯上作乱。荀子认为礼乐能丰富人们的文化生活。墨子则排斥礼乐，认为这是浪费社会财富，同时，对贵族们的文艺生活进行了批评。"饥者不得食，寒者不得衣，劳者不得息。三者，民之巨患也。然即当为之撞巨钟、击鸣鼓、弹琴瑟、吹竽笙而扬干戚，民衣食之财将安可得乎！"(《墨子·非乐上》)可见，墨子非乐，主要是针对贵族们的享乐生活损害了老百姓的生活利益，而并不像道家一样否定人类的文艺生活。"子墨子之所以非乐者，非以大钟、鸣鼓、琴瑟、竽笙之声以为不乐也，非以刻镂华文章之色以为不美也……虽身知其安也，口知其甘也，目知其美也，耳知其乐也，然上考之不中圣王之事，下度之不中万民之利。是故子墨子曰：'为乐非也！'"（《墨子·非乐上》）人人都有好美的心理，但是美的享受不能损害百姓利益，违背节用美德，善和美应当相统一。

关于丧礼，墨子提出"节葬"说。他认为先秦儒家主张厚葬久丧，劳民伤财，与节俭的原则相悖。"计厚葬为多埋赋值之财者也，计久丧为久禁从事者也"（《墨子·节葬下》），指出厚葬是浪费财富，久丧是禁止生产生育。墨子还认为："厚葬久丧实不可以富贫众寡，定危理乱乎，此非仁、非义、非孝子之事也。"（《墨子·节葬下》）就是说，厚葬久丧，不能让贫穷变富有、少的变多，又不能定危治乱，非仁非义，违背孝亲之道。这是针对孔孟厚葬久丧的观点，反其道而行，认为节葬才是符合仁义的道德准则。墨子的"节葬"主张被后世有识之士所接受。

从俭朴的原则出发，墨子主张节用，要求弟子们养成节俭的美德，"诸加费不加于民利者，圣人弗为"（《墨子·节用中》），一切开支以有利于人民生活、增加人民利益为原则，否则，圣人不做。墨子还指出，如果圣王自身节俭，然后以身作则地教诲百姓，天下民众就可以得到治理。"俭节则昌，淫佚则亡"（《墨子·辞过》），将节俭提高到了治国安民的高度去认识。应当说，节俭有利于社会财富的节约与生产力的发展，也有利于社会风俗的变革。

荀子批评墨家的节俭理论是"蔽于用而不知文"（《荀子·解蔽》），他还指出："墨子曰：'乐者，圣王之所非也，而儒者为之，过也。'君子以为不然。乐者，圣人之所乐也，而可以善民心，其感人深，其移风易俗易，故先王导之以礼乐而民和睦。"（《荀子·乐论》）荀子以音乐可教化百姓来反对墨子的非乐观点。当然,先秦儒家并不反对节俭,孔子也讲"节用而爱人"(《论语·学而》),荀子讲"足国之道。节用裕民,而善臧其余。节用以礼,裕民以政"(《荀子·富国》),这里所讲的节用,以礼为尺度,就是不能超过礼制规定的界限。而先秦墨家提倡节俭是反对浪费社会财富的贵族生活方式。

总的来说,先秦墨家"兼士"所内含的兼爱、功利之义和节俭等要素,对儒家的仁爱、道义和礼乐等思想都是一种冲击,所以,孟子要"辟杨墨"。应该说,先秦儒家有差等的仁爱是适应宗法社会伦理关系的,其道义论有助于克服物欲、提升人的内在价值,礼乐则是为区分等级关系并维持和谐的教化而设;而墨家主要是针对现实社会争夺混乱、享乐主义滋生以及国家富强的需求等所提出的。两相比较,先秦儒家的道德人格思想更适合统治者的道德教化。

(三)先秦法家道德人格思想及其比较

先秦法家提倡法治,其代表人物中,商鞅、申不害和慎到分别重视"法""术""势"。商鞅认为"有主无法,与无主同",所以主张"缘法而治",以法律为治国理政的准绳。申不害是战国时期韩国人,将道家"天道无为"用于"权术"中,要求君主决策前"示弱",以便听取臣子意见,主张在关键时刻,要勇于决断、独揽大权。"势"主要指权势,慎到认为君主依靠权势才能令行禁止,"贤智未足以服众,而势位足以诎贤者也",当权者应"抱法处势""无为而治天下"。

作为法家的集大成者,韩非比较、吸取众家所长,综合"法、术、势",主张培养智术能法之士。他一方面从富国强兵的角度出发,赞同商鞅提出的培养"耕战之士";另一方面,又明确提出了培养"智术之士""能法之士""耿介之士"。从总体来看,韩非的理想道德人格是"全大体"者,包括了相当全面的要求,如果能做到,可谓全面发展。韩非对

"智术""能法"之人作了具体规定："智术之士，必远见而明察，不明察，不能烛私；能法之士，必强毅而劲直，不劲直，不能矫奸。"（《韩非子·孤愤》）智术之人有远见卓识，能洞察一切以权谋私行为。能法之士则能刚正不阿，勇于同奸佞小人斗争。先秦法家与先秦儒家在道德人格思想上的区别主要体现在以下几个方面。

1. 人性观方面

韩非从人的心理、情欲等角度分析人性，并以其作为法教思想基础。韩非认为，人性有以下特点：首先，人的本性是厌恶劳苦而喜欢安逸。"夫民之性，恶劳而乐佚，佚则荒，荒则不治，不治则乱。"（《韩非子·心度》）其次，人都具有趋利避害的本能。人不穿衣服就会寒冷，不吃东西就会活不下去，所以，与动物一样，为了在世间生存，人不得不趋利避害，"夫安利者就之，危害者去之，此人之情也"（《韩非子·奸劫弑臣》）。正因趋利避害是人之本性，所以，人的行为总是从私心出发，在处理人与人关系时，总是从个人利害角度出发。韩非考察了当时社会中父子、君臣等关系，以此论证自己的观点，确认人与人之间利益相对，人总是从个人利益出发处理人与人关系，"皆挟自为心"，即都有私心，并以此支配人的行为。所以，人与人之间以计算心、利害心交往。

韩非将前期法家趋利避害的人性论发展为私心说，这仍然是将人的欲望满足归为个人生理需要，引出人性自私。究其社会根源，在于当时出现的土地私人占有深化，新兴势力急于发展个人财富的愿望。韩非提出人性自私的观点，其目的在于论证推行法制的合理性。这同荀子为了论证礼义规范的合理性而主张人性恶异曲同工。"凡治天下，必因人情。人情者有好恶，故赏罚可用；赏罚可用，则禁令可立而治道具矣。"（《韩非子·八经》）人情即好利恶害。根据人性的特点，韩非提出法制教育要通过正面引导与反面惩处相结合以明确"利害之道"，韩非以人性观为其法制思想提供心理依据。韩非还认为，"情莫不出其死力以致其所欲"（《韩非子·制分》），指出人之常情就是努力去满足自己的欲望。这与荀子的观点相似，"性者，天之就也；情者，性之质也；欲者，情之应也。以所欲为可得而求，情之所必不免也"（《荀子·正名》），二者都承认追求欲望满足是人之常情。正因为喜好利禄与富贵、厌恶刑罚与贫贱是民众所共有的特点，君主才能适应人的性情心理特点推行法制，治理百姓，从而强调法制对人性的改造作用。"今有不才之子，父母怒之弗为改，乡人谯之弗为动，师长教之弗为变"（《韩非子·五蠹》），意思是，父母、师长和乡人再三教育，都不能让其有所改变，而州郡官吏要依法逮捕他时，他畏惧惩罚，结果就"变其节，易其行矣"（《韩非子·五蠹》）。韩非把法制的产生归结为情有好恶、人的私心私欲，这是不科学的。

2. 仁义观方面

韩非抨击孔孟的道德说教与以德教治国，并不是完全否认道德的作用，而是关乎如何理解人类的道德生活、确立怎样的道德规范的问题。韩非伦理道德观的核心是"明于公私之分"（《韩非子·饰邪》），这是韩非用以区分善恶、衡量道德与否的标准，也是其道德行为的基本准则。

什么是公？韩非认为"背私之谓公"，"古者苍颉之作书也，自环者谓之私，背私谓之公，公私之相背也，乃仓颉固以知之矣"（《韩非子·五蠹》）。这是从公私的字形来解释公私的区别和对立。韩非认为，公私之所以相对立，在于利害冲突。韩非区分个人私利与君主、国家公利，解释公私区别，进而指出，公的行为是善的，私的行为是恶的，善恶对立就在于公私对立。这是韩非道德观和法制观的基础。韩非主张法律的作用就是保护公的利益，禁止私的行为。同时，他还认为，忠孝仁义等道德规范也要建立在为公去私的基础上，否则就是虚伪、不道德。"今夫轻爵禄，易去亡，以择其主，臣不谓廉。诈说逆法，倍主强谏，臣不谓忠。行惠施利，收下为名，臣不谓仁。离俗隐居，而以作非上，臣不谓义……卑主之名以显其身，毁国之厚以利其家，臣不谓智。"（《韩非子·有度》）这些人"释公法，行私术"，破坏公利，所以是不道德的。"古者世治之民，奉公法，废私术，专意一行，具以待任"（《韩非子·有度》），这种人方是有德之人。他列举了几种世人认为有道德，实际上是损公济私、不道德的行为，"为故人行私谓之'不弃'，以公财分施谓之'仁人'，轻禄重身谓之'君子'"（《韩非子·八说》），他认为这些行为从私心出发，以私废公，不能称为仁义。韩非主张的仁义是怎样的？"仁者，谓其中心欣然爱人也。其喜人之有福，而恶人之有祸也"（《韩非子·解老》），韩非将仁界定为爱人，这与儒墨并无二致。但是其爱人又有新的规定："忘民不可谓仁义。仁义者，不失人臣之礼，不败君臣之位者也。"（《韩非子·难一》）同时，他又指出，"夫仁义者，忧天下之害，趋一国之患，不避卑辱，谓之仁义"（《韩非子·难一》），也就是说韩非认为忧国忧民、为国兴利除害为仁，对君王效忠、不辞卑辱为义。可见，韩非并非不讲仁义，他衡量仁义的标准就是"去私心，行公义"，这是具有政治功利色彩的。当然，如果说先秦儒家仁义更适合亲情伦理关系的现实，那么先秦法家仁义更强调政治功利的现实。

3.忠孝观方面

韩非提出了"三常顺则天下治"的忠孝观。关于忠孝，韩非从人的性情特点和社会功利出发，批判了儒家奉为圣人的尧舜，认为他们违背忠孝之道，指出忠孝的关键在于"尽力守法"，尽心尽责，是"事"而非"取"，他进一步总结出处理君臣、父子、夫妻关系的"三常"："臣事君，子事父，妻事夫。三者顺，则天下治……"（《韩非子·忠孝》）。关于礼，韩非认为"君子之礼，以为其身"（《韩非子·解老》），强调行礼要出自内心对他人与社会的责任，做到有礼有节。同时，保持君臣父子关系，要符合"义"的原则。这是仁义的具体表现和实践要求。

韩非认为孔孟所赞扬的忠孝之人都违背了三常。韩非代表的先秦法家和孔孟代表的先秦儒家都是为了维护等级制度，但是后者维护宗法等级制度，而前者从维护君主的利益出发，以循公废私为原则，维护新兴统治阶级的利益。韩非的公私之辨，揭示了当时社会中个人和社会之间的矛盾。总的来看，以韩非为代表的先秦法家是以人的心理性情为依据、以社会公利为准则、以法制为基础建立其道德人格思想体系的。[①]

第三节　先秦儒家道德人格思想发展的历史脉络

先秦儒家道德人格思想随着时代发展变化而不断更新，它的萌芽可以追溯到尧舜禹传说中对人的精神的描绘，当然，文字记载的是商代具有鬼神崇拜特征的帝神道德人格思想以及周代政治色彩鲜明的先王道德人格思想。而在春秋时期，其发展为以仁礼结合为特征的道德人格思想。在战国时期，孟子提出以仁义为内容的道德人格思想、荀子提出隆礼重法的道德人格思想，从而促使先秦儒家道德人格思想基本定型。

一、从鬼神崇拜到崇尚先王的萌芽阶段

先秦儒家道德人格思想是道德思想逻辑发展的必然，它最初源于尧舜禹的传说，而有文字记载的历史，可从商代考察。商代重鬼神的特点为其道德人格思想打上了浓重的宗教色彩，而周代对道德的重视则是为了论证周灭殷商的合法性，通过倡导敬天保民、修德配命，以维护自身统治。

（一）商及之前的帝神道德人格思想

原始社会早期，由于先民思维水平低下，没有严格意义上的美丑概

---

① 徐仲林等主编：《中国教育思想通史》第 1 卷，湖南教育出版社 1994 年版，第 447 页。

念，也没有道德、品行等伦理观念。在原始部落中，人们维护集体利益和追求平等，祭祀祖先神灵，都只是随意而为，谈不上是有道德含义的美好、高尚的行为。远古传说只是记载往事，而没有明确的道德教化功能。① 上古神话如夸父追日、精卫填海等展示的远古人的品行，只不过是后人加工的，其目的是周代追忆远古时代部族，通过区分善恶来开展教化。

先秦道德观念的产生出于对外部世界无知而产生的恐惧，进而形成原始禁忌对自我行为的约束。随着对自然环境与自我的深入认识，人类逐渐将帝神从诸多神灵中抽象出来加以信仰，而基于恐惧形成的消极规范被基于崇敬和赞叹心理的崇拜所代替，并为获得上天和祖神眷顾而形成了自觉约束。到了殷末周初，功利性自我约束、对神灵感恩的真挚感情和"诚敬"品格，形成了道德观念产生的条件。②

作为凝结于伦理关系和道德活动的做人标准的反映，先秦儒家道德人格思想的起源应与儒家伦理道德思想相一致，按照儒家道统说，尧舜时代即应算是儒家伦理道德思想起源。"夫尧舜禹，天下之大圣也。以天下相传，天下之大事也。以天下之大圣，行天下之大事，而其授受之际，丁宁告戒，不过如此；则天下之理，岂有以加于此哉？自是以来，圣圣相承……既皆以此而接夫道统之传。"③ 按照朱熹在《大学章句序》里所言，向上追溯的时间更加久远。"盖自天降生民，则既莫不与之以仁义礼智之性矣。……此伏羲、神农、黄帝、尧、舜所以继天立极，而司徒之职、典乐之官所由设也。"④ 但是，就三代乃至以前，有比较完备典籍文献资料和熟悉掌握的人，应当是在周代。"子曰：'夏礼吾能言之，杞不足征也。殷礼

---

① 晁福林：《先秦社会思想研究》，商务印书馆2007年版，第93、96页。
② 张锡勤等：《中国伦理道德变迁史稿》，人民出版社2008年版，第14页。
③ （宋）朱熹：《四书集注》，岳麓书社2004年版，第19页。
④ （宋）朱熹：《四书集注》，岳麓书社2004年版，第3页。

吾能言之，宋不足征也。文献不足故也。足，则吾能征之矣。'"（《论语·八佾》）学界一般认为，人类在原始氏族社会就出现了以自发传统习惯为形式的原始社会道德，这可从关于远古社会的神话传说和出土文物中得到印证。但是，人类具有自觉的道德意识，开始进行自觉的道德生活，进而产生自觉的伦理思想，则是在文明社会以后。三代之中，"惟殷[①]先人有册有典"（《尚书·周书·多士》），可见，商代为研究先秦儒家道德人格思想提供了文字依据。

从文献记载和甲骨卜辞看，"德"的观念产生于商代，在甲骨卜辞和《尚书·商书·盘庚》中，甲骨文的"德"写作从行从横目之形，意思是张望，看清路途而有所得。应当说，商代的"德"有两个特点：一是表示行走，而没有道德意义；二是指神意指点而有所得。[②]《尚书·商书·盘庚》的记载表明，商代人观念中以"得"为"德"，主要指获得上天眷顾和恩赐。无论是来自天命还是先祖的有所得，都是天命观和神意观的表达。

"商俗尚鬼""先鬼而后礼"（《礼记·表记》），商代人幻想在叫作"下"的人的世界上面，还有叫作"上"的神的世界，并按照当时社会阶级对立状况，幻想在上界里有一位至尊无上的上帝，其属下有许多臣吏。商代人还崇拜日、月、山、河等自然神，同时，对祖先的崇拜也是其鬼神崇拜的一部分。而商代对道德人格的设计也具有浓重的宗教色彩，这是因为鬼神崇拜主宰了商代人的政治生活和精神生活。随着社会生活的发展，这种体现神意主宰的"秩序"观念逐渐落实到人与人的关系中，并发展成为道德

---

① 商代中叶，大约公元前1300年，商王盘庚迁都城于殷（今河南安阳），所以商代的后半段也称为殷代。（参见侯外庐主编：《中国思想史纲》，上海书店出版社2004年版，第22页）也有学者认为，殷人不自称殷只是同春秋时代男子不自称姓一样，实属没有必要。殷就是商，商就是殷，都是一个朝代，也可以商殷并称，并没有什么新意。（参见金景芳：《中国奴隶社会史》，上海人民出版社1983年版，第55页）

② 晁福林：《先秦社会思想研究》，商务印书馆2007年版，第98—99页。

生活的需要，这构成了中国传统道德生活和礼乐文化的萌芽。① 在西周以后，随着宗教向人文的转向，在伦理道德思想逐渐系统化和理论化的过程中，帝神道德人格向先王道德人格发生了过渡。

（二）西周先王道德人格思想

西周伦理道德思想与宗法等级制密不可分，周初的制度建设，只有在符合道德要求的情况下才被认可。应当说，在宗法等级制基础上，产生了与先王道德人格相关的道德理念和道德规范。而商纣灭亡的历史教训激发了周公等对道德生活的自觉意识②，成为西周伦理思想以及先王道德人格思想建立的历史动力。

周代的统治者注重以先王为人格典范进行教化。如《尚书·周书·康诰》曰："王若曰：'孟侯，朕其弟，小子封。惟乃丕显考文王，克明德慎罚，不敢侮鳏寡，庸庸，祗祗，威威，显民。……惟时怙冒闻于上帝，帝休，天乃大命文王殪戎殷，诞受厥命越厥邦厥民。惟时叙，乃寡兄勖，肆汝小子封在兹东土。'"意思是，只有你那伟大显赫英明的父亲文王能够崇尚德教，慎重地使用刑罚，不欺侮弱小之人，任用当任用之人，尊敬当尊敬之人，威罚当威罚之人，并让民众了解这些。这些功绩被上帝知晓，命令文王灭掉殷朝，并接受上帝赐予的大命，统治他的国家及其民众。继承文王的事业，你的长兄勤勉努力，因此，将你这年轻的封，分封在东方。这是周公代替成王发表的治国训词，也是周公利用文王道德人格对分封在东方的康叔封进行训导。在这里，周文王的道德人格被概括为崇尚德教、慎用刑罚、怜恤弱小等。《尚书·周书·微子之命》曰："乃祖成汤克齐圣广渊，皇天眷佑，诞受厥命。抚民以宽，除其邪虐。功加于时，德垂后

---

① 张继军：《先秦道德生活研究》，人民出版社 2011 年版，第 23 页。

② 朱贻庭：《中国传统伦理思想史》，华东师范大学出版社 2003 年版，第 6 页。

裔。"意思是，你的祖先成汤，能够敬德、圣明、广大、深远，伟大的上帝顾念佑助他，于是承受上帝赐予的大命。以宽政抚爱民众，除掉那些邪恶残害之徒，他于当时建立功勋，圣德流传子孙后代。这是周成王分封微子去建立宋国时发布的命令，他以商先王成汤的道德人格进行说教。

西周伦理道德具有浓重的宗法等级色彩。作为统治阶级贵族内部的道德要求，也适用于被统治阶级的宗族。周代先王道德人格思想的内容主要有：首先，对待祖先，包含对上天，要"明德恤祀"（《尚书·周书·多士》），即严格遵守仪式礼节，同时要怀有恭敬之心；其次，对待自己，要加强自身品德修养；再次，对待被统治者，要勤用明德，重视民怨，"不欺侮鳏寡"等。这强调了先王道德人格的政治教化作用。

有感于商纣灭亡的教训，西周统治者从"殷鉴"中吸取政治上和思想上的教训，维护自身的阶级统治。所以，用于教化的道德内容中，主要是以先王道德人格为典范对统治者提出道德要求，当然也包括对被统治阶级的训告和教诲。在周初，针对时人尤其是殷商民后代对周执政合理性的怀疑，周运用先王道德人格进行理论阐释，主要表现在周天子对商朝顽民的"诰文"中，用敬德配命的理论，运用先王道德人格思想，对商民论证周取代商的合理性，教训他们孝敬父母，遵循父慈子孝、兄友弟恭的宗法道德规范。《尚书·周书·多士》中说："自成汤至于帝乙，罔不明德恤祀，亦惟天丕建，保乂有殷。殷王亦罔敢失帝，罔不配天其泽。在今后嗣王，诞罔显于天，矧曰其有听念于先王勤家。诞淫厥泆，罔顾于天显民祇。惟时上帝不保，降若兹大丧。"意思是从成汤到帝乙，殷商的先王们都努力施行教化，谨慎祭祀上帝，因此，上帝保佑帮助其建立殷国。殷王也不敢违背上帝旨意，无不施民于恩泽以配合天意。在帝乙以后的纣王，不仅不显扬上帝旨意，更不听从先王教导，放纵淫乱，对天命和民众的疾苦置若罔闻。因此，上帝不再保佑殷国，给殷降下丧亡的大祸。这是用先王道德人格修养来论证周代殷商的理论正义性，同时，也是将周成王的命令诰谕商朝的旧臣。

总之，在西周时期的宗法等级制度中，周公等人对先王品德进行叙述时，在强调周代商是属于天命其德时，就已经为周朝的君臣树立了一个道德典范，尽管是强调统治者的个人品德，或者说只是在统治阶级内部树立的榜样，甚至只是为政治统治提供合理的解释，但是也可以将其视为道德人格思想的萌芽。

当然，相较于殷商及之前的时代，西周的道德生活正不断地由礼乐文化具有的人文精神取代神性色彩，而道德人格思想的萌芽也是对当时社会生活和道德实践的反映，它呈现出宗教与伦理相结合、政治与道德相结合的特点。

二、仁礼结合的发展阶段

春秋时期，随着人们对当时社会伦理关系理解的深入和社会道德生活自觉程度的提高，人们的道德观念更加深化，尤其重视个人品德及人生意义。在道德人格思想的发展方面，主要表现为孔子提出了圣人、君子、士等不同层次的道德人格范型，比较明显的是，他对"君子"进行合理改造，系统阐发了仁礼结合、以仁为主的君子道德人格思想。

（一）春秋初期的道德人格思想

随着对道德生活的认识深入，人们对德的内涵与社会作用的理解不断深化，将王者之德明确表述为政德，另外，把具体的宗法道德规范和个人品德也概括为德。但是，德的主要内容仍然是宗法道德，德是维护宗法礼制的保障，可见，人们已经洞见了德与礼的本质关系及宗法道德固有的政治作用。

春秋时期，旧的宗法制度逐渐解体，现实政治斗争激烈，各诸侯国开始改变用人标准，突破传统的"世卿世禄"制下的人才选拔模式，发挥道德在人才选拔中的作用。春秋末期，任人唯贤、举人为善的观念已相当普遍。同时，道德人格观念发生了变化。范宣子认为，人生在世，应追求宗法不绝，永享世禄。而穆叔则认为，要追求"立德、立功、立言"之"三不朽"，就是要追求品德的完善、事业的建树和正确的言论，这样才能死而不朽。"三不朽"的提出充分肯定了道德行为对于人生的意义，也树立了一种新的理想道德人格。可见，此时的道德人格思想一方面是适应宗法等级伦理关系变化的需要，另一方面是伴随对道德作用认识的深化，对道德之于人生意义的理性考量。

（二）孔子的仁礼结合道德人格思想

孔子生活于春秋末期，其时"礼崩乐坏"，社会动荡不安，周天子无法维系自己的权威，礼乐征伐的权力旁落诸侯，大夫甚至陪臣操纵政令，非礼现象频出，君不似君，臣不似臣，亟须建立新的道德要求和道德规范来调节各种关系。为了重塑社会秩序，孔子提出了圣人、君子、士等多层次道德人格范型，系统阐述了其仁礼结合的道德人格思想。

圣人是孔子提出的最高层次道德人格，是普通人难以达到的，甚至连尧舜都难以企及，其境界之高可想而知，其主要的要求是"博施于民而能济众"。正因为如此，孔子又设计了一个较为现实、经过努力可以达到的道德人格——君子，并指出"圣人，吾不得而见之矣；得见君子者，斯可矣"（《论语·述而》）。

君子的原初含义主要有两种，一种表示统治者或统治者的儿子，另一种表示尊贵的男子。但总体来看，它代指贵族血统和官职权位，表征一定的社会地位。在孔子生活的时期，君子的含义已经开始发生变化，不再仅仅表示人的社会地位，而更多的是对高尚道德品质的认可。从《论语》中可见，尽管仍然存在对君子社会地位和权力的肯定——"君子不施其亲，不使大臣怨乎不以。故旧无大故，则不弃也。无求备于一人！"(《论语·微子》)，但君子更多地表示高尚的道德品行，孔子在君子与小人的对举中表达了对有位无德者的否定，如"女为君子儒！无为小人儒"(《论语·雍也》)、"君子喻于义，小人喻于利"(《论语·里仁》)、"君子坦荡荡，小人长戚戚"(《论语·述而》)，等等。君子概念内涵的变化标志着当时社会大变动中政治力量对比的变化，孔子正是在这一背景下开始对人反思并提出了对人的评价标准，那就是道德品质高低而非政治地位贵贱。其中，最高的道德品质就是仁与礼相统一。

在孔子的思想中，"仁"源于人类共有的真实情感，由于人不仅是家族的成员，还是人类的一员，所以，人应该把他人当作自己的同类，给予同情与关心，这一思想在一定程度上超出了家族等级的界限，是氏族社会原始人道主义的发展。但是，这种仁爱并非普遍的人类之爱，而是有差等的亲亲之爱，其中，最爱的是直系亲属，然后是旁系亲属，最后，才是九族之外的其他人。①"仁"不仅表达了爱人的道德意识，也是一种"由己"的道德自觉，这表明人的此种情感不是出于对外在的力量的恐惧而是内在责任的自觉，或者说，是在对人之为人的道德认识基础上的自觉。而人作为社会中的一个成员，其社会性以及社会生活的相应要求体现在"礼"这一规定中，在孔子的思想中，"礼"主要是经过损益的周礼，表征当时社会公认的道德准则，规定着相应的道德义务，维护基于宗法等级制度的社会秩序。礼有两个重要原则：一是尊尊。也就是通过将人区分为不同等级，保持低贱者对尊贵者的尊崇，从而维持贵族的特权统治。这里主要体现了等级制原则。二是亲亲。主要是对亲族的爱，包括父慈子孝、兄友弟恭等，当然，孔子主要强调子对父母、弟对兄长的道德义务，从而维护家族利益。这主要体现了宗法制原则。孔子提出了"正名"主张来论证其礼

---

① 阎韬：《孔子与儒家》，山东教育出版社 1991 年版，第 24 页。

的思想，名主要指周礼规定的人的身份和地位，正名就是用一个人的名分所规定的义务去要求他，使其言行与名分符合。实质上，孔子就是要用周礼所规定的旧的条条框框来纠正当时他所认为"无道"的实际情况，这是"正名"，也是"复礼"。"君君，臣臣，父父，子子"（《论语·颜渊》），就是以君臣父子之名，正君臣父子之实的意思。如果说仁主要是就个人的道德自觉而言的，那么礼主要表征当时的社会道德规范，二者的统一构成了孔子心目中理想的道德人格。

三、从仁义并重到隆礼重法的定型阶段

战国时期，社会混乱，道德观念在社会生活中的影响力有所下降，而社会对道德规范的要求更高。道德教化日益受到重视，道德修养的理论也逐渐完备，道德伦理思想的多元化倾向明显。[①] 与道德生活相适应，先秦儒家的道德人格思想也呈现出比较完备、基本定型的特点，具体包括孟子的仁义并重道德人格思想、荀子的隆礼重法道德人格思想。

（一）孟子的仁义并重道德人格思想

战国中期，时值百家争鸣进入高潮，孟子"受业于子思之门人"（《史记·孟轲荀卿列传》），以孔子之道的捍卫者自居，"距杨墨，放淫辞"，攻击法家的耕战政策。当时，秦、齐、楚等诸侯国想一统中国而称王天下，各方务于合纵连横，以攻伐为贤。法家主张以"以力争天下"，提倡霸道、法治。而孟子"道性善，言必称尧舜"（《孟子·滕文公上》），倡导王道、仁政，企图通过发挥道德作用统一中国。基于对道德的政治作用与内在价值认识的深化，孟子系统阐发了其以仁义并重为主要特征的道德人格思想。

---

① 　张继军：《先秦道德生活研究》，人民出版社 2011 年版，第 283 页。

1. 孟子提出人伦概念以揭示其道德人格思想的仁义本质

"人之有道也，饱食暖衣、逸居而无教，则近于禽兽。圣人有忧之，使契为司徒，教以人伦：父子有亲，君臣有义，夫妇有别，长幼有序，朋友有信。"（《孟子·滕文公上》）人伦是人之为人的标志，指出了人的宗法等级关系的本质。"人之所以异于禽兽者几希，庶民去之，君子存之。舜明于庶物，察于人伦，由仁义行，非行仁义也。"（《孟子·离娄下》）孟子道德人格思想的内涵是仁义，"亲亲，仁也；敬长，义也"（《孟子·尽心上》）。以孝为本的仁是适应社会各阶层需要、处理亲属关系的道德规范。义，主要是敬长，是处理长幼关系的道德原则，最重要的是君臣关系。仁发端于恻隐之心。义发端于羞恶之心。孟子主张仁义统一，"居仁由义"，以义规定爱人的界限。"仁，人之安宅也；义，人之正路也。"（《孟子·离娄上》）孟子倡导爱有差等，也揭示了己亲与他亲的关系，如"老吾老，以及人之老；幼吾幼，以及人之幼"（《孟子·梁惠王上》）、"亲亲而仁民，仁民而爱物"（《孟子·尽心上》）。

2. "仁政"思想是孟子道德人格思想的重要体现

孟子的"仁政"思想是对道德政治作用认识的深化，是对"敬德保民""养民以惠"等思想的进一步发展。"施仁政于民"就是仁的道德要求在君民关系上的体现。仁，是统治者称王于天下的关键，也是士、庶民安身立命的根本。"三代之得天下也以仁，其失天下也以不仁。"（《孟子·离娄上》）如何行仁，就是"以不忍人之心，行不忍人之政"（《孟子·公孙丑上》）。孔子讲"为政以德"、治国以礼，荀子讲隆礼重法。孟子"亦有仁义而已也"（《孟子·梁惠王上》），行仁政，得民心，平治天下。"桀纣之失天下也，失其民也……得其心，斯得民矣"（《孟子·离娄上》），得民心，就要"所欲与之聚之，所恶勿施，尔也"（《孟子·离娄上》），就是要"制民恒产"，保证老百姓基本的生产资料，要减少刑罚和搜刮，保障百姓的物质利益。这些举措都是推恩于民，使民受感化，进而心悦诚服而"亲其上，死其长矣"（《孟子·梁惠王下》），君主就是通过行仁德而调节道德关系的。这些论述看到了民心向背在实现社会变革和天下统一中的重要性。当然，孟子的"以不忍人之心，行不忍人之政"，仍然只是出于保社稷的利益需求。

3.去利怀义是孟子道德人格思想的重要规定

"为人臣者怀仁义以事其君，为人子者怀仁义以事其父"（《孟子·告子下》），孟子不仅主张去除个人私利，也不提倡国家的大利，即"大欲"。去利怀义是衡量行为道德价值的标准，也是区别君子与小人的价值标准。为利是小人的行为，而义是君子的行为、圣人的德性。"鸡鸣而起，孳孳为善者，舜之徒也。"（《孟子·尽心上》）君子之为君子，善之为善，则在于为义，从而规定了理想人格的标准。义是天赐的爵位，修义可以保持人格的完美。孟子认为，义比生命还重要，能做到"舍生取义"即可称之为大丈夫。"富贵不能淫，贫贱不能移，威武不能屈，此之谓大丈夫"，表明了道德价值标准和理想人格。但是，在物质利益与道德的关系上，孟子肯定物质利益对于道德教化和人们道德水准的决定作用。

孟子的道德人格思想具有不同的层次性。孟子提出了不同层次的道德人格，"可欲之谓善，有诸己之谓信，充实之谓美，充实而光辉之谓大，大而化之之谓圣，圣而不可知之之谓神。"（《孟子·尽心下》）这里指出了善、信、美、大、圣等不同层次的道德人格，其中，孟子的圣人人格范型上承孔子，但又有所区别，他将连尧舜都难以成就的圣人拉下神坛，认为现实的人经过努力皆可达此境界。孟子的仁义道德人格思想，强调在性善论基础上存心养性，指出了人格尊严的价值，同时，强调了自身意志在道德选择中的决定性作用。

（二）荀子的隆礼重法道德人格思想

荀子生活的战国时期，相较于道德观念的内在情感因素，道德规范形式的因素更受重视，主要表现在"礼""法"受重视程度加深，这反映了人们道德生活理性化水平的提高。

1. 隆礼重法的理想道德人格

在春秋时期，礼和法是对立的，其中，礼主要指周礼。而在战国时期，礼和法则是平行的，尤其荀子更是礼、法并举，其道德人格思想也体现出隆礼重法的特点。荀子提出了大儒、雅儒、俗儒等不同境界的人格范型，其中，能建功立业的大儒是理想道德人格，与圣人同属于一个层次。在《荀子·儒效》里，荀子以周公辅助成王治理天下为例，指出了大儒在道义、礼法和权变等方面所具备的造诣以及所起到的作用，同时，也认为只有圣人才能做到这一点。"非圣人莫之能为，夫是之谓大儒之效"（《荀子·儒效》），圣人的特征在于个人的修养和事功都达到了极致。"其义则始乎为士，终乎为圣人"（《荀子·劝学》），意思是学习就应当从做一个读书人开始，直到成为圣人为止。他把要培养的人分为三个等级：士、君子、圣人。"彼学者，行之，曰士也；敦慕焉，君子也；知之，圣人也。"（《荀子·儒效》）荀子认为，一般遵循礼法并按其办事之人，是士；而能真心诚意地学习和坚决地执行之人，是君子；对所学融会贯通、掌握了规律并有高度自觉去做之人，就是圣人。圣人是一种道德榜样，已经达到修养极致。"圣也者，尽伦者也；王也者，尽制者也；两尽者，足以为天下极矣。故学者以圣王为师，案以圣王之制为法，法其法以求其统类，以务象效其人。"（《荀子·解蔽》）在现实生活中，学者应以圣王为道德表率。而大儒，"其言有类，其行有礼，其举事无悔，其持险、应变曲当；与时迁徙，与世偃仰，千举万变，其道一也：是大儒之稽也"（《荀子·儒效》）、"法先王，统礼义，一制度，以浅持博，以古持今，以一持万；苟仁义之类也，虽在鸟兽中，若别白黑；倚物怪变……卒然起一方，则举统类而应之……张法而度之，则晻然若合符节"（《荀子·儒效》）。可见，大儒在礼义、法度以及权变等方面也具有表率作用。这表明，在荀子的思想中，礼义与法度都是理想道德人格中所应有的规定。荀子经常礼法并提，强调礼的作用，以之为"人道之极""道德之极"，同时，他还重视法的作用，在《荀子·成相》中提到，法度严明，贵贱、荣辱、祸福在法，就可以杜私而任法，维护封建等级制度。礼和法的意义比较广泛，但一般来说，法主要倾向于政治方面的上层建筑，礼着重于文化、道德等方面的上层建筑。[①] 在荀子那里，礼与法有共同的中心思想和主要原则，就是规定贵贱、上下等社会秩序，为一定的经济基础服务。荀子在一定程度上重视法家之法，"由士以上则必以礼乐节之，众庶百姓则必以法数制之"（《荀子·富国》），这里的法数则近似于法家之法，但是，他着重强调法用于"众庶百姓"，也就是"小人"，而对于"士"以上的"君子"，则必须要以"礼乐节之"。

2. 明分使群的礼义功能

"礼起于何也？曰：人生而有欲，欲而不得，则不能无求，求而无度量分界，则不能不争；争则乱，乱则穷。"（《荀子·礼论》）这指出了有限物质财富和无限欲望之间的冲突，进而表明，正因为人的欲望无限，所以圣人"制礼义而分之"。分，主要指等级之别。按照等级进行相应分配，"上贤禄天下，次贤禄一国，下贤禄田邑，愿悫之民完衣食"（《荀子·正论》）。既然礼义道德是为避免物欲冲突而产生的，这就规定了它的社会作用——群居和一之道。人的本质特征是能群，但是能群的可能就在于有等级之分，而分之所以能行，在于有义，"夫义者，内节于人而外节于万物者也，上安于主而下调于民者也。内外上下节者，义之情也"（《荀子·强国》），节是节制。义可以使君臣上下的等级关系适宜，各安其分。"故义以分则和，和则一，一则多力，多力则强，强则胜物"（《荀子·王制》），总之，人之所以能够以群的形式生活并和

---

① 冯友兰：《中国哲学史新编》，人民出版社 2007 年版，第 536 页。

睦相处使自己胜于万物，"得之分义也"。所以说，"有分者，天下之本利也；而人君者，所以管分之枢要也"（《荀子·富国》），这就叫明分使群。荀子依据人类生活中能群的特点论证礼义的社会作用，强调道德的作用在于封建等级社会的"定伦"，也是对孔子"礼之用，和为贵"思想的发展。

3. 人道之极的礼之地位

荀子认为，"隆礼、尊贤而王，重法、爱民而霸"（《荀子·强国》）。同时，法要以礼为纲，"礼者，法之大分、类之纲纪也"（《荀子·劝学》）。可见，荀子仍然延续了儒家一贯的传统，强调具有道德属性的礼的社会作用。"人无礼则不生，事无礼则不成，国家无礼则不宁。"（《荀子·修身》）并且，礼是天地万物的法则，"天地以合，日月以明；四时以序，星辰以行；江河以流，万物以昌……礼岂不至矣哉！立隆以为极，而天下莫之能损益也"（《荀子·礼论》）。在荀子那里，礼就是最高行为准则和道德规范。"君子处仁以义，然后仁也；行义以礼，然后义也。"反过来，"制礼反本成末，然后礼也"（《荀子·大略》）、"礼以顺人心为本"，人心指"仁义之心"，末指礼节仪式。礼包括仁义之质和礼仪之文，这是对先秦宗法道德规范的汇总。适应当时专制等级制度形势，在与法家的交流融合中，荀子对道德人格的规定虽然仍属于儒家道德人格的范畴，但其内容已经发生变化，是仁义礼三者结合，其所重之礼，不仅指"贵贱有等，长幼有差，贫富轻重皆有称者也"（《荀子·礼论》）的等级制度，也规定了人们的最高行为准则和道德规范。"礼者，人道之极也"（《荀子·礼论》），这与孔子所提的周礼有了极大不同，它指向了当时社会中新的尚贤使能等级关系。

总之，先秦儒家道德人格思想的提出是其自身思想逻辑发展的必然，从商及之前的帝神道德人格思想到西周的先王道德人格思想，从孔子的以仁礼结合为特征的道德人格思想到孟子的以仁义为内容的道德人格思想以及荀子的隆礼重法道德人格思想。正是在春秋战国时期，先秦儒家道德人格思想有了各种各样的表达，此时，无论是道德人格思想的具体形式、丰富内涵，还是道德人格思想的现实性、系统性，都达到比较高的水准，为后世奠定了基础。

第三章　先秦儒家道德人格思想的基本内涵

作为先秦儒家提出的关于做人标准和范型的思想认识，先秦儒家道德人格思想内含着多重内在规定性。它是先秦儒家展示其参加道德活动和进入伦理关系的性质和形象的多层面人格范型的集合；是表达先秦儒家道德立场和价值倾向的价值体系；是表征道德主体的道德修养水平和履行道德义务自觉程度的理想境界；同时，它还反映不同层次道德主体更为现实具体的实践要求。

第一节　多层面的道德人格范型

先秦儒家提出的做人范型表现出明显的层次性，也正是这不同层次的道德人格范型，为先秦儒家的道德人格思想注入了丰富的内涵。根据修养层次与评价标准的不同，先秦儒家道德人格可概括为圣人、君子、士三种范型。

一、圣人

在先秦儒家道德人格的序列中，圣人居于最高位次，它是"仁"的精神的极致发挥。应当说，由于时代特点与学术旨趣的不同，先秦儒家内部对"圣人"这一理想道德人格的理解也有所不同。

　　孔子认为，圣人是做人的最高层次，其规定性体现为"博施于民而能济众"，这是非常高的标准，连尧、舜都会担心自己做不到。"子贡曰：'如有博施于民而能济众，何如？可谓仁乎？'子曰：'何事于仁，必也圣乎！尧舜其犹病诸！'"（《论语·雍也》）当弟子尊称其为圣人时，孔子说："若圣与仁，则吾岂敢？抑为之不厌，诲人不倦，则可谓云尔已矣。"（《论语·述而》）在孔子眼中，圣人这一理想人格是至高、至大、至神的范型，一般凡夫俗子难以达到。圣人不仅内在修养境界高，而且也具备极高的道德功业，可谓是"德业兼备"之人。圣人能"修己以安百姓"，"博施于民而能济众"。孔子在描述尧时说："大哉尧之为君也！巍巍乎唯天为大，唯尧则之。荡荡乎！民无能名焉。巍巍乎其有成功也，焕乎其有文章！"（《论语·泰伯》）可见，在孔子心目中，圣人是具有仁爱之德与济世之功的统一体。

　　孟子继承并发展了孔子的圣人观。一方面，他认为圣人是人间道德的极致。"规矩，方员之至也；圣人，人伦之至也。"（《孟子·离娄上》）而且，圣人的感召力和影响力可以跨越许多时代，"圣人，百世之师也"（《孟子·尽心下》）。另一方面，与孔子将圣人视为遥不可及的道德典范不同，孟子则把圣人拉下神坛，将其道德人格与具体的道德修养内容相关联，圣人就是"仁且智"，进而把孔子推崇为圣人。"子贡曰：'学不厌，智也；教不倦，仁也。仁且智，夫子既圣矣。'"（《孟子·公孙丑上》）这也为人们向圣人境界修养提供了努力方向和内在动力。孟子的圣人观与其知类观相联系。孟子认为圣人与凡民同属于一类，只不过圣人是其中的精英。"圣人之于民，亦类也。出于其类，拔乎其萃。"（《孟子·公孙丑上》）"圣人，与我同类者……圣人先得我心之所同然耳。"（《孟子·告子上》）孟子还提出了圣人的四位典型代表：伯夷、伊尹、柳下惠和孔子。伯夷"目不视恶色，耳不听恶声，非其君不事，非其民不使"，是圣之清者；伊尹"自任以天下重"，是圣之任者；柳下惠则"不羞污君，不辞小官"，是圣之和者；而孔子则"可以处而处，可以仕而仕"，是圣之时者。其中，"时"是"清""任""和"三者的融合。前三者都有弊端，尤其是伯夷和柳下惠："伯夷隘，柳下惠不恭。隘与不恭，君子不由也。"（《孟子·公孙丑上》）而真正应当推崇、供君子效法的是孔子，"自生民以来，未有盛于孔子也"（《孟子·公孙丑上》）。

相较于孟子所论之强调内在修养的圣人，荀子更多地强调外在社会事功方面。当然，这只是相对而言的，实际上，孟子和荀子都继承了孔子"德业兼备"的圣人道德人格思想。荀子谈论圣人说："修百王之法，若辨白黑；应当时之变，若数一二；行礼要节而安之，若生四枝；要时立功之巧，若诏四时；平正和民之善，亿万之众而博若一人：如是，则可谓圣人矣。"（《荀子·儒效》）意思是，圣人能学习历代先王法度，如分辨黑白；应对时势变化，如数一二；遵行礼仪法度，如伸展四肢；抓住建功立业机会，如知晓四时变化；治理政事、协调民众和善安定，使之团结得像一个人一样。这才是真正的圣人。荀子尊崇圣人是"人道之极"，同时也指出普通人通过"积善"可以达到圣人境界。"涂之人百姓积善而全尽谓之圣人。"（《荀子·儒效》）孟子所谓圣人能审时度势，知进退之矩，即"时"。荀子则将圣人分为得势与不得势两种，其中，孔子、子弓属于圣人中不得势者，而舜、禹是圣人中得势者。但是，无论得势与否，圣人皆能对社会产生重要的影响，正所谓"在本朝则美政，在下位则美俗"（《荀子·儒效》）。而且，荀子较多地使用"圣王"的表述。"贵为天子，富有天下，名为圣王。"（《荀子·王霸》）荀子心目中的圣人是"圣王"道德人格，他集道德力量与政治力量于一体，是内在修养和外在事功相结合、"尽伦"与"尽制"的统一。"圣也者，尽伦者也；王也者，尽制者也。两尽者，足以为天下极矣。故学者，以圣王为师"（《荀子·解蔽》），荀子的圣人道德人格思想对社会事功的关注自不待说，对内在道德修养也极为重视。"见善，修然必以自存也；见不善，愀然必以自省也；善在身，介然必以自好也；不善在身，菑然必以自恶也。"(《荀子·修身》)而且，荀子首倡"慎独"，"君子至德，嘿然而喻，未施而亲，不怒而威：夫此顺命以慎其独者也"(《荀子·不苟》)，也就是要求个人在独处而无人觉察时仍然能严格遵守道德标准。

圣人"出乎其类，拔乎其萃"，是道德的楷模，是人伦的完美体现。孟子认为圣人是"人伦之至""百世之师"，荀子认为"圣也者，尽伦者也"。圣人可谓是全德之人。当然，孟子更多地强调圣人是内在仁义道德的凝结，荀子更加肯定圣人是外在礼义法度的体现。圣人先知先觉，能开启民智。孟子认为圣人智慧圆满，能使民众摆脱蒙昧状态。荀子认为圣人明于天人之分，为世间万物包括人类正名分，使各得其所，可谓是全智之人。圣人既能立道德教化之功，又能行以德治国之功，可谓是全功之人。①

作为先秦儒家提倡的理想道德人格，圣人与君子有所区别。首先，修养程度不同。圣人是"人伦之至"(《孟子·离娄上》)、"人道之极"(《荀子·礼论》)。"圣"有聪明的意思。《尚书·周书·洪范》："睿作圣"；"敦慕焉，君子也；知之，圣人也"(《荀子·儒效》)。"笃志而体，君子也；齐明而不竭，圣人也。"(《荀子·修身》)君子对仁道能体悟实行，而对于其中蕴含的道理却不能深刻理解，而圣人则无所不知，能通达万物、体察人情世事且从容应对。圣人对道义的理解和体悟已经内化于心，"形色，天性也；惟圣人然后可以践形"(《孟子·尽心上》)。圣人兼具人性与神性，从对人的终极关怀来看，已达"至善境界"，具有宗教色彩，而君子是现实生活的典范。对先秦儒家来讲，圣人是对道德理想追求的应然考量，君子是对道德修养困境的现实体察。其次，承担的角色和使命不同。在先秦儒家思想中，圣人是最高统治者，而君子则是辅助者。所以，君子能"修

---

① 张锡生等：《中华传统道德修养概论》，南京大学出版社 1998 年版，第 56 页。

己以敬""修己以安人"即可，而圣人则要"修己以安百姓"。但是，圣人和君子的教化效果不同，君子的流风余韵对后世教化的影响不过五代，而圣人的德行对百世之后的人们仍然具有感召力和影响力。"圣人，百世之师也，伯夷、柳下惠是也。……百世之下，闻者莫不兴起也。非圣人而能若是乎？——而况于亲炙之者乎？"（《孟子·尽心下》）可见，君子与圣人在引导和影响别人的效果上差异明显。

二、君子

关于"君子"一词的出现时间，根据现有资料，甲骨文中没有此词，《尚书·虞书·大禹谟》中有"君子在野，小人在位"，但是在"今文"中不见，属于"晚书"即《孔传古文尚书》，不宜作为概念出处的证据。而在《尚书·商书》中没有"君子"一词，也可以作为佐证。在《尚书·周书》中，"君子"共出现 7 次。鉴于"泰誓""旅獒""周官"三篇文献的"晚书"性质，也可存而不论。而"酒诰""召诰""无逸""秦誓"四篇可以作为考据君子出现时间的文献。除"秦誓"稍晚，其余三篇皆是西周初年的[①]。故可以初步推定"君子"一词最早出现在西周初年。也有学者认为，既然"君子"即"君之子"，那"君子"一词的出现就应当与"君"字的产生时间一致或稍晚一些。所以，从国家和文字的产生两个方面来看，"既然夏代已有了国家，有了君王，又有了文字，那么，可以推断，'君子'一词，至迟也应产生于夏代"[②]。应当说，此种观点注意到了语言与社会的关系，但是缺乏文献资料的支持，还有待进一步论证，相比较而言，学界更相信"君子"一词出现在西周初年这一说法。

---

① 吴正南：《"君子"考源头》，《武汉教育学院学报》1998 年第 5 期。
② 池水涌、赵宗来：《孔子之前的"君子"内涵》，《延边大学学报（社会科学版）》1999 年第 1 期。

"君子"的含义，从词源学来看，甲骨文"君"作🖐，从又（手）、执笔，从口。《广雅·释诂》云："君，大也。"《说文解字》曰："君，尊也。从尹，发号，故从口。"段玉裁注曰："尊也。此羊祥也，门闻也，户护也，发拔也之例。从尹口，尹、治也。口发号。"①《辞源》中"君子"有以下三种解释："（1）对统治者和贵族男子的通称，常与被统治的所谓小人或野人对举。书酒诰：'越庶伯君子。'传：'众伯君子长官大夫统庶士有正者。'诗魏风伐檀：'彼君子兮，不素餐兮。'（2）泛称有才德的人。论语子路：'故君子名之必可言也，言之必可行也。'（3）妻称夫。诗王风君子于役：'君子于役，不知其期。'"②

可见，君子的原初含义主要是两个：一是表示统治者或统治者的儿子；二是表示尊贵的男子。从孔子之前的文献来看，似乎两者都有，其逻辑先后顺序难以判断。但是结合当时的社会文化背景——周朝初年，封土建君，建立以立嫡长子为核心的宗法等级制度等——可以推论，"君子"作为统治者的儿子似乎更能说得通。而"尊贵的男子"则是其引申义，如许倬云所说，"封君的儿子"这个含义引申后，君子就包含了通过血缘关系相联系、与统治集团有关的所有人，也就为"君子"与"贵族"画上了等号。③"君子务治而小人务力"（《国语·鲁语上》）、"君子劳心，小人劳力"（《左传·襄公九年》）里的君子基本就是其引申义——统治者，而小人则指在田野里劳作的平民百姓。这表明，君子最初代指贵族血统和官职权位，表征一定的社会地位。在孔子生活的时期，君子的含义已经开始发生变化，不再仅仅表示人的社会地位，而更多的是对高尚道德品质的认

---

① （汉）许慎：《说文解字》，（清）段玉裁注，上海古籍出版社 1988 年版，第 57 页。

② 广东、广西、湖南、河南辞源修订组，商务印书馆编辑部编：《辞源》，商务印书馆 1997 年版，第 263 页。

③ 许倬云：《中国古代社会史论：春秋战国时期的社会流动》，广西师范大学出版社 2006 年版，第 189—190 页。

可。这种变化标志着当时社会大变动中政治力量对比的变化。

在先秦儒家思想中，君子是比圣人低一层次的道德人格范型。圣人作为一种理想道德人格，对修养者而言难以企及。而君子道德人格则是先秦儒家为修养者提供的贴近生活、切实可行的现实性人格，它通常与贤人、仁人属同一层次。孔子的君子道德人格范型承载了孔子的道德理想，也就是君子应做到仁与礼结合，文质彬彬，具备仁、智、勇"三达德"，孔子自谦"躬行君子，则吾未之有得"（《论语·述而》）。孟子的君子道德人格范型以其性善论为基础，重视内在的道德修养，凸显了个体道德价值。孟子说："君子所以异于人者，以其存心也。君子以仁存心，以礼存心。仁者爱人，有礼者敬人。爱人者，人恒爱之；敬人者，人恒敬之。"（《孟子·离娄下》）而荀子的君子道德人格则凸显了外在事功方面的要求。这均与他们所处的时代背景相关。

先秦儒家将君子与小人对举，彰显其道德人格思想的价值取向，实现教化之功效，最终的目的是化小人为君子。先秦儒家从人禽之别的高度对人提出道德要求，为民众加强道德修养、提升道德境界奠定了人性基础，指明了君子"由仁义行"的道德修养方向。当然，小人作为一种现实道德人格范型，是需要教化的。孟子认为，小人具备自觉意识和认知能力，故可以教化，只有自暴自弃者不可教化。先秦儒家的君子具有追求仁义之道的宏大志向与刚毅进取的意志品格。

君子安贫乐道。这里的道就是先秦儒家一以贯之的人道，它以仁义礼为基本内容。乐就是一种内心愉悦的主观体验。安贫，表明君子处理追求道义与外在窘境关系时的态度。先秦儒家非常重视对道的体悟而获得的精神愉悦，尤其是在物质生活窘迫或者外部环境比较困难的情况下。孔子指出，要追求道义，就要克服外在的物质诱惑，即使身处窘困的境地。"君子固穷，小人穷斯滥矣"（《论语·卫灵公》）。孔子向别人表达自己的生活态度是"其为人也，发愤忘食，乐以忘忧，不知老之将至云尔"（《论语·述而》）。在赞赏其得意弟子颜渊的君子风范时，他说："贤哉，回也！一箪食，一瓢饮，在陋巷，人不堪其忧，回也不改其乐。贤哉，回也！"（《论语·雍也》）孔子并不泛泛地反对追求富贵，"富与贵，是人之所欲也；不以其道得之，不处也。贫与贱，是人之所恶也；不以其道得之，不去也。"（《论语·里仁》）这表明，孔子认为求富贵、去贫贱是人的正当欲求，但是要以符合道义的手段去实现。如能符合道义，就是吃粗粮、喝冷水，弯着胳膊做枕头，也"乐在其中矣"，相反，通过不正当的手段得来的富贵"于我如浮云"（《论语·述而》）。而孟子也认为君子"三乐"："君子有三乐，而王天下不与存焉。父母俱存，兄弟无故，一乐也；仰不愧于天，俯不怍于人，二乐也；得天下英才而教育之，三乐也。"（《孟子·尽心上》）孟子的"三乐"，遵守人间伦常，为人处世无愧于心，哺育天下英才，也体现了君子的乐道风范，当然，孟子所乐，更多的是获得仁义后的情感满足。而荀子更是以"乐得其道"作为君子的重要特征。"君子乐得其道，小人乐得其欲。以道制欲，则乐而不乱；以欲忘道，则惑而不乐。故乐者，所以道乐也。"（《荀子·乐论》）正是在追求道的过程中，君子体会到的乐才是真正的乐。这是不同于肉体的感受，也并非小人物欲满足时的感受。当然，这里的先秦儒家的仁义之道，在后世发展为封建的纲常伦理，所乐也相应地表示君子言行举止合乎封建伦常后的情感体验。荀子则以"志广""志意修"等表述表明其更加强调意志对于安贫乐道的作用，"君子贫穷而志广，隆仁也"（《荀子·修身》），"志意修则骄富贵"（《荀子·修身》）。

君子刚毅进取。君子刚毅进取的思想源于孔子，到战国时已趋于成熟。"天行健，君子以自强不息"（《周易·乾》），自强不息，就是刚毅进取的意思，这里包含了天道与人道统一的思想，人们效法天道运行而后自强不息。天体运行不断向前、永不停止，昭示人类就要刚健自强、日新不止，"苟日新，日日新，又日新"（《礼记·大学》）。胡适在《说儒》中提到，孔子的最大贡献在于把殷遗民那种柔弱的儒改变为刚毅进取的儒①，其根据是孔子认为，"刚、毅、木、讷，近仁"（《论语·子路》），"刚毅"是孔子伦理思想的核心范畴，是其对君子道德人格很高的评价标准，说刚、毅、木、讷接近于仁，可以看出孔子对这四种品质的看重。"刚是强志不屈挠。毅是果敢。木是质朴。讷是钝于言。"②孔子还曾说，"巧言令色，鲜矣仁"，刚毅则不会令色，木讷则不至于巧言。至于为什么刚毅就和仁德相近呢？"子曰：'吾未见刚者。'或对曰：'申枨。'子曰：'枨也欲，焉得刚？'"（《论语·公冶长》）可见，刚毅与否，主要是以面对物欲的表现来衡量的，朱熹引杨氏的话说，"刚毅不屈于物欲，木讷则不至于外驰，故近仁"③。孔子认为人能去除私利物欲就能具有刚的精神，而刚毅是践行仁道、不断进取的重要保障，这一逻辑理路与孟子的大丈夫道德人格论述是前后一致的。

孔子主张中道而行，但是不能得到中道之人，就退而求其次。"不得中行而与之，必也狂狷乎！狂者进取，狷者有所不为也。"（《论语·子路》）"孔子岂不欲中道哉？不可必得，故思其次也。""狂者又不可得，欲得不屑不洁之士而与之，是獧也，是又其次也。"（《孟子·尽心下》）。在狂狷之中，孔子又更愿意选择狂者来教，因为狂者具备了不断进取的优秀品质。孔子对其弟子颜渊的不断进取表示了充分的认可。"惜乎！吾见其进也，未见其止也。"（《论语·子罕》）而且，孔子将这种自强进取的精神一直贯穿于自身道德实践中。子曰："女奚不曰：其为人也，发愤忘食，乐以忘忧，不知老之将至云尔。"（《论语·述而》）"是知其不可而为之者与？"（《论语·宪问》）孔子弟子及其后世的儒者对这一精神都有传承与弘扬。曾子曰："士不可以不弘毅，任重而道远。仁以为己任，不亦重乎？

---

① 胡适：《说儒》，漓江出版社 2013 年版，第 1 页。
② 钱穆：《论语新解》，生活·读书·新知三联书店 2012 年版，第 315 页。
③ （宋）朱熹：《四书集注》，岳麓书社 2004 年版，第 168 页。

死而后已，不亦远乎？"（《论语·泰伯》）孟子说："居天下之广居，立天下之正位，行天下之大道；得志，与民由之；不得志，独行其道。富贵不能淫，贫贱不能移，威武不能屈，此之谓大丈夫。"（《孟子·滕文公下》）荀子也说，"君子敬其在己者，而不慕其在天者，是以日进也"（《荀子·天论》），强调自强不息的进取精神，而《荀子·劝学》中的"锲而不舍，金石可镂"更是君子自强不息精神的最好表达。正如余英时所说，先秦儒家的君子道德人格从精神境界上来讲，呈现出不断向上的趋势。[①]

正是具备了刚健的意志，君子在履行道德义务的程度和修养的水平上，就有了意志的保障。

三、士

"士"与君子一样，最初象征身份地位，代表着不同的等级。先秦时期的"士"是知识分子阶层的最低层，比庶民和众人要稍高些。从社会身份的变化来看，士有一个从国士到游士的变迁过程，也有一个与政治从远离到接近的过程。到了孔子时代，"士"开始具有道德意义，而到了荀子时期，"圣人""君子""士"成为三种等级的道德人格范型。三者的差别在于学习、理解和实践道义的程度和效果不同。其中，圣人是达到了高度自觉，即"随心所欲不逾矩"的程度，充满道义力量，能够影响和引领人们。士与"以从俗为善，以财货为宝，以养生为己至道"的"民"有区别，也与只知记诵的"散儒"不同。从与圣人、君子的区别中，则能看出士修养的目标和途径。"上为圣人，下为士、君子，孰禁我哉？"（《荀子·儒效》）士能上升为君子，则达到"无爵而贵，无禄而富，不言而信，不怒而威"的境界，类似于孟子的"天爵"，"修其天爵，而人爵从之"。

[①]　余英时：《儒家君子的理想》，《伦理学研究》1986 年第 3 期。

这反映了知识阶层的自尊自信，对个人私利的超越和社会责任感。①

最初，"王者之制禄爵，公、侯、伯、子、男，凡五等。诸侯之上大夫卿、下大夫、上士、中士、下士，凡五等"（《礼记·王制》）。其中，"士"大多是卿和大夫的庶子，通过运用自己的知识和技能来治理国家，从而获取俸禄，最后，形成一个不事生产而有知识经验的阶层。"士"作为与农、工、商并列的社会阶层，被称为"四民之首"。"士"无恒产，并非讲其无衣食来源，而是强调其无田产，主要通过参加政治和文化活动而依靠王公诸侯的供给。孟子说："卿以下必有圭田，圭田五十亩。"（《孟子·滕文公上》）"诸侯之下士视上农夫，禄足以代其耕也。中士倍下士，上士倍中士。"（《礼记·王制》）孟子更明确表达了做官对于士的重要性，将其比喻为耕种之于农夫，"士之仕也，犹农夫之耕也"（《孟子·滕文公下》），而士丢掉官位，就犹如诸侯失掉国家，"士之失位也，犹诸侯之失国家也"（《孟子·滕文公下》）。所以，孟子引用公明仪的话说，"古之人三月无君，则吊"（《孟子·滕文公下》），也就是三个月没有君主任用，就要去安慰，给予同情了。孔子"三月无君，则皇皇如也"（《孟子·滕文公下》）。

士阶层的职业特点决定了"士"道德人格范型的特征，不同于农、工、商的体力劳动，"士"主要通过政治实践和文化传播施行"治人"之事。荀子认为，士主要是"量才任官"，治理国家。所以，一方面，要依附当权者；另一方面，由于更多地受到文化教育影响，其能相对超越集团私利，自觉明了全面的形势。士能自觉知"道"并"觉斯民"。

从德性来看，先秦儒家认为，士是仅次于君子的道德人格范型，士是立志于求道。"王子垫问曰：'士何事？'孟子曰：'尚志。'"（《孟子·尽心上》）当然，这里的道是仁义之道，正如曾子所说，"仁以为己任"，而

---

① 陈瑛：《论先秦时期的"士"德》，《中州学刊》1994年第2期。

且，这种仁道比生命还要重要。"子曰："志士仁人，无求生以害仁，有杀身以成仁。"（《论语·卫灵公》）孔子的弟子子张认为，士能见得思义，更加理性，更加注重内在实质，尤其是面对物质利益诱惑以及在祭礼和丧礼中的表现。"士见危致命，见得思义，祭思敬，丧思哀，其可已矣。"（《论语·子张》）孟子也认可士对仁义的坚守，"志士不忘在沟壑，勇士不忘丧其元"（《孟子·滕文公下》）。先秦儒家还根据面对物质诱惑和外在困境的表现对士进行界定，"士而怀居，不足以为士矣"（《论语·宪问》）。而且，正是由于有志于道，士才能以恶衣恶食为耻，孔子说："士志于道，而耻恶衣恶食者，未足与议也"（《论语·里仁》）。孟子直接表达了士对于穷达际遇的态度。孟子说："尊德乐义，则可以嚣嚣矣。故士穷不失义，达不离道。穷不失义，故士得己焉；达不离道，故民不失望焉。古之人，得志，泽加于民；不得志，修身见于世。穷则独善其身，达则兼善天下。"（《孟子·尽心上》）

孔子认为第一等的士就是"行己有耻，使于四方，不辱君命"（《论语·子路》），这里强调了保持羞耻之心对于士的重要性，在孟子那里，羞耻之心，是"义"之发端。"人不可以无耻，无耻之耻，无耻矣。"（《孟子·尽心上》）孔子认为第二等的士能"宗族称孝焉，乡党称弟（悌）焉"（《论语·子路》）。所以，"士"应"入则孝，出则悌，守先王之道，以待后之学者"（《孟子·滕文公下》）。应当说，孟子的士是与普通人对立、具有"仁义"内涵、最终实现"大人"境界之人。这与孔子、荀子对士的界定是不同的。概括来说，先秦儒家之"士"，一是能不贪图物质享受，不计较富贵贫贱。"富与贵，是人之所欲也；不以其道得之，不处也。贫与贱，是人之所恶也；不以其道得之，不去也。"（《论语·里仁》）二是无论个人境遇顺遂与否，都能好学守道。"笃信好学，守死善道。危邦不入，乱邦不居。天下有道则见，无道则隐。"（《论语·泰伯》）守道比建功立业更重要。"故士穷不失义，达不离道。"（《孟子·尽心上》）三是强调道义价值高于生命。"朝闻道，夕死可矣"（《论语·里仁》）。危险时，"见危致命，见得思义"，"生亦我所欲也，义亦我所欲也；二者不可得兼，舍生而取义者也"（《孟子·告子上》）。"尽其道而死"是正命。"天下有道，以道殉身，天下无道，以身殉道"。道就是士的一切，人能"弘道"，对道信仰与坚守，所以，能"乐其道而忘人之势"。

士是小人与君子之间的过渡，与二者都有交集，先秦儒家尤其是荀子，对士与君子的交叉有明确的认识，"士君子不为贫穷怠乎道"（《荀子·修身》）。士与君子的区别也是明显的，士认识到自身道德不足而立志于道，但是不如君子对道德的理解深刻。君子由于能深刻理解道德规范蕴含的价值和意义，所以能安于行仁，且能教化他人。如果说君子作为教育的目标是"成德者"，那士只能是初级修养目标，是"入德者"。其境界层次高于"庶民""众人"等民。"无恒产而有恒心者，惟士为能。若民，则无恒产，因无恒心。"（《孟子·梁惠王上》）即使没有"恒产"，"士"也能具备一定道德观念和行为准则。荀子则说："以从俗为善，以货财为宝，以养生为己至道，是民德也。行法至坚，不以私欲乱所闻，如是，则可谓劲士矣。"（《荀子·儒效》）这里在与民对比中彰显了士能够让自己的行为合乎法度，意志坚定，不以个人的私欲歪曲听闻等优秀道德品质。士尽管比民的层次高，但是，与君子相比，士还需要进一步的道德修养。"学恶乎始？恶乎终？曰：其数则始乎诵经，终乎读礼；其义则始乎为士，终乎为圣人。"（《荀子·劝学》）"彼学者：行之，曰士也；敦慕焉，君子也；知之，圣人也。上为圣人，下为士、君子，孰禁我哉！"（《荀子·儒效》）从道德实践的层面看，士努力行道，而君子则笃志体道。荀子说："好法而行，士也；笃志而体，君子也。"（《荀子·修身》）"行法至坚，好修正其所闻以矫饰其情性；其言多当矣，而未谕也；其行多当矣，而未安也；其知虑多当矣，而未周密也；上则能大其所隆，下则能开道不己若者：如是，则可谓笃厚君子矣。"（《荀子·儒效》）士更多的是志于学习实践，而

君子则在认真体认仁道的同时还能劝说引导别人，行使教化功效。"君子
所过者化，所存者神。"（《孟子·尽心上》）

先秦儒家不仅提出了不同层次的道德人格范型，而且还在君子与小人
的对举中彰显了道德人格思想的价值取向。

第二节　在君子与小人对举中彰显价值取向

价，有"物品的价值；人的资望地位"两层意思。而价值则"犹指物
价。后汉书四七班勇传：'备其逋租，高其价值，严以期会。'"① 作为哲学
范畴，价值主要指在实践基础上形成的主体与客体之间的意义关系。在伦
理学意义上，道德价值指"个人或者集体的行为、品质对于他人和社会所
具有的道德上的意义。通常用'善''正义'等概念作出评价。分'内在
价值'和'外在价值'。前者指主体对道德行为的内心感受，显现道德对
提升德性和人格的精神价值；后者指道德行为的外在效果，显现道德的功
利价值和工具意义。在伦理思想史上，分别表现为道义论和功利主义。马
克思主义伦理学超越道义论和功利主义的对立，主张内在价值和外在价值
的统一"②。而两者都表明了道德价值是"道德观念和道德思想所具有的反
映道德生活需要和期望的意义属性。表达人们对是非、善恶、荣辱等的
愿望"③，它承载着主体的规定和要求。也就是说，评价一种道德思想是否
有道德价值，要结合它与道德生活之间的关系。道德生活的复杂多样、利
益主体的错综关系及社会的发展变化等因素，导致在某种道德思想中通常

---

① 广东、广西、湖南、河南辞源修订组，商务印书馆编辑部编：《辞源》，商务印书馆
1997 年版，第 142 页。

② 夏征农、陈至立主编：《辞海》第六版彩图本，上海辞书出版社 2009 年版，第 409 页。

③ 《伦理学》编写组编：《伦理学》，高等教育出版社、人民出版社 2012 年版，第 242 页。

有多样的价值取向。价值取向，是主体基于一定的价值观，在处理各种关系、矛盾和冲突中所持有的基本立场和表现出来的相对稳定倾向，它决定着主体的价值选择。

先秦儒家的伦理型文化底色，造就了其所提出的君子人格更加关注现实人间与现世生活的特点，在调节人伦关系和伦理实践中充分彰显了其所具有的道德价值意蕴。作为道德体现的意义功能属性，道德价值包含了理想和现实、社会和个人、精神和实践等不同的层面。在个体和群体生活中，道德价值指出什么是理想的和应当的；它包含社会共同方面和个人人格方面，是共同价值与人格价值的融合，就是基于一定社会关系的规定和人们内心的主动要求相统一的道德价值的"应当"。

先秦儒家通过君子与小人两类人格对举，揭示了其处理各种关系、面对各种矛盾和利益冲突时所持有的立场，明确了其价值取向。具体而言，在义利之辨中蕴含坚守道义原则的取向，在人己之辨中体现重视内在价值的取向，在和同之辨中明晰坚持和谐包容的取向。

一、君子喻于义，小人喻于利：坚守道义原则

作为一种道德人格，先秦儒家君子人格内涵的价值意蕴，从群体与个体两个维度看，主要表现在为安顿社会秩序和完善个体自我两个方面提供了做人标准、处世准则与治理手段，集中体现在先秦儒家的"义利之辨"中。作为"儒者第一义"的义利问题是贯穿先秦儒家思想的焦点问题，它是联系整合先秦儒家天人论、人性论、德政论、公私论、修养论等的枢纽要素。义，与"宜"相通，具有"恰当、善"等含义，包含着道德要求和当然准则。利，意指物质利益。义利关系实际涉及了三种关系，即物质生活与精神生活的关系、私利与公利的关系以及道德原则与物质利益的关系。通过剖析"义利之辨"，可以更深刻地理解先秦儒家君子人格的道德

价值意蕴。先秦儒家重视正确处理义利关系，主张以义为上，在个体精神生活中树立为人之则，确定自我道德完善的价值目标；在社会公共生活中确立处世准则，表达了维护社会和谐秩序的价值取向；在经济生活中克制谋利私欲，提出了维护集体共同利益的价值原则。

（一）树立为人之则，确定自我道德完善的价值目标

"则"有"法则、规则；模范、规范"等含义。为人之则，就是指做人的法则、标准。先秦儒家提出的君子人格，以义这一道德标准来标志人之为人的本质属性，指明人之精神境界的理想程度，从而确立自我道德完善的价值目标。

从人禽之别的高度来理解义利关系，从而树立人之为人的道德标准。先秦儒家认为追求物质利益和感官满足是人与动物所共有的自然本能，只有仁义道德才是区分人与禽兽的标志。"人之所以异于禽兽者几希，庶民去之，君子存之。舜明于庶物，察于人伦，由仁义行，非行仁义也。"（《孟子·离娄下》）孟子指出了人与禽兽的根本区别就在于人具有仁义这一道德属性，当然，这种道德属性发端于人固有的"恻隐之心"和"羞恶之心"，能扩充即为君子，不能保存即为庶民。荀子对这个问题回答得更为透彻，人之所以能成为天下万物中最珍贵者，在于人有义这一本质的道德规定性。"水火有气而无生，草木有生而无知，禽兽有知而无义；人有气、有生、有知，亦且有义，故最为天下贵也。"（《荀子·王制》）他还认为，饥饿而欲吃饭，寒冷而欲穿衣，劳作而欲休息，喜好利而厌恶害，这是人的自然本性，但是任由人的本性发展，人与动物无法区别。义作为人之为人的标志，主要强调人在社会中应尽的义务，在特定的社会中，每个人都有其特定的社会地位与角色，进而有着相应的责任与义务，人只有履行了这些责任和义务，才能称其为人。"它是绝对的命令。社会中的每个人都有一定的应该做的事，必须为做而做，因为做这些事在道德上是对的。如

果做这些事只出于非道德的考虑，即使做了应该做的事，这种行为也不是义的行为。"① 它表现在只求是否应该，而不计是否产生利害；只求尽心尽力，而不计是否成功。②

先秦儒家以义利来区分君子、小人两种道德人格③，并指出了提升精神境界的价值目标。先秦儒家认为，君子与小人的差别在于对义利的认识与态度，君子思义而看淡利，小人则贪图利而不顾义。"鸡鸣而起，孳孳为善者，舜之徒也；鸡鸣而起，孳孳为利者，蹠之徒也。欲知舜与蹠之分，无他，利与善之间也。"（《孟子·尽心上》）这里孟子就以义利来区分善与恶、君子与小人，为善就是依义而行，舜之徒就是君子，蹠之徒就是小人。荀子也以追逐利而不顾义的特点来界定俗人、小人，"不学问，无正义，以富利为隆，是俗人者也"（《荀子·儒效》），"唯利所在，无所不倾，若是则可谓小人矣"（《荀子·不苟》）。而君子应当以义胜欲，实现修身目标。由上可见，通过区分君子和小人两种人格在义利关系上的现实表现，先秦儒家明确了其对人格价值这一精神需要的优先选择。"生亦我所欲也，义亦我所欲也；二者不可得兼，舍生而取义者也。"（《孟子·告子上》）"生"这一物质生活需要与"义"这一精神生活需要发生冲突、无法兼得时，宁愿舍生取义，这充分表明了先秦儒家重视人格尊严、追求精神价值的鲜明态度。先秦儒家强调重视自我内在价值、提高人格价值是更高层次、更应优先选择的精神需要。这一点是与美国心理学家亚伯拉

---

① 冯友兰：《中国哲学简史》，赵复三译，生活·读书·新知三联书店 2009 年版，第52 页。

② 张国钧：《先秦儒家义利论》，中国人民大学出版社 1995 年版，第 44 页。

③ 罗国杰认为，从先秦到宋代，思想家们往往把"君子喻于义，小人喻于利"理解为对"君子"和"小人"品德、人格的定义或概括，认为君子只晓得义，小人只晓得利。实际上，这句话更加普遍的意义就是孔子提出的一个臧否人物、判定道德与不道德的标准。参见罗国杰：《关于孔子义利观的一点思考——兼析"君子喻于义，小人喻于利"》，《学术研究》1994 年第 3 期。

罕·马斯洛的心理需求层次理论相一致的，马斯洛认为人类的需求按照从低到高可分为生理需求、安全需求、爱和归属感、尊重和自我实现五个层次。人类在满足了生理需求（包括物质需求）之外，还有更高层次的尤其是需要借助内部要素才能满足的尊重和自我实现的需求，而这种需要也即成就理想人格，实现义的内在价值要求。应当说，先秦儒家从总体上确认了义对于道德人格所具有的内在价值，如"君子义以为质"（《论语·卫灵公》）、"非义之义，大人弗为"（《孟子·离娄下》）。这里的义，赋予了先秦儒家君子人格道德境界的含义，君子具有义，才能称其为君子，这体现了道义论倾向。作为道德评价标准，"君子喻于义，小人喻于利"对君子提出了要求，为小人打开了上升为君子的通道，确立了提升精神境界、自我道德完善的价值目标。

（二）确立处世准则，表达维护社会和谐秩序的价值取向

义不仅仅涉及个体精神生活中的道德修养与价值需要，还表现为在社会公共生活中作为处理各种关系的道德准则。先秦儒家把道义原则作为君子处世的准绳，"君子之于天下也，无适也，无莫也，义之与比"（《论语·里仁》），对于天下之人或事，无论亲疏厚薄，但以道义为亲。君子从政也是如此，只要考虑是否为自己应尽之责任义务，而抛弃那些世俗的功利看法，"君子之仕也，行其义也"（《论语·微子》）。孔子将自己与当时的高尚人士相比，认为柳下惠、少连降低自己的意志，辱没自己的身份，但是言语合乎伦理，行为经过思虑，也还可接受；虞仲、夷逸虽然避世隐居，放言高论，但是他们行为廉洁处世灵活；而自己"则异于是，无可无不可"（《论语·微子》），以义为根本原则，"可以仕则仕，可以止则止，可以久则久，可以速则速"（《孟子·公孙丑上》），通权达变，不拘泥于一种形态。孟子也主张"大人者，言不必信，行不必果，惟义所在"（《孟子·离娄下》）。荀子发展了孟子的思想，他认为"君子宽而不慢"

（《荀子·不苟》）、"以义变应，知当曲直故也。……此言君子能以义屈信变应故也"（《荀子·不苟》），这也是主张要"义以为质"，同时，还要根据社会实际情况有所权变，保持所有事功都不偏离义的轨道，如此，君子才能称为君子。

先秦儒家认为，行义就是要使自己的言行符合仁礼的要求，重视对社会生活秩序的遵守。先秦儒家从血缘亲情出发来阐释仁义，"仁之实，事亲是也；义之实，从兄是也；……礼之实，节文斯二者是也"（《孟子·离娄上》），从而将义作为人伦关系中的应当原则。孟子将仁比作安宅，义则是正路，仁就是行为的根据，而义则是行为方式。"仁，人之安宅也；义，人之正路也。"（《孟子·离娄上》）真正的义应当是遵守人伦关系之道。"仲子，不义与之齐国而弗受，人皆信之，是舍箪食豆羹之义也。人莫大焉亡亲戚、君臣、上下。"（《孟子·尽心上》）孟子认为，仲子远离兄弟母亲，不食国君俸禄，这是置人伦大道于不顾的罪过。可见，从血缘亲情关系衍生出的义实际上表达了群体价值取向，它首先就是调节家庭利益关系，强调家庭利益至上，个人利益无条件服从于家庭利益。先秦儒家对义的理解是由中国古代社会的伦理型特点所决定的，个人与社会的存在依靠血缘关系及相应伦理法则维系，这种血缘宗族关系内在地要求依据人伦角色承担义务，社会伦理关系以父家长制家庭为基本单位，主要内容是事兄敬长。

义还包含着为全社会乃至于全人类所接受的共同价值要素。"亲亲，仁也；敬长，义也。"（《孟子·尽心上》）敬长虽然是个人的事情，但是，它包含了敬其所当敬的意思，达之于天下都是相通的，所以，可称之为义，表明了义的共同普遍性特点。同时，"人皆有所不为，达之于其所为，义也"（《孟子·尽心下》）、"非其有而取之非义也"（《孟子·尽心上》），每个人都有不应当做的事情，将其扩充到肯做的事情上，这就是义。而不该自己得到的东西，却勉强据为己有，是为不义。在这里，义便具有了尊重别人所有权和利益、遵守一定的社会规范的意思。应当说，这不仅是对普通民众的道德要求，更是对执政者的规范约束，先秦儒家主张执政者推恩以施行仁政，也即以义达之于天下，"老吾老，以及人之老；幼吾幼，以及人之幼"（《孟子·梁惠王上》）。而作为此一要求的前提是其本人要有正己之心，"无穿窬之心"，尊重自己，守住本分，不因个人私利而破坏整体利益与社会正常秩序。所以说，先秦儒家的义是现实人伦关系中的准则与共同价值理念的结合。从维护社会秩序来看，以血缘情感为纽带的宗法伦理作为义的基础，血缘宗族关系是社会基本的和主要的伦理关系，关系中的角色承担着道德义务，这种义务由血缘宗族关系及以此为基础的伦理法则所规定。这实际上是通过确立符合等级观念的各种制度规范引导民众各安其分，而其核心就是明确统治者与被统治者之间的权利、义务，引导民众强化义务和义务的平等对应，化解利益冲突，和谐人际关系，从而维系以家庭为单位的宗法伦理关系，进而推动中华民族建立起长期的稳定秩序。当然，我们也必须承认，历代爱国志士，为了民族大义，不惜牺牲自我，他们所追求的是社会的公共利益，既非个人利益，亦非统治者的私利。①

（三）克制谋利私欲，提出维护集体共同利益的价值原则

义不仅强调人格的内在价值，或者说自我德性提升的内在满足，还涉及了获取物质利益的外在功利价值。这里的义是作为谋取物质利益的手段。这实际上涉及的是道德原则与物质利益的关系。先秦儒家主张以义取利，就是在符合道义原则的前提下去获取物质利益，包括获利的手段、方法与途径都应当符合道义。"不义而富且贵，于我如浮云"（《论语·述而》），孔子指出了人人都想获取富贵的现实需要，但是也强调了规范制

---

① 张岱年：《中国伦理思想研究》，江苏教育出版社 2009 年版，第 96 页。

约这一需求的道义原则的重要性。孟子继承孔子的这一思想："禄之以天下，弗顾也；系马千驷，弗视也。非其义也，非其道也，一介不以与人，一介不以取诸人。"(《孟子·万章上》)意思是，如果不合道义，纵使以天下送给他做俸禄，他也不回头看一眼；即使有四千匹马系在那里，他也不看一眼。如果不合乎道义，一点儿也不给别人，一点儿也不从别人那里获取。这里从反面论证了取利必须合乎道义的观点。

为什么求利要符合义的规范呢？"放于利而行，多怨。"(《论语·里仁》)孔子认为一切按照利的目的来行事，容易心生怨恨，对于执政者而言，专门以谋利行事，就会导致民众的怨恨，所以要"因民之所利而利之"(《论语·尧曰》)。而孟子在阐述其仁政主张时，提到"王！何必曰利？亦有仁义而已矣"(《孟子·梁惠王上》)，指出了轻公义、重私利的后果，"苟为后义而先利，不夺不餍"(《孟子·梁惠王上》)，就是一国上下之间的利益是有矛盾的，倘若都只追求自己的利益，就会产生篡弑的恶果。但是，先秦儒家并不完全排斥利，而是认为追求物质生活满足是人所共有的欲望，"富与贵，是人之所欲也；不以其道得之，不处也"(《论语·里仁》)，"义与利者，人之所两有也。虽尧舜不能去民之欲利，然而能使其欲利不克其好义也"(《荀子·大略》)；但如果不加以节制和调整，势必会造成利益关系的紧张，所以要按照道义的规范去满足欲望、获取利益，如此方能人人各得其利。上面所讲之利均指私利，而义则是道德原则。可见，先秦儒家认为道德原则高于个人私利，强调道德原则不仅是公利，而且高于公利。应当说，根据马克思主义唯物史观，在阶级社会中，物质利益矛盾会贯穿始终而且不可能得到根本的合理解决。荀子提出的"制礼义以分之"，也只是保持在维持统治稳定的相对合理范围内。而先秦儒家提出的义之道德原则，首先是为统治者的统治服务的，是维护当时统治阶级根本利益的原则，但是出于长久统治的考量，维护社会共同利益与照顾劳动人民的尊严也是必需的，这也是先秦儒家之义所内含的道德理性。

作为普遍的道德原则，义具有理性形式，利在广义上则以需要满足为内容，在这个意义上，义利关系又表现为理性要求与物质欲望之间的关系。先秦儒家不仅强调要以义之道德原则指导调节物质利益分配，而且主张通过理性要求节制物质欲望以维护集体共同利益。先秦儒家认为，相较于感性欲求，理性要求更为优先。孔子强调在精神自得与理想追求中，超越感性欲求。"饭疏食饮水，曲肱而枕之，乐亦在其中矣。不义而富且贵，于我如浮云。"（《论语·述而》）其对弟子颜回的评价也是如此，"贤哉，回也！一箪食，一瓢饮，在陋巷，人不堪其忧，回也不改其乐"（《论语·雍也》）。这种价值取向体现了孔子对精神追求的升华。孟子提出"养心莫善于寡欲"（《孟子·尽心下》）、"先立乎其大者""从其大体"（《孟子·告子上》），这里的"大者""大体"就是理性思维，是心所具有的能力，是与耳目之官相对应的心之官，要求感性欲望服从理性的指导。"耳目之官不思，而蔽于物。物交物，则引之而已矣。心之官则思，思则得之，不思则不得也。此天之所与我者，先立乎其大者，则其小者不能夺也。此为大人而已矣。"（《孟子·告子上》）孟子认为，耳目等感觉器官没有思维能力，容易受物欲诱惑，而心这一器官有思维能力，能够进行反省，任由耳目之官就会失去良心，所以，要充分运用思维能力，保存仁义之心。荀子则主张以道制欲，"君子乐得其道，小人乐得其欲。以道制欲，则乐而不乱；以欲忘道，则惑而不乐"（《荀子·乐论》），主张欲望应当受到道德原则的节制，还强调以理制情，就是通过认识外在的规范指导情欲的活动。"圣人纵其欲，兼其情，而制焉者理矣。"（《荀子·解蔽》）真正的圣人，要保持清醒的理智，在认识和掌握道德规范的基础上以理性化解个人欲望。当然，先秦儒家对以感性需要形式表现的欲并不是简单地排斥，而是主张顺从人的意愿合理满足，"养人之欲、给人以求"（《荀子·礼论》）。合理的态度是"欲而不贪"（《论语·尧曰》），这里需要对欲望和需要进行甄别，关键是欲求要合理，"心之所可中理，则欲虽多，奚伤于治？"（《荀子·正名》）先秦儒家还提倡将求利的欲望升华到谋民利、国利、天下利的高度，强调以义为上，因而形成了见利思义的品质，推动了经济活动的伦理化。[①]义是人们内在的一种道德观念，是行为主体的道德理性原则，先秦儒家以其作为人类生活的应然价值判断，表达主体对客体取舍辞受的倾向与态度，换言之，它是主体对人的行为及其后果的实然价值的道德认识，度量其是否符合主体内在的道德理性，是否符合人类社会发展和完善的必然之理。[②]义在理论形式上表现为种种应然要求，但是，作为人之为人的义务，义还反映着具体历史条件下一定阶级、民族、国家乃至全人类的根本利益即共同利益。

二、君子求诸己，小人求诸人：重视内在价值

内外关系问题是先秦儒家道德人格思想中的重要问题。先秦儒家围绕为人为己、求人求己，在君子与小人的对举中，凸显了其重视内在价值的取向。道德兼赅内外，在《说文解字》中，"德"解为"外得于人，内得于己"。张岱年先生认为，中国古代哲学中，"内""外"有三层含义："一、'内'指主体，'外'指客体，'内''外'也即'己''人'或'己''物'关系；二、'内'指精神生活，'外'指物质生活，'内''外'也即精神生活与物质生活的关系；三、'内'指德行，'外'指事业，'内''外'也即德行与事业的关系。"[③]先秦儒家道德人格思想中的内外关系问题主要就是主体与客体、人与己的关系。也有学者将儒家道德人格总结为"伦理主体

① 杨明：《中华道德传统及其在当代建设中的价值》，《齐鲁学刊》2002年第5期。
② 唐凯麟、张怀承：《成人与成圣——儒家伦理道德精粹》，湖南大学出版社1999年版，第177页。
③ 张岱年：《中国伦理思想研究》，上海人民出版社1989年版，第217—218页。

性人格"①，强调先秦儒家相信每个个体都有自己的内在价值，它不以外在条件为转移，还主张，人在实现自身价值方面具有主观能动性，人依靠自己的力量就可以实现自我价值。

（一）完善自我人格

完善自我人格主要强调道德人格的价值来源在于主体自我，而非其他外在客体，进一步表明修养学习的目标是自我道德人格的完善。"古之学者为己，今之学者为人"（《论语·宪问》），意思是古时学者为完善自己而学习，今时学者为向人炫耀而学习。朱熹引程颐曰："为己，欲得之于己。为人，欲见之于人。"②这里把为人和为己对举，强调了先秦儒家为学的价值取向，就是为了完善自己的道德人格。而且，这一价值取向在《论语》开篇已提到，正因为是"为己之学"，强调自己有所得，这种内在的自足自得不受外界影响。所以，不为人所知晓或理解也无关紧要，"人不知，而不愠，不亦君子乎？"（《论语·学而》）同时，以"君子病无能焉，不病人之不己知"（《论语·宪问》）作为道德评价的重要标准，如此，也就"人知之，亦嚣嚣；人不知，亦嚣嚣"（《孟子·尽心上》）。《荀子·劝学》中说："古之学者为己，今之学者为人。君子之学也，以美其身；小人之学也，以为禽犊。"正如王先谦所注：君子之学入耳箸心而布于身，所以说美其身，而小人之学入耳出口，心无所得，所以不足以美身。荀子谈学习，以礼为先，人无礼则禽犊也。③这是荀子对"为己之学"的进一步

---

① 朱汉民、陈谷嘉等学者认为，先秦儒家推崇伦理主体性人格，"主体性人格"就是从道德主体的人本身来说明道德价值的源泉、自由意志对善恶的选择，而不是把这一切归之于某种外在权威的强制和传统习俗。以孔孟为代表的先秦儒家伦理是一种主体性伦理学说。参见朱汉民：《儒家人文教育的审思》，湖北教育出版社 2000 年版，第46 页。

② （宋）朱熹：《四书集注》，岳麓书社 2004 年版，第 176 页。

③ （清）王先谦：《荀子集解》，中华书局 2012 年版，第 13 页。

阐释。

先秦儒家"为己之学"以自身心有所得，完善德性为内容。"尊德乐义，则可以嚣嚣矣。"（《孟子·尽心上》）朱熹注："德，谓所得之善，尊之，则有以自重，而不慕乎人爵之荣。义，谓所守之正，乐之，则有以自安，而不徇乎外物之诱矣。"①可见，先秦儒家重视这种自得于善、自安于正的状态。而这种德性善的确定，与先秦儒家的人性论相一致，或者说，先秦儒家关于人性的观点，直接决定了何种德性是善的，进而规定了道德修养的路径与方法。

先秦儒家人性论主要有两种倾向，孔子提出"性相近也，习相远也"（《论语·阳货》），从人格养成角度看，正是性相近，所以才有培养的可能。孔子提出了"为仁由己"的养成方向和"克己复礼"的养成路径。孟子将孔子的性相近引申为性本善，指出人有与生俱来的先天"四端"："恻隐之心，仁之端也；羞恶之心，义之端也；辞让之心，礼之端也；是非之心，智之端也。……凡有四端于我者，知皆扩而充之矣，若火之始燃、泉之始达。"（《孟子·公孙丑上》）端，即发端。这先天"四端"，就如同人的四肢一样，是人所固有的，知道了就要扩大充实。"四端"与仁义礼智的关系如源头与流水的关系，如果能加以扩充，就会滔滔不绝成江河湖海。这一观点为孟子的道德人格养成理论提供了内在依据，决定了其向内固守本性、扩充善端、发挥潜能的修养方法。在日常生活中，人如果能守住"四端"，则可以成为"居仁由义"的君子，而任由外界诱惑致其"陷溺"，则沦为"穿逾"小人。所以，要"反求诸己""求其放心"。可见，孟子所主张的人性修养是以"己"之"四端"为基础和根据的。孔子和孟子把仁德归结为个体自我的内在情感需求，试图从道德主体自身寻找道德价值源泉。孔子坚持儿子为父母居丧三年，至于为什么"居丧"，孔子

---

① （宋）朱熹：《四书集注》，岳麓书社 2004 年版，第 386 页。

以倘不如此就"食旨不甘，闻乐不乐，居处不安"来解释，其实就是从具有天然情感的人心人性来探讨道德价值起源，以使得客体、外在道德规范主体化、内在化。[1]孟子从"四心"来寻找道德价值源泉，亦是如此。而荀子则主张人性恶，同霍布斯建立在性恶论基础上的自然法思想相似，正是为了限制恶的自然欲望，维护人与人关系的和谐，才有礼的规范的必要性。这种礼尤为需要后天的教育学习，但是它又不同于霍布斯的自然法与先秦法家的法，它的落脚点在于道德人格的完善。

（二）彰显独立意志

彰显独立意志主要指先秦儒家强调道德人格的独立性和人格尊严。孔子提出"三军可夺帅也，匹夫不可夺志也"（《论语·子罕》），表达了对志的重视。"志"就是志向，引申为独立意志。匹夫指平民百姓。也就是说，三军可以被夺去主帅，但平民百姓却不能强迫其失去志向。尽管孔子承认人与人之间的贵贱等级，但是认为平民也是人，应尊重其独立意志。后人引申为：三军之勇在人，匹夫之志在己。所以，帅可夺而志不可夺，如可夺，则不足称之为志。[2]此句将道德人格的意志独立性表达得淋漓尽致。孔子非常重视"志"，不仅自己年轻时"志于学"，而且还经常询问弟子志向，"盍各言尔志"。同时，还称赞伯夷、叔齐"不降其志，不辱其身"（《论语·微子》），是人格独立的典范。他认为，人只要立志、笃志，就能实现自己的人生价值，达到仁的境界。

而孟子提出："居天下之广居，立天下之正位，行天下之大道；得志，与民由之；不得志，独行其道。富贵不能淫，贫贱不能移，威武不能屈，此之谓大丈夫。"（《孟子·滕文公下》）强调了大丈夫道德人格应当具有的

---

[1]　朱汉民：《儒家人文教育的审思》，湖北教育出版社2000年版，第48页。

[2]　（宋）朱熹：《四书集注》，岳麓书社2004年版，第131页。

独立意志，这种独立意志主要是面对外界环境变化时岿然不动，不"移"，这种外在环境主要是指外在的威权压迫和物欲诱惑。孟子非常推崇独立意志，认为独立意志会让人在关键时刻能"舍生而取义"。当然，大丈夫是极高的境界，但是，人应当有起码的尊严，"所欲有甚于生者"，"一箪食，一豆羹，得之则生，弗得则死，嘑尔而与之，行道之人弗受；蹴尔而与之，乞人不屑"（《孟子·告子上》）。所嘑（呼）、所蹴，都是对人格的侮辱，所以宁肯饿死也不接受。孟子还强调人与人之间要相互尊重。"恭敬者，币之未将者也"（《孟子·尽心上》），而"食而弗爱""爱而不敬"都是对人的不尊重。孟子为什么如此重视人格尊严？他从"天爵"和"良贵"来解释这一问题，"仁义忠信，乐善不倦，此天爵也；公卿大夫，此人爵也"（《孟子·告子上》）。仁爱正义、忠诚守信以及乐于行善而不厌倦，都是天赋的爵位；而公卿大夫，都是人世的爵位。孟子以"天爵""人爵"之分，指出了人格尊严乃是人生而具有的。孟子还讲："人人都有贵于己者，弗思耳矣。人之所贵者，非良贵也。"（《孟子·告子上》）人人都有自己可贵的东西，只是没有去思考，别人所珍贵的，并不是真正的尊贵。孟子以"人之所贵"与"良贵"的区别，指出了良贵是不可剥夺的。无论是"天爵"，还是"良贵"，都表明了人的价值来源于内在本性，即人固有的道德意识。正是因为具有这种固有道德意识，人才有了自身的独立意志和人格尊严。

先秦儒家重视人格的独立性，强调个体要保持自己的人格尊严，同时，也要尊重别人的人格尊严，表明了先秦儒家认识中的道德人格不是独立于道德原则和社会关系的绝对个人意志。相反，先秦儒家恰恰将自我独立意志和社会责任感紧紧联系起来。"鸟兽不可与同群，吾非斯人之徒与而谁与？"（《论语·微子》）在回应桀溺提出的世道无法改变、不如避世隐居的说法时，孔子提到，人不能和鸟兽同群共处，而应当和社会中的人待在一起，表明了他对自我与社会关系的认识，也进一步表达了他的社会责任感。而荀子也提出"人之生，不能无群"（《荀子·富国》）、"人能群，彼不能群也"（《荀子·王制》），这都是对个体的群体性特点的重视，并指出自我个体必须内在于社会群体这一客观事实，承认了群体的价值所在。

（三）价值选择自主

先秦儒家强调道德人格的内在价值还体现在肯定个体具有独立于外在鬼神、权威强制的道德选择的自由。人具有行仁的能力，仁的追求和实现都是主体自由意志的自主选择。"为仁由己，而由人乎哉"（《论语·颜渊》），"为仁"主要指履行道德义务、遵守道德准则。在孔子看来，作为道德主体的人蕴含着自主选择的力量。孔子还提到，"我欲仁，斯仁至矣"（《论语·述而》）。这里强调了仁作为一种道德规范，是主体自由意志的自觉追求，每个人都有自由意志，所以，每个人都能实现仁德。"未见力不足者"（《论语·里仁》），力指道德意志。先秦儒家承认人会有各种感性欲求，当道德准则与感性欲求产生冲突时，道德意志的自主选择能力得以体现，即主体运用道德意志力量克服外在诱惑。而孟子对人的主体力量、道德意志的自主选择作用进一步拓展，肯定仁道行为取决于主体自我，"求则得之，舍则失之……求在我者也"（《孟子·尽心上》），这里的"在我者"更多地与道德主体的自我道德涵养联系，主体能否达到理想境界，完全在于人自身。"自暴者，不可与有言也；自弃者，不可与有为也。"（《孟子·离娄上》）这里的暴与弃就表现为道德上的自甘堕落，而这也完全是道德主体自主选择的结果。相反，只要认真践行道德规范，自然能成为具有仁德的君子。可见，能自主选择仁道是君子道德人格的应有之义。

"君子求诸己，小人求诸人"（《论语·卫灵公》），意思是在修养和学习方面，君子主要是要求自己，而小人热衷于要求别人。这里主要讨论先秦儒家道德人格思想中处理人己关系的价值取向。在这个问题上，学界基本都认可先秦儒家所持向己向内求取的观点。先秦儒家认为，君子并不是无所求，而是求之有道，那就是反求诸己。孔子重视名实相符，憎恨名声不能传扬，但还是主张反身自求。孔子用"六艺"中的"射"来比喻，认为君子之道犹如射箭之道，"射有似乎君子，失诸正鹄，反求诸其身"（《礼记·中庸》），"射者，仁之道也。射求正诸己，己正而后发，发而不中，则不怨胜己者，反求诸己而已矣"（《礼记·射义》）。孟子强调向己向内求取，"爱人不亲，反其仁；治人不治，反其智；礼人不答，反其敬——行有不得者皆反求诸己，其身正而天下归之"（《孟子·离娄上》），"仁者如射：射者正己而后发；发而不中，不怨胜己者，反求诸己而已矣"（《孟子·公孙丑上》）。孟子这个观点与先秦儒家人性论有关，人性本善或者人有向善可能的主张，为主体发挥主观能动性而非怨天尤人提供了理论依据。荀子认为，德性并非天赋，而形成于后天人为，即圣人之伪，当然，这从外在条件方面突出了人在成圣中的主体作用，并对自我修养表达了充分信心，"涂之人百姓积善而全尽谓之圣人"（《荀子·儒效》）。在强调人的价值自主性上，荀子与孔孟一致，"曾子曰：'同游而不见爱者，吾必不仁也；交而不见敬者，吾必不长也……'"（《荀子·法行》），"小人不诚于内而求之于外"（《荀子·大略》），这反映了春秋战国时期人的力量以及道德力量增强的现实。在《荀子·解蔽》中，通过讲心对身的主宰作用，荀子提出"自禁"自使""自行""自止"等词语，均强调意志自由。"心知道，然后可道。可道，然后守道以禁非道"（《荀子·解蔽》），充分强调了意志具备的选择作用。

先秦儒家对个体价值的认可，一方面意味着对人的主观能动性的肯定，另一方面也为人在处理与事物的关系中增强自身社会责任感提出了更高要求，体现在对社会理想和道德原则的推广弘传。"人能弘道，非道弘人"（《论语·卫灵公》），"士不可不弘毅，任重而道远"（《论语·泰伯》）。先秦儒家认为，人之所以能与天地并立，在于人乃天地之心，人以生物之心能参赞天地以化育万物。

先秦儒家认为，道德人格思想中价值选择的自主性体现在"克己"和"修己"两方面。前者从消极方面来谈，后者从积极方面来讲。"克己"，即以注入道德情感的礼来克制私欲，具体而言，就是"非礼勿视，非礼勿听，非礼勿言，非礼勿动"（《论语·颜渊》）。修己，首先是"修己以敬"，实际上是"修己以礼也，礼在外，敬其内心也"①，敬是礼的根本。孔子说，"居上不宽，为礼不敬，临丧不哀，吾何以观之哉"（《论语·八佾》），明确表达了"敬"之于"礼"的根本性地位。"修己以敬"具体表现为能正视自己的缺点错误，并"见过自知""知过内自讼"，即悔悟深切，勇于承担责任，然后能改过迁善。对待他人，要设身处地、换位思考，要"成人之美"而"不成人之恶"。其次，"修己以安人""修己以安百姓"，这是一个道德境界不断提高的过程，其中，"修己以安百姓"是圣人的境界，连尧、舜都难以做到。孔子的修己观念基于其对人的道德品质来源的认识。"仁远乎哉？我欲仁，斯仁至矣。"（《论语·述而》）意思是，仁这一最高的德性范畴，尽管要求很高，但是，只要切实践行，是可以达到的。这里强调了要充分发挥主体自觉能动性在道德修养中的作用。"仁者，心之德，非在外也。放而不求，故有以为远者；反而求之，则即此而在矣，夫岂远哉。"②孔子认为仁德就在自己身上，所以，求仁要在自己身上找。至于能够外推至"修己以安人"，则源于人与人之间的人性相近相同，故能尽己、推己并及人。正如钱穆所说："人心有相同，己心所欲所恶，与他人之心之所欲所恶，无大悬殊。故尽己之心以待人，不以己所恶者施于人。忠恕之道即仁道，其道实一本之于我心，而可贯通之于万人之心，乃至万世以下人之心者。"③君子重视修己也源于其重视自己的名声，他痛恨身后名声不能传扬，但是仍然返身求己，而小人正好相反，凡事求诸人，

① 钱穆：《论语新解》，生活·读书·新知三联书店 2002 年版，第 391 页。
② （宋）朱熹：《四书集注》，岳麓书社 2004 年版，第 114 页。
③ 钱穆：《论语新解》，生活·读书·新知三联书店 2002 年版，第 98 页。

"故违道干誉无所不至，而卒得没世之恶名"①，在孔子那里，"己"经常与"人"相对而提。《论语》开篇曰："学而时习之，不亦说乎？有朋自远方来，不亦乐乎？人不知，而不愠，不亦君子乎？"（《论语·学而》）"学在己，知不知在人，何愠之有"②，君子应当担心自己的无能，而不是担心自己不为人所知。

先秦儒家道德人格思想中价值选择的自主性是建立在对天道、人性与教化一致性的认识基础上的。"天命之谓性，率性之谓道，修道之谓教"（《礼记·中庸》），意思是上天赋予人的命令称作性，遵循性来行动叫作道，依照道的原则进行修养称作教。这里把天道、人性与教化贯通了。道与人的本性根本一致，人以道为自身本质。德是主体对道的认同和内化。道德修养就是社会道德的个体内化，即通过人自身自觉的修养活动，让客观的天、性、道在人类社会中获得其现实性。道德修养的过程就是道德与人性、天道合一的过程。"为己之学"实际上强调了道德修养的自我完善、自我实现的实质。人的道德完善就是通过道德内化，把社会道德凝结为自己的品德，实现道与德的统一。道德修养是道德品质的涵养，是主体的自我完善、自觉能动过程。人的欲望和需要是道德活动的内在动因，但是，具有自然性和个体性的欲望只有符合道德，才能指导行为。从人的本质属性来看，人之所以为人，就是人能将其自然属性控制在社会属性之下。道德修养就是克制单纯的动物性，将自然属性控制于人的道德属性内。所以，要重视道德修养，修正自己，然后施于人。先秦儒家道德修养思想中的制欲只是将欲望限制在一定程度之内，这是不同于禁欲的③。

---

① 钱穆：《论语新解》，生活·读书·新知三联书店 2002 年版，第 411 页。

② （宋）朱熹：《四书集注》，岳麓书社 2004 年版，第 54 页。

③ 唐凯麟、张怀承：《成人与成圣——儒家伦理道德精粹》，湖南大学出版社 1999 年版，第 131 页。

三、君子和而不同，小人同而不和：坚持和谐包容

先秦儒家在君子与小人的"和同之辨"中体现了其坚持和谐包容的价值取向。和与同是春秋时期两个比较常用的术语。《左传·昭公二十年》中记载了晏子与齐景公的对话："公曰：'和与同异乎？'对曰：'异。和如羹焉，水火醯醢盐梅以烹鱼肉，燀之以薪。宰夫和之，齐之以味；济其不及，以泄其过。君子食之，以平其心。君臣亦然。……今据不然。君所谓可，据亦曰可。君所谓否，据亦曰否。若以水济水，谁能食之？若琴瑟之一专，谁能听之？同之不可也如是。'"晏子在批评梁丘据的过程中，指出了和与同的区别："和"如五味需要有水、火、酱、醋等材料的调和，八音需要高下、长短、快慢等声调来使乐曲和谐；"同"则如同用水调和水，无人愿意吃，琴瑟只发出一种音调，无人愿意听。在《国语·郑语》中，史伯对郑桓公说："夫和实生物，同则不继。以他平他谓之和，故能丰长而物归之；若以同裨同，尽乃弃矣。"这里强调有差别、对立事物的统一。这是在哲学意义上把"和"理解为抽象内在统一，"同"理解为具体外在一致，强调内在和谐，而不是表象一致。

和与同后被孔子引过来，作为辨识君子与小人两种道德人格的标准。有德君子能用自己正确的意见去纠正他人错误，但是不盲目附和；无德之小人则只知道盲目附和，而不肯表达自己的意见。"君子和而不同，小人同而不和。"（《论语·子路》）和，是人伦关系和谐；同，是无原则地赞同。何晏解释为"君子心和然其所见各异，故曰不同；小人所嗜好者同，然各争利，故曰不和"[1]，皇侃认为，君子和在于心不争，不同在于立志不同；小人同在于为恶如一，不和在于好争[2]。按照朱熹所注，"和者，无乖戾之

---

[1]（魏）何晏、（梁）皇侃：《孔学三种论语集解义疏》，世界书局1935年版，第137页。

[2]（魏）何晏、（梁）皇侃：《孔学三种论语集解义疏》，世界书局1935年版，第137页。

心。同者，有阿比之意"①，后宋儒多以义利观来注释，君子崇尚义，所以能和，小人逐利，所以只能是同。尹焞认为："君子尚义，故有不同。小人尚利，安得而和？"②和不是同，同是绝对的同一，和是辩证的统一。君子"和而不同"正是"和"这一理念的深刻阐发。"和"作为先秦儒家道德人格思想的价值取向，不是追求同一，而是不同观点的商量与切磋、不同价值的交流和融合。

（一）追求整体利益的价值旨归

先秦儒家天人合德的理念，视整个人类乃至宇宙为一个有机整体，道德是世界的本质和根本秩序。根据此种理解，个体在处理人类关系时强调以整体为本位，认为个体只有融入整体，才能实现自身价值，这个整体实质上是关系的存在，只有在特定的关系中才能确定自己的存在并明确自己的责任和义务。西周时期，为了维护以血缘家庭关系维系的统治者社会生活秩序、营造人与人之间有序和谐状态的社会结构，维护社会整体利益，制定礼乐。孔子在论述其仁的思想时，强调人与人之间的亲爱情感，以人际的亲和维护社会稳定。荀子则提出"明分使群"，认为人类生活的特点在于"能群"，也就是能过社会生活，而群居之所以可能，则在于能遵守自己的本分和职责，而这又源于懂得礼义，这一方面符合当时等级秩序的要求，另一方面反映了职业分工合作的需要。相比于动物，人之所以能遵守礼义规定的本分与职责，就在于人类的辨别能力，也就是现代所说的理性能力，使人能懂得"群居和一"之道。从这个角度看，相较于孟子只是看到了人类生活的道德性特点而言，荀子则从社会生活需要的角度考虑道德起源，这是更为深刻的。这里荀子看

---

① （宋）朱熹：《四书集注》，岳麓书社 2004 年版，第 167 页。

② （宋）朱熹：《四书集注》，岳麓书社 2004 年版，第 167 页。

到了人与动物相比所具有的能结合在一起的整体性社会力量。而这个群是按照一定原则建构起来的有序组织，它以"分"为前提，以"礼"为准则，这个"分"就是联系建构群体的一种秩序，体现了道德在人类生活中的基本条件地位是在群体中处理人与人关系的行为准则和根本秩序，它的作用就是维系群体的利益、发挥群体的力量。群体的力量就是要团结，这种价值取向要求人们将群体利益置于个人利益之上。具体而言，在家庭生活中，家庭利益至上，在社会生活中，个人利益、家庭利益服从国家利益。"整个社会就是在血缘家庭和自然经济基础上的等级关系网络，每个个体只是网络上的一个纽结。个体及其行为只有与其所处关系一致并能还原为关系或整体价值时，才具有真正价值。"①儒家历来重视人伦，主张在人伦关系中确定个体的存在与价值。《周易·系辞下》中讲天、地、人三才之道，从总体上把握宇宙秩序。宇宙的秩序源于天地、万物、男女、父子、君臣、上下等相互关系的和谐衍生，孔子以"仁"为道德的核心，就是以之强调人与人乃至于人与万物之间的亲和性，建立主体与客体的和谐关系，在孟子那里就是人伦关系的和谐。中国以血缘家庭为基础脱离氏族部落进入文明社会，所以，家庭生活中的自然亲情被概括为和合的原则，成为人们处理人际关系乃至一切主客体关系的基本价值取向。从其本源看，先秦儒家将人际关系的和谐本于阴阳的和谐，天地以阴阳的和合生生不息，人类社会道德即是根据阴阳和合把握天地万物的本质，建立和谐的人际关系乃至一切主客体关系。因此，伦理道德最根本的和合是天与人之间的和合，天人和合就是人与天地、万物乃至自身的和谐统一，也就是天人合德。

---

① 唐凯麟、张怀承：《成人与成圣——儒家伦理道德精粹》，湖南大学出版社 1999 年版，第 74 页。

（二）坚守礼义原则的关系协调

孔子的弟子有若说："礼之用，和为贵。先王之道，斯为美；小大由之。有所不行，知和而和，不以礼节之，亦不可行也。"（《论语·学而》）意思是，礼的作用在促进和谐，先王以此为美的准则。大小事情都遵循这个原则。但是为和谐而和谐，不用礼来规范节制，也行不通。这里的和强调不同事物、要素的措置得当、有机结合。在人与人的关系上，先秦儒家也追求恰当、和谐，但是这种和谐必须是有原则、有规矩制度节制的。如果"和"没有原则，为和而和，就是乡愿，而孔子最恨乡愿人格，称其为"德之贼也"。孟子把柳下惠称为"圣之和者也"，对其"和"的道德品质非常重视。"柳下惠不羞污君，不辞小官。……故闻柳下惠之风者，鄙夫宽，薄夫敦。"（《孟子·万章下》）这说明，尽管柳下惠没有伯夷的高风亮节，也没有伊尹的"先觉"气魄，不狂不狷，貌似随遇而安，但是他做官"以其道"，孟子称赞其"不以三公易其介"，就是肯定其不因做官而放弃原则、改变志向。荀子认为，"人生不能无群，群而无分则争"（《荀子·王制》），这里的"分"，有财产等级、社会分工等方面的意思，实现"分"的途径就是礼义。"礼别异"（《荀子·乐论》），作为一种道德规范，礼赋予成员不同社会角色，形成一种有差别的等级秩序。"义以分则和"（《荀子·王制》），荀子重视群体的和谐，但是，礼制主要是区别人与人的角色差异，为了防止这种差异走向疏离，就要努力形成和谐关系。在先秦儒家那里，礼的作用，消极方面是消除冲突，积极方面是同心协力。人作为个体与社会存在的统一，从根本上说，人的个人利益与社会共同利益本质上是一致的，这为人们接受道德规范提供了可能，而两种不同利益的冲突也表明了道德制约的必要性。避免各种利益冲突、维持自身生存与发展的关系协调方式就是和谐的方式。这里的和是在礼的制约下的亲和、和合，是有差别的统一，而非无差别的同一。和是对不同事物协调，利用事物的差异性进行补充，是求大同、存小异，是注重不同事物在同异互补、相互结合基础上的整体功用发挥，而非简单地等同或无原则地调和。先秦儒家追求和谐不仅要遵循道义原则与礼制规矩，还要能够通权达变，"君子崇人之德，扬人之美，非谄谀也；正义直指，举人之过，非毁疵也"（《荀子·不苟》），指出了君子根据道义原则进退屈伸，随机应变。荀子隆礼，但礼法仅仅是治之具，君子才是治道根本。他认为君子以义为根本，有了是非标准，能根据实际需要权变。而小人则为一己私利，不顾道义原则，盲目附和。小人没有道义原则，很容易结党营私，也就是孔子所讲的"小人比而不周"（《论语·为政》）。而君子则是"周而不比""群而不党"。作为身心关系的调节原则，"和"主要是适度、自然的意思。在《中庸》里，"中"与"和"并用，"中和"的设定是就个人情感而言，"喜怒哀乐之未发谓之中，发而皆中节谓之和"（《礼记·中庸》），意思是，人的感情在没有表现出来或者作为人性的潜在状态时，能够不偏不倚，为"中"，而表现出来的感情合乎节度且无过与不及，为"和"。按照朱熹的理解，喜怒哀乐属于情，情发而皆中节，无所乖戾，就是和。作为人之常情，喜怒哀乐都容易失之以偏，所以，要合乎中庸之道，使其各得其所。如何才是中节呢？这里的节是有节制，是节于外在礼的道德规范，也合于内在仁的要求，就是一种应当，与"不以礼节之，亦不可行也"的"节"相一致。"中也者，天下之大本也；和也者，天下之达道也。"（《礼记·中庸》）朱熹注曰："大本者，天命之性，天下之理皆由此出，道之体也。达道者，循性之谓，天下古今之所共由，道之用也。"[1]而儒家道德人格达至中和的境界，其功用极大。"致中和，天地位焉，万物育焉。"（《礼记·中庸》）也就是说，达到中和的境界，天地就能各得其所，万物也能生长茂盛，这里把中和看作人类社会乃至整个宇

---

[1]　（宋）朱熹：《四书集注》，岳麓书社2004年版，第22页。

宙的根本原则。

(三)尊重个体差异的包容情怀

孟子说:"夫物之不齐,物之情也。"(《孟子·滕文公上》)意思是,物品的各不相同是客观现实情况,从而指出了事物的差异性。而事物与事物之间互相为"他",要以这种相异性为前提,聚合不同的事物协调平衡,就可以促进事物发展;相反,只以相同事物叠加,追求简单同一,即"以同裨同",就阻碍事物发展。这也就是所谓的"以他平他",也即"和实生物"。《中庸》也提到,"万物并育而不相害,道并行而不相悖"。"万物并育""道并行"就是不同与差异;而"不相害""不相悖"则是和谐。引申一下,就是强调要重视不同事物、不同意见的和谐。在当今全球化背景下,这对于倡导价值多元化、保护人与自然生态平衡、构建人类命运共同体具有重要的启发意义。同时,追求和谐还要防止去做无原则的"和事佬","君子和而不流,强哉矫"(《礼记·中庸》),君子要能够保持和谐关系,但是又不能毫无主见、随波逐流。《中庸》里说"宽裕温柔,足以有容也;发强刚毅,足以执也",有容就是能和,而有执,就是有主见,有不同。荀子讲君子"柔从而不流,恭敬谨慎而容。夫是谓至文"(《荀子·不苟》),意思是,君子待人能够宽柔和顺,但是不随波逐流,表明了先秦儒家对君子道德人格的要求。在处理人际关系中,注重人与人之间相互尊重沟通,执两用中,养成和谐发展人格,一味求和放弃原则,容易形成依附性人格。要在不同意见或不同个性中谋求执中或和谐状态。[1]这就是先秦儒家以"和为贵"为前提的"和而不同"的思想,也为其包容性、开放性思想的发展奠定了坚实的基础。

---

[1] 梁国典:《孔子的"君子"人格论》,《齐鲁学刊》2008 年第 5 期。

第三节　在圣人与君子超越中达至理想境界

"境界"在《辞源》中有两种含义。一是疆界。《诗经·大雅·江汉》曰"于疆于理",汉郑玄笺:"召公于有叛戾治国,则往其境界,修其分理。"二是境地。《无量寿经》(上)曰:"比丘白佛,斯义宏深,非我境界。"冯友兰将人生境界分为四个层次:自然境界、功利境界、道德境界、天地境界。他以对所做事情的认识和自觉即觉解程度为划分标准,这种觉解让事情对他产生了意义。自然境界是按照本能做事,无意义可谈,觉解程度最低;功利境界是人能意识到并为自己做事,只是对于他有功利的意义;道德境界是人能为集体利益做事,所以有道德意义;天地境界是人能意识到自己是宇宙中的一员,并自觉为宇宙利益做事。其中,自然境界和功利境界表明人的现实,而道德境界和天地境界则指出了人的应当。[1]

这里所探讨的先秦儒家道德人格境界主要是一种道德境界[2]。所谓道德境界就是指"人们道德觉悟和道德行为所达到的一定高度。它取决于人们的社会实践、道德实践和自身的道德锻炼和修养"[3]。任何一种道德都把完全实现道德理想作为最高的道德境界。这种道德理想包括个人和社会两个方面。前者指体现在道德典范人物身上的理想人格;后者指理想的社会道德状况。[4] 关于划分道德境界的标准,主要看主体在履行道德义务时的自觉程度、道德品质内容及成熟程度。这也表明了道德境界的提升主要是

---

[1]　冯友兰:《境界:冯友兰谈人生》,中信出版社 2012 年版,"序"。

[2]　这里的道德境界与冯友兰的道德境界所指不同,冯友兰的道德境界是境界的层次,而这里的道德境界是理解境界的角度。

[3]　夏征农、陈至立主编:《辞海》第六版彩图本,上海辞书出版社 2009 年版,第 409 页。

[4]　夏征农、陈至立主编:《辞海》第六版彩图本,上海辞书出版社 2009 年版,第 409 页。

依靠个体的主观努力和修养，当然这离不开社会物质条件。道德境界具有融合社会价值与个人价值于一体的特征。它可以让社会成员在提升道德境界时，感觉到境界不只是外在约束或价值悬设，而是内在生命需求，体会到真正的满足与幸福。

有的学者认为，应当把儒家的圣人"境界"和圣人"社会理想"区分开来。严格来讲，"境界"应专指个人道德和学问的修养，指个人的人格。"社会理想"主要是对理想社会事功的向往。就个人的品格来讲，"内圣"与"外王"属于两种不同的价值系统。"内圣"是个人的道德和学问的修养，是一种内在品德，从个人方面说，至少在精神层面通过努力可以达到。而"外王"则是现实社会的统治者，它的理想只能是面对现实，做现实许可的事功，不可强求"外王"做"圣王"。[①] 有的学者认为，就某一社会而言，道德境界具有层次性。这种层次性源于个体修养的阶段性。个体修养境界由低级往高级发展，由于个体自身努力的不同，个体间的道德境界也会有所差异。这样，从全社会来看，道德境界就有了层次性。[②] 当然，这两种观点讨论的不是一个问题。前者认为，儒家的境界观和理想社会观不是一个系统；后者则是从一般意义上来说个人的道德境界与社会的道德境界密切相关。所以二者并不矛盾。

关于先秦儒家道德人格的理想境界，学界有以下几种观点，有的学者把境界定义为心灵境界高低同异，以出于道德情感而超越道德情感的"仁"和"诚"为最高境界。[③] 有的学者认为"天人合一"是先秦儒家道德人格的最高境界。天人合一主要是天道与人道的合一，人性源于天道，是"天人合一"性命说的要义。[④] 有的学者认为，天人合一的理想人格境界

---

① 汤一介：《论儒家的境界观》，《北京社会科学》1987年第4期。

② 郭广银主编：《伦理学原理》，南京大学出版社1995年版，第434页。

③ 蒙培元：《心灵超越与境界》，人民出版社1998年版，第22—23页。

④ 郭广银：《论儒家理想人格及其现代价值》，《江海学刊》1996年第4期。

主要从"与天地合其德""能致诚尽性"两个方面去理解。①

应当说,他们都看到了先秦儒家道德人格的超越性以及天道与人道的联系贯通。先秦儒家道德人格思想境界的实质体现于道德主体在人伦实践中履行道德义务的自觉程度,这种自觉程度和达到的水平更能体现修养水平或者道德品质的程度。这在主体情感上的最高表现是圣人之仁,在主体认知上的最高表现是圣人之知,在主体信念上的最高表现是君子至诚,在主体行为上的最高表现是君子中庸。

一、圣人仁且智

"昔者子贡问于孔子曰:'夫子圣矣乎?'孔子曰:'圣则吾不能,我学不厌而教不倦也。'子贡曰:'学不厌,智也;教不倦,仁也。仁且智,夫子既圣矣。'"(《孟子·公孙丑上》)可见,在子贡和孟子心中,圣人是仁与智的统一。而从道德境界角度来看,"仁"是道德主体在道德情感体悟上达到的最高层次。

(一)仁爱的情感体悟

在先秦儒家伦理思想中,仁是一个含义丰富的概念。广义的仁是全德之称,可以囊括儒家所有德目。而狭义的仁则主要指以人与人之间亲爱的道德情感为主要内涵的道德规范。从这一层含义讲,它是儒家提出的道德人格所具有的基本的情感基础和超越性的理想境界。

仁在孔子之前就已经存在。如《左传·僖公三十三年》曰,"出门如宾,承事如祭,仁之则也","为仁与为国不同,为仁者爱亲之谓仁,为国者利国之谓仁"(《国语·晋语》)。这里的仁都表示一种与礼制联系的

① 朱义禄:《儒家理想人格与中国文化》,复旦大学出版社 2006 年版,第 155、159 页。

高尚道德行为。

1."亲亲，仁也"

仁作为一种道德理论体系，为孔子及其弟子所创新发展。其中，仁首先指源于血缘关系的亲亲之爱。

仁源于人类共同的真实情感。在春秋"民本"思潮的背景下，先秦儒家开始对人的问题进行反思，他认为人不仅是家族和等级的成员，也是人类中的一员，人与人之间应当以人为人、相亲相爱。正是基于这种相对超越的、普遍性的认识，先秦儒家开启了对仁的情感内容的深入理解，对人的类的意识和本质的理解，反映了人对自身的觉醒。先秦儒家对仁的爱人内容的理解表明了其重视人的价值，把他人当作同类看待，但是，这并不表明其是普遍的人类之爱。先秦儒家主张亲亲，即有差等的仁爱。在与弟子宰予的对话中，孔子批判了其废除"三年之丧"的主张，"予之不仁也！子生三年，然后免于父母之怀"（《论语·阳货》），他认为，子女对于父母的爱慕是最真实的感情流露，这也是为仁的根本。在儒家那里，仁之道超不过事亲，"仁之实，事亲是也"（《孟子·离娄上》），"事亲"也就是爱亲、敬亲。"实"即实质。意思是仁的实质就是侍奉父母。正如朱熹所注："仁主于爱，而爱莫切于事亲。""故仁义之道，其用甚广，而其实不越于事亲，从兄之间，盖良心之发，最为切近而精实者。"① 所以，仁的道理、作用非常广泛，但是其实质超不过侍奉父母。孟子还说，"尧舜之道，孝弟而已矣"（《孟子·告子下》），"亲亲，仁也"（《孟子·尽心上》），这里都是以事亲来解释仁的。当然，所谓"亲亲"，首先是侍奉自己的父母，其相关要求主要表现在以下几个方面。

第一，事亲以敬。汉代许慎《说文解字》对"孝"的解释是"善事父母者"。如何才算善事父母呢？当然，奉养双亲、解决他们的温饱问题

---

① （宋）朱熹：《四书集注》，岳麓书社 2004 年版，第 320 页。

是最起码的要求。但是，先秦儒家在此基础有更进一步的要求，那就是敬。孔子说："今之孝者，是谓能养。至于犬马，皆能有养；不敬，何以别乎？"（《论语·为政》）"色难。有事，弟子服其劳；有酒食，先生馔，曾是以为孝乎？"（《论语·为政》）在回答关于孝的问题时，孔子以饲养家畜为喻，指出真正的孝不仅仅是在物质生活上照顾赡养父母，更要有敬爱之情，能和颜悦色，让父母高兴。孟懿子问孝，孔子答曰"无违"（《论语·为政》），这里提出了在遇到与父母意见不一致时如何劝谏的问题。先秦儒家认为，"事父母几谏，见志不从，又敬不违，劳而不怨"（《论语·里仁》），意思是侍奉父母，如果他们有不对的地方，要委婉规劝，如果他们意志坚决而不改变，仍然恭敬不触犯他们，虽然担心操劳但是不怨恨。这里指出了在劝谏父母时需要注意的态度、时机与方式方法等问题，确保在不违背"敬"的原则的同时，也不盲目服从。当然，在事关大是大非的原则问题上，子女应当坚持道义，竭尽所能地劝谏，这是为人子女的义务和责任。"几谏"的原则实际上是对如何协调孝敬父母与社会整体利益关系问题的考量。

第二，养亲以安。孝，不仅体现在事父母以敬，还体现在养亲以安。这是比"色难""无违"更高的要求。这里的安不仅包含了子女让父母衣食无忧，也不仅是对父母照顾周到，使其因子女孝行而生活幸福。这些是父母安心的前提，但不是全部。弟子孟武伯问孝道，孔子回答说："父母唯其疾之忧。"（《论语·为政》）作为子女，人们感受最多的是父母经常为子女的日常生活、饮食起居操劳费心。"可怜天下父母心"，儿女们平安健康也是对生养自己父母的孝。这一思想在《孝经》里早有表达："身体发肤，受之父母，不敢毁伤，孝之始也。"（《孝经·开宗明义》）爱惜自己的身体生命，这是孝的开始。子女是父母生命的延续，这个生命既是个体的又属于家庭，是基于人伦情谊的爱的共同体。《诗经》曰："父兮生我，母兮鞠我，拊我畜我，长我育我，顾我复我，出入腹我。欲报之德，昊天罔极。"(《诗经·小雅·蓼莪》)作为子女，应时刻谨记父母恩情，对辛苦操劳、哺育我们的父母怀有报答之心。同时，以自己在家庭、社会上的种种德行与幸福让父母感觉到安心。

第三，继承父志。子曰："父在，观其志；父没，观其行；三年无改于父之道，可谓孝矣。"(《论语·学而》)意思是说，当父亲在世时，观察其志向；当父亲过世后，要观察其行为。三年没有改变父亲的准则，这即可认为是孝。先秦儒家认为，孝也体现在能遵循父亲的训诫。"三十而立"，如果子女在三十岁时还不能自立，那父亲有义务和责任督导子女树立人生志向，自立自强；当子女到而立之年，在生活中能独当一面时，就应肩负起赡养孝敬父母的义务和承担家庭的责任，如此，方可为孝。曾子曰："吾闻诸夫子：'孟庄子之孝也，其他可能也，其不改父之臣与父之政，是难能也。'"(《论语·子张》)孟庄子在父亲去世后，仍然沿用父亲信任的臣子，执行父亲制定的政令措施，这非常难能可贵。在古代社会变动不大的情况下，知识和经验更新比较慢，主要靠经验传递，从这个意义上说，孝承担着延续传统的责任。在人类社会发展、文明进步的过程中，代际更新是一重要的环节，其中，亲代和子代负有不同的责任和义务，子代就是要接受亲代的教育，并把相关的思想观念、生活模式内化、创造、发展，所以，孝的最高境界是继承父志、发扬父业。可见，在当时的社会条件下，儒家提倡的孝道有其合理性。同时，按照朱熹的说法，三年无改，主要是不改无害，至于非其道，不改是由于心中不忍的缘故。

第四，丧祭以礼。孔子曰："父母之年，不可不知也。一则以喜，一则以惧。"(《论语·里仁》)意思是，父母的年纪，要时刻记在心中，一方面因父母高寿而欢喜，另一方面也要考虑到父母年老体衰而有所担忧。子女应时刻提醒自己多牵念、孝敬父母。孟子提出君子以"父母俱存、兄弟无故"为一乐也，但父母终有老去的一天，而当父母去世，办理丧事最重要的是极尽悲哀痛心，追念父母的养育之恩和难舍之情。先秦儒家主张以礼来对待亲人丧葬祭祀，"生，事之以礼；死，葬之以礼，祭之以礼"（《论语·为政》），"生事爱敬，死事哀戚，生民之本尽矣，死生之义备矣，孝子之事亲终矣"（《孝经·丧亲》），以此来区别动物本能的"养"与人之为人的"孝"。

先秦儒家的"亲亲"，不仅表示对父母的爱，还包括爱其他亲属。"仁人之于弟也，不藏怒焉，不宿怨焉，亲爱之而已矣。亲之，欲其贵也；爱之，欲其富也。"（《孟子·万章上》）这是孟子在赞扬大舜德行时所说的话，可见亲亲之仁具有鲜明的家族道德色彩。应当说，以家族道德为基础的亲亲之仁是孟子对孔子仁爱学说的进一步发展。

孔子的弟子有若说："其为人也孝弟，而好犯上者，鲜矣；不好犯上，而好作乱者，未之有也。君子务本，本立而道生。孝弟也者，其为仁之本与！"（《论语·学而》）意思是，为人能对父母孝顺，对兄弟孝悌，而冒犯上级的很少见；不好冒犯上级而喜好作乱的，从未有过。君子应当做根本的事情，根本确立了，就能掌握大道。孝悌，应该是实行仁的根本。朱熹注曰："仁是性也，孝悌是用也。……然仁主于爱，爱莫大于爱亲。"[1] 当然，儒家仁的亲亲含义来源于宗法血缘关系，这种关系的实质不在于每个个体的独立发展，而在于强调农业家庭这一单位的基础性地位。仁经由孝展开，"夫孝，始于事亲，中于事君，终于立身"（《孝经·开宗明义》），这是先秦儒家道德人格思想仁之境界的第一重规定。

2. "仁者爱人"

从家庭血缘关系中引申出的亲情之爱是仁爱的最深厚的根源，它孕育了对其他人的爱心，进而扩充为超越宗法血缘关系界限的对待他人的道德原则，即老吾老以及人之老，幼吾幼以及人之幼，从而将仁爱原则由爱父母和爱家族的其他亲属，扩大为整体的社会道德。

---

① （宋）朱熹：《四书集注》，岳麓书社 2004 年版，第 55 页。

"仁者爱人"是孟子对孔子仁学思想的发展。"仁者爱人,有礼者敬人。爱人者,人恒爱之,敬人者,人恒敬之。"(《孟子·离娄下》)这里的爱人和敬人主要是从社会领域来谈的。人心中所存之仁,源于人之本性,而爱人则是对这种心中不忍之仁心的扩充。"人皆有所不忍,达之于其所忍,仁也;……人能充无欲害人之心,而仁不可胜用也"(《孟子·尽心下》),不忍,就是同情心。这就是说,人人皆有同情心,所以也都能有不忍之心,只要加以推广,同情一切人,这就是仁。而人只要以不忍之心达于所忍,就能充满无欲害人之心,仁就不可胜用。这里,孟子看到了人类感情所共有的同情心,强调对别人痛苦与快乐的共鸣。仁者爱人的突出表现是"仁民说",此思想要求以爱百姓为统治者的最高道德。孟子说:"老吾老,以及人之老;幼吾幼,以及人之幼。天下可运于掌。……古之人所以大过人者,无他焉,善推其所为而已矣。"(《孟子·梁惠王上》)意思是把王爱自己亲属的心推广至天下人,这就是仁政。这里的推其所为,也即推恩,是对孔子的"忠恕之道"的发展,"仁者以所爱及其所不爱"(《孟子·尽心下》)。孟子认为,这种推恩建立在统治者有不忍之心的基础上,"人皆有不忍人之心。先王有不忍人之心,斯有不忍人之政矣"(《孟子·公孙丑上》)。这可以从孟子性善论的"四端说"来理解,孟子正是在对人性进行了深刻反思后,认为在人的本性中所固有的恻隐之心或不忍之心——也就是现代话语中的同情心——正是仁爱的道德情感内容。

当然,孟子的推恩有一定限度,其爱的深度从亲到民再到物是逐渐递减的,从而体现了其仁爱的差等性。"君子之于物也,爱之而弗仁;于民也,仁之而弗亲。亲亲而仁民,仁民而爱物。"(《孟子·尽心上》)"尧舜之仁不遍爱人,急亲贤也。"(《孟子·尽心上》)可见,孟子提出的仁者爱人并非平等地爱一切人,实质上是为一定的阶层服务的。这是圣人仁之境界的第二重规定。

3."仁者，人也"

孟子说，"仁也者，人也"（《孟子·尽心下》），《中庸》中也提到，"仁者，人也"，孟子和《中庸》都将"人"作为"仁"的定义。汉朝学者习惯于用同音词互相解释，从表面看，孟子和《中庸》似乎同汉朝学者一样，实际上，二者都在强调"人"与"仁"两个概念内容的一致性，也就是强调"仁"这种道德品质是人所以异于动物者，是在人身上得以体现的。仁是对氏族社会原始人道主义观的发展，是基于人的类意识的自觉，可见，先秦儒家已经认识到人与动物的区别，而孟子通过"类"的概念将人与动物作出了明确区分。他借用孔子弟子有若的话："麒麟之于走兽，凤凰之于飞鸟，太山之于丘垤，河海之于行潦，类也。圣人之于民，亦类也。出于其类，拔乎其萃，自生民以来，未有盛于孔子也。"（《孟子·公孙丑上》）这是称赞孔子为人类之精华，但是也表明了圣人孔子和普通人同属一类，这个类是与动物不同的人类。孟子提出"人伦"这一范畴来认识人类生活特点。"人之所以异于禽兽者几希，庶民去之，君子存之。舜明于庶物，察于人伦，由仁义行，非行仁义也。"（《孟子·离娄下》）伦是人伦次序，指人与人之间的关系。孟子认为，这些关系是为人所独具而动物没有的社会关系，要保证这种关系有秩序，就要有相应的要求，"父子有亲，君臣有义，夫妇有别，长幼有叙，朋友有信"（《孟子·滕文公上》）。正是认识到人的伦理生活的特点，孟子以仁义作为道德生活准则来维持人类的"五伦"关系，而这一点是动物不具备的。仁义是人类特有的道德准则，甚至成为人之为人的本质。孟子将爱人与扩充人之善性的原因都归结为人的本性，即出于将人区别于动物，实现人之所以为人者，而并非有什么利益所图，一方面表明了其动机论倾向，另一方面体现了仁爱思想的道德自觉内涵。如果说，亲亲与爱人都是强调把他人当作人的话，那么"克己""由己"则表明将自己当作人。

应当说，人的类特点为人提升道德境界打开了通道，"圣人之于民，亦类也"（《孟子·公孙丑上》），"舜，人也；我，亦人也"（《孟子·离娄下》），从而主张圣人能做到，普通人也能做到，"舜，何人也？予，何人也？有为者亦若是"（《孟子·滕文公上》）。人只要努力从事道德修养，能够明于人伦，就能够成为圣人。"人皆可以为尧舜"（《孟子·告子下》），而人之所以不努力进行道德修养，都是不为，而非不能。这是圣人仁之境界的第三重规定。

4. 仁者无忧

在先秦儒家看来，理想的人格在情感上的最高表现是乐以忘忧。"其为人也，发愤忘食，乐以忘忧，不知老之将至云尔"（《论语·述而》），这是孔子对自己生活态度的表述。孔子赞扬颜回时说："一箪食，一瓢饮，在陋巷，人不堪其忧，回也不改其乐。贤哉，回也！"（《论语·雍也》）"乐以忘忧""不改其乐"，可见，师徒二人都达到了一种崇高的道德境界，就是坦然面对物质生活的困苦，而追求精神生活的充实，这实际上也就是仁的境界，或者说是对仁之境界的情感体验。孔子在其所设想的理想道德人格中，涉及对个人、社会、自然之间关系的合宜安排，从而在矛盾解决的同时有了安身立命之所。

君子不忧源于时常自省的修养习惯。"内省不疚，夫何忧何惧？"（《论语·颜渊》）孟子曾论乐云："君子有三乐，而王天下者不与存焉。父母俱存，兄弟无故，一乐也；仰不愧于天，俯不怍于人，二乐也；得天下英才而教育之，三乐也。"（《孟子·尽心上》）"三乐"之中，第一乐可归于天命，第三乐在于他人，唯有"仰不愧于天，俯不怍于人"可以通过自身道德修养达至。也即孔子所说的"内省不疚"，正是"道德有于身"，才得以忘忧、不改其乐，这也是先秦儒家"为己之学"的真谛。

应当看到，仁者不忧，并非不计较任何利害得失，而是更加关注道德修养和精神追求。"德之不修，学之不讲，闻义不能徙，不善不能改，是吾忧也。"（《论语·述而》）同时，仁者悲天悯人，常能先天下之忧而忧，忧天下利害得失而非个人的一己之得失。也就是说，仁者通过自我反省，心怀天下，去除私欲，所以无忧。"理足以胜私，故不忧"①。如此，仁便有了普遍存在的意义而不局限于具体个人情感了。有了这种境界，就能"无求生以害仁，有杀身以成仁"。这种悲天悯人的大爱观恰恰显示了对道德义务自觉情感的最高道德境界。

孔子所设定的"仁"是一种全德，而人具有秉承天地生物之心，也就是仁心，方能与天地并立为三。这表明了先秦儒家对天地之间人的价值以及具备仁心的"大人"之仁爱境界的充分肯定。而无论是孔子提出的"知天命"、孟子提出的"尽心、知性、知天"还是《中庸》所言的至诚尽性，都是落到人、人的仁心上去实现的。由此，仁的境界从个人的内在情感出发，首先是对自己家族成员表现出亲亲情感，其次是对社会领域的其他成员表现出的现世关怀，再次是将这种情感由人及物，扩展至世间万物，在这一过程中实现天道与人道的沟通，最终达到天人合一的境界。

（二）知人知天的理性认知

如果说"仁"主要指道德情感体悟上达到的最高境界，源自具备同情心的情感，"知"则更多地强调人对自身类本质的最高程度的理性认知。在先秦儒家思想中，"知"通"智"，即知识和理性，主要指道德认识和道德理性。先秦儒家对"知"的推崇，主要是为了现实的应用和指导道德行为，更是为了实现其道德人格思想的境界，所以，其"知"倾向于价值论意义而非认识论意义，其实质就是"为己之学"。

1.知人之为人

既然是"为己之学"，那就要为着自己人格的实现与境界的提升而学，就"不怨天，不尤人"，而其学、知的境界是"下学而上达"（《论语·宪

---

① （宋）朱熹：《四书集注》，岳麓书社2004年版，第132页。

问》），即提高道德境界，而非简单的学问知识。所以，孔子正是领会到了"学"的实质，才能"学而不厌"。由于人们不了解，他就简明扼要地说"君子上达，小人下达"（《论语·宪问》），所谓上达就是知人，就是对人自我的认识。

关于"知"，有两种说法，一种是知人，另一种是知礼。但是，从人格思想境界的意义上看，二者是一致的。先秦儒家基于对人的类本质的认识，认为仁的本质和实现都应当落脚在人身上，从而彰显了人的道德自觉。孟子认为，为仁要从事亲开始，而要做到完全事亲，则要知人之为人的道理。孔子本人也明确表达过类似观点，樊迟问"知"，孔子回答是"知人"（《论语·颜渊》）。知人是先秦儒家道德人格修养的根本，知人就是知人之所以为人，能够认识人的本质、本性。孟子认为，"知"通"智"，"君子所性，仁义礼智根于心"（《孟子·尽心上》），君子之"知"源于本性固有的"是非之心"，从而将"知"规定为人们意识中判断是非善恶的理性能力和观念。而"知"的内容主要是"人禽之别"，即"仁义"。从家庭伦理角度看，所知则是"爱亲""敬长"，这是"良知"，是对人伦实践中的道德义务的深刻理性认知。在先秦儒家思想中，与人伦关系中的仁、义、礼等德目相比，知更多地具有前提性意义，换言之，知的理性促使人对仁的实质、礼的节文、义的适宜自觉地认识和理解，从而转化为内在道德观念，指导外部道德行为，实现道德品质的完善。

2. 知天命

先秦儒家认为，在对人的本性认识的基础上才能知天，正所谓"尽心、知性、知天"。同时，知天关系到知人与事亲，而事亲是修身之本。当然，孔子没有明确表达这一点，而在《中庸》里有这样的说法："故君子不可以不修身，思修身不可以不事亲，思事亲不可以不知人，思知人不可以不知天。"（《礼记·中庸》）孔子说，"不知命，无以为君子"（《论语·尧曰》），在描述自身精神修养的过程中，孔子提到了"五十知天命"

的说法。关于天命，本书第二章第二节有所论述，对孔子"天命观"的理解，要结合西周到春秋时期人们开始怀疑天命以及周公的"修德配命"等重德观念深入人心等现实。应当说，在孔子之前，天命是宗教色彩的神学命令，但是孔子对周初出现的"天命有德"的命题进行了实质性发挥，在命和德之间建立了联系，使德命相分转变为德命相合，这与孔子创立儒家的入世观念相吻合。当孔子说"天生德于予"（《论语·述而》）时，表明天人之间的内在目的联系已经建立。人若知德，就是知命，也就是"天人合一"。这里的德不是一般的德目，而是最高的道德属性，是道德人格的理想境界，所以，"知德者鲜矣"（《论语·卫灵公》）。当然，关于知与仁之间的关系，孔子没有明确将二者联系起来，但是，《论语》通篇可见，在道德境界的意义上，德与仁可以等同，知德，就是知仁。在探寻人之为人的根据时，先秦儒家思想的逻辑理路所关注的对象是人的德性存在和德性生命，在追溯性善根源时推及天命，而这里的天实际上是人类社会道德的高度抽象，其最终落脚和表现在人的德性上，孟子就提出"尽其心者，知其性也。知其性，则知天矣"《孟子·尽心上》。这里明确了要充分挖掘、扩展人的本心，就能认识自己的本性，进而把握天的本质。由此可见，孟子以"尽心、知性、知天"的进路打通了天人的隔阂，[①] 最终达到天人合德的最高境界。当然，这里天人之间的相通不仅是在认识论意义上，更多的是在修身养性等道德践履意义上的。人所具有的仁义礼智之心为天之道，天道人心相通，孟子将道德修养与天命联系起来。关于天命，孟子说，"莫之为而为者，天也；莫之致而至者，命也"（《孟子·万章上》），对于孟子而言，凡是人力所不能及的，都可称之为天命。正如孔子所谓"死生有命，富贵在天"。在孟子看来，良心、人性与天命三者是相通的。

---

① 唐凯麟、曹刚：《重释传统——儒家思想的现代价值评估》，华东师范大学出版社2000年版，第151页。

从认识上说，能充分发挥心的理性思考能力，就能知道人的本性是善的；懂得人之本性为善，便了解了上天的意图。因为上天的意图以及所赋予我的，就是善性。从修养上说，能存心就可以涵养善之本性，也就是侍奉天，因为天要求我的就是存心养性。道德修养不仅是尽人事，也是顺天命，有了这种觉悟，对待生死问题也就不去考虑，就能做到"夭寿不贰"之立命。孟子由此强调道德修养的自主性，发展了孔子"为仁由己"的思想，同时，在顺受正命、不做过分要求的同时，尽其道而死，而且将逆境当作提高自己道德境界的手段。孟子在强调存心的修养手段时，重视运用理性思维抵御外物诱惑，反省固有的观念，实际上是反省内求的方法，也称为"反身而诚"。《中庸》结合荀子的思想，对孟子的思想进一步发展，提出了"天命之谓性，率性之谓道，修道之谓教"的命题，从而将人性与天命相联系，肯定了人性之善源自天之完善德性，而人伦道德规范也是出于人之本性，同时，对自我道德修养提出了要求，认为加强修养过程与开展教化的过程是统一的，遵循推广人伦道德规范与使人效仿就是教化。而对天的认识，是君子为政、修身的必然要求，正所谓"君子不可以不修身，思修身不可以不事亲，思事亲不可以不知人，思知人不可以不知天"（《礼记·中庸》），落脚点是为了道德修养和道德教化的需要，实现理想道德人格的养成。正是在对带有宗教色彩的天命的怀疑以及对道德之天的理性认知中，先秦儒家开启了对天命、人性、修养以及教化关系问题的思考，实现了四者的联系贯通，体现了先秦儒家对人的本质的深入认知，对履行道德义务的理性自觉达到了更高层次的理想境界。

二、君子至诚

先秦儒家注重人的真情实感，而这种情感的真实无妄、没有虚伪就是"诚"。"诚"是指道德行为的表里如一，也指真心实意履行道德的信念。在先秦儒家思想中，宇宙万物是一种客观真实的存在，这就是"诚"。客观的天道是真实无妄，而作为天道在人类社会中的具体表现，人道也是真实无妄。所以，《中庸》说"诚者天之道也，诚之者人之道"，孟子也提出"诚者，天之道也；思诚者，人之道也"（《孟子·离娄上》），从而强调人应当效法天道，实现自己真实无妄的精神境界。如此，就能尽性并成己成物，从而参赞天地并立为三，如此也就达到了至善境界，即天人合一境界。

先秦儒家非常推崇诚。"反身而诚，乐莫大焉。"（《孟子·尽心上》）"君子养心莫善于诚，致诚则无它事矣。"（《荀子·不苟》）"悦亲有道，反身不诚，不悦于亲矣。诚身有道，不明乎善，不诚其身矣。是故诚者，天之道也；思诚者，人之道也。至诚而不动者，未之有也；不诚，未有能动者也。"（《孟子·离娄上》）意思是，悦亲之道在于真情实意，也就是要"反身而诚"，诚身之道就是要懂得本性为善，也即"明乎善"，指出了诚是基于对人性与人伦之善的理性认知。孟子认为，要达到至善境界，关键是要反省自我是否有真心为善之意，指出"至诚"信念的力量能感动一切，当然，这里主要强调诚在人伦关系中的作用。《中庸》以"诚"为仁的核心，通过"诚"防止"仁"流于形式。"诚者，天之道也；诚之者，人之道也。"（《礼记·中庸》）诚是人性的真实本然，也是天的安排，所以它是天道，也是圣人的境界，主要表现为"诚者不勉而中，不思而得，从容中道"（《礼记·中庸》）。而诚之或者说思诚、反身而诚，则是人为的努力，是人道，也是一般人能达到的境界。

（一）以诚沟通天道与人道

先秦儒家认为诚是联系沟通天道与人道的纽带与中介。作为天道，诚的含义是实然；作为人道，诚的含义是应然，是人应当具备的内在品质。诚是天的根本特征，也就是真实无妄。人未能诚则须求诚从而达到诚的境界。孟子继承孔子的天命思想，将天想象成具有道德属性的精神实体，将诚这一道德概念规定为天的本质属性，认为天是人性固有的道德观念的本原，将人力所不能及的事物归结为天的作用。一方面，将天看作万事万物的主宰，人事的一切均由其决定。另一方面，主张人的善性与人心的思维功能均来自天赋，人心具备天的本质属性，个体只要反求诸己，发挥、扩展自己的本心，就可以认识天。诚作为人的内在品格，主要是伦理学意义上的真，真诚是人格挺立的基础，一般人也有这种道德上的真，但是往往不能善终如一，所以需要至诚。如何做到至诚？只有达到了理想人格境界，才能始终保持真诚品格，反过来，只有具备真诚的品格，德性才能有恒定性。先秦儒家之诚，与伪善对立，指道德行为的表里如一，也是真心实意地履行道德的信念。孟子提出了"万物皆备于我矣，反身而诚，乐莫大焉"的命题，"万物皆备于我"强调主体自我发挥先天良知善性的心性修养，同时，也指以内省功夫追求的终极目标，在这个意义上，诚就是天人合一。它揭示了主体与客体相互包容，致力于在物我融通前提下实现修养的最高精神境界。孟子推崇伦理化的主体自我心性修养，以积极的入世精神融入世界，以推己及人及物的方式赋予天以伦理意义，并以此作为沟通天人关系的前提。"万物皆备于我"中的"万物"包括人本来固有的道德属性，也包括伦理化了的天，即宇宙的"德性"——诚。孟子将良知、良能、诚、善等人与天共通的道德属性概括为"万物"，进而通过反求诸己的内省功夫——"思诚"，达到主体与客体相融的天人合一的最高境界。《中庸》将诚看作道德行为的根本，认为性、道、教三者依靠诚的信念发扬光大，用孟子关于诚的话解释，就是主张诚的境界以不必勉强、不必思索、行为自然合于道为特征。同时，实现这种境界，又要发扬人的主动性，固守善的行为。可见，"诚者天之道"强调诚出于人之天性，"诚之者人之道"指出了人将天性发扬光大的主观努力。把"诚"视为最高的道德境界和道德实践的动力，所以提出"君子诚之为贵"。

诚表明了先秦儒家对宇宙存在、人性以及人类道德价值的肯定，强调人的存在、人类道德与人的本质、天地自然的本质完全一致。人们要尊重认可客观天道，按照人与天地一致的本性生活，使天赋德性化为现实德行。

（二）诚为主体道德义务自觉

作为道德范畴，诚相当于道德义务感，强调道德行为的自觉性。有了诚的信念就可以不断致力于道德修养。正是基于诚具有了沟通天人的地位作用，先秦儒家建立了以主体道德义务自觉为核心的道德人格思想体系。孟子追求尽心、知性、知天的精神境界，同时，也提出了存心、养性、事天的修养体系，强调主体的道德自觉与向内取向。孟子所树立的精神境界，主张在尽心、知性、知天这一沟通天人关系的环节中，向内思索，懂得人的本性是善的，体悟仁、义、礼、智为本心固有，可见，他否定了感性，也超越了理性，实际上，他是强调要以"心之官"向内把握本然之良知的"明乎善"的过程。当然，孟子认为个体自我要实现天人合一的最高精神境界，成就理想人格，不仅要从理论上实现在主体自我中观照客体世界，还要实现以"内省"为主要特征的心性修养，也就是要存其放心，涵养本性，才能侍奉天，实现天的意图。这主要是因为孟子看到了主体自我在心性修养中容易受到物欲的影响，存在使得纯善本心丢失的弊端，从而主张在实践中要按照仁、义、礼、智等道德规范行事，去除"物欲"对"心"的蒙蔽，找回丢失的本然善心并加以固守。这种修养强调通过养心寡欲的方法以保持礼对视、听、言、动的约束规范的精神状态。孟子以诚为"天之道"，在如何实现诚上，则强调思诚的内省路线，也即"反身而诚"，就是自我反省是否有真心实意为善的念头，通过这种反省功夫，使行为建立在"至诚"的信念上，即一心一意为善而无半点虚假，从而取得悦亲、取信于朋友、获上治民等效果，同时主体自我感受到自身道德完善的乐趣。经过内省的修养功夫，主体超越狭隘的自我个体生命，而从内心达到对"天"的体认。《中庸》则借鉴了荀子的"君子养心莫善于诚，致诚，则无它事矣，唯仁之为守，唯义之为行"（《荀子·不苟》）思想，主张"择善而固执者也"（《礼记·中庸》）。正如朱熹所注：未达到圣人的境界，就会存在人之私欲，德性就不能达到真实无妄的程度。所以也就做不到圣人那样不思而得，就应择善而行，然后明白善之本性；而做不到圣人那样不勉而中，就要固守执着于善，然后可以诚身。这实际上是人之道。[①] 这种诚之者，是建立在人的分类基础上，是针对"学而知之""困而知之""或利而行之""或勉强而行之"这一类群体，强调"自明诚"的后天教化。"自诚明，谓之性；自明诚，谓之教"（《礼记·中庸》），意思是人如果能明白日常生活中普通而平常的活动的意义，那就可以称之为圣人。而如果能将所明白的完全实践了，那也是圣人。总之，无论是思诚的内省路线，还是诚之的择善固执方式，都强调了道德主体的义务自觉，这表明先秦儒家试图通过个体的主观修养，实现宇宙自然本质与自我生命本性之间体认、充实、融汇的自觉努力。

（三）诚能参赞天地化育万物

先秦儒家认为如果达到至诚境界，就可以产生巨大的精神力量。首先，诚能尽性。"唯天下至诚，为能尽其性；能尽其性，则能尽人之性；能尽人之性，则能尽物之性；能尽物之性，则可以赞天地之化育；可以赞天地之化育，则可以与天地参矣。"（《礼记·中庸》）这里的尽性就是穷尽人的本性。朱熹注释为，天下至诚就是指圣人德性没有不真实的。能够穷尽其本性，德就没有不真实，也就可以去除个人私欲，所以能明察天赋本性，大小粗细、一丝一毫皆能察觉。而别人的本性、事物的本性与自己的

---

① （宋）朱熹:《四书集注》，岳麓书社 2004 年版，第 36 页。

本性本质一样。能尽性，就能够明察并且处置精当。①而能够明察己、人、物的本性并能处置精当，就可以参与天地化育。这里强调了至诚在尽性、参与天地化育中的非凡作用。其次，诚能成己成物。"诚者物之始终，不诚无物。是故君子诚之为贵。诚者非自诚己而已也，所以成物也。成己，仁也；成物，知也。性之德也，合外内之道也。"（《礼记·中庸》）朱熹注释为，人心如果一有不真实，即使有所作为也如同没有，所以君子应当以诚为贵。人心能够真实不欺，就能自成，而道也能通行。诚自成、成己，自然也就能推及物，而道也行于物。所行是本体，而所知是发用，都是我本性中固有，没有内外区别。②可见，诚不仅能提高自身的道德境界，而且能成就他人和外物的道德品质。这里主要强调了坚定自己履行道德义务的信念的最高层次，它不仅具有调节人伦关系的功效，而且在尽性、成己、成物等方面都产生了极大的功效。

三、君子中庸

在先秦儒家道德人格思想中，中庸不仅是一种道德修养的方法论原则，也是一种道德行为的理想境界，表征了道德主体行为的最佳方式。"中庸"一词最初见于《论语》："中庸之为德也，其至矣乎！民鲜久矣。"（《论语·雍也》）孔子盛赞中庸是道德的极致，同时，感叹人们很久没有达到这种境界了，以中庸为"德之至"。可见，在孔子的思想中，中庸是一种崇高的修养境界。《礼记·中庸》进一步发展了孔子的中庸思想，以中庸为划分君子与小人的标准，中庸是君子的行动标准和修养境界。"君子中庸，小人反中庸"（《礼记·中庸》）。作为一种修养境界，中庸就是"道

---

① （宋）朱熹：《四书集注》，岳麓书社 2004 年版，第 37 页。

② （宋）朱熹：《四书集注》，岳麓书社 2004 年版，第 39 页。

德行为的不偏不倚、道德意识的中和有节"①。而一般人难以达到这种境界，只有颜回这样的人才能长期不懈地坚持中庸之境界，"回之为人也，择乎中庸，得一善，则拳拳服膺而弗失之矣"（《礼记·中庸》）。在现实生活中，中庸的道德境界也难以达到，"天下国家可均也，爵禄可辞也，白刃可蹈也，中庸不可能也"（《礼记·中庸》）。

（一）中正不偏的仁礼之中庸

中庸的具体含义在《论语》中并没有明确说明，但是，我们可以借助对"中"这一概念的考察来理解。"中"的概念上古即已出现，如"作稽中德"（《尚书·周书·酒诰》）、"惟良折狱，罔非在中"（《尚书·周书·吕刑》）。"中"在《论语》中也多次出现，如"允执其中"（《论语·尧曰》）、"不得中行而与之，必也狂狷乎"（《论语·子路》）等，在《孟子》中有"子莫执中"（《孟子·尽心上》）、"孔子岂不欲中道哉"（《孟子·尽心下》）等。这些表述中的"中"都表达恰当、合理之意。而宋儒朱熹对中庸的理解深得孔子中庸之道的精髓："中者，不偏不倚，无过不及之名。庸平常也。"②这里的中庸就是指中正不偏，无过无不及，为人们所常用的道理方法。"中"是中庸的核心，即"无过无不及"之意。"无过无不及"源自《论语》："子贡问孔子：'师与商也孰贤？'子曰：'师也过，商也不及。'曰：'然则师愈与？'子曰：'过犹不及。'"（《论语·先进》）在对弟子的评价中，孔子表达了对"中"的肯定。可见，这里的中庸有中道、中行之意，中道意味着在对立的双方中保持均衡状态，而不偏于任何一方；中行则强调人的气质、作风等德行相互补充，不偏于一个方面。孔子对其弟子不合于中行的品质与德行予以纠正，其本人也是"温而厉，威而不猛，恭而安"的

---

① 张锡生等：《中华传统道德修养概论》，南京大学出版社 1998 年版，第 70 页。

② （宋）朱熹：《四书集注》，岳麓书社 2004 年版，第 21 页。

中庸典范。圣王舜之所以伟大，就在于其能在过与不及两端，采取中庸之道治理百姓，"舜其大知也与……执其两端，用其中于民，其斯以为舜乎"（《礼记·中庸》）。孔子也"叩其两端而竭焉"（《论语·子罕》），以行中庸之道，将"中庸"作为君子的道德境界和行为准则，主张要戒慎恐惧，言行举止做到合礼适中以符合君子之中庸的要求。君子中庸不仅表现在为人处世中，还体现在仪表与求学中，如"质胜文则野，文胜质则史。文质彬彬，然后君子"（《论语·雍也》），这里讲的是孔子在仪表方面的中之原则，就是不仅看重质，更希望文与质能够恰当搭配，"损有余而补不足"，呈现出"适均之貌"。在为学方面，孔子认为君子"学而不思则罔，思而不学则殆"（《论语·为政》），也就是说学思结合，既求诸内心，又习练其事。中庸的关键是对"中"的把握，而"中"首先是两端之中间的东西，要"执其中"，首先要"执其两端"，其最大的两端就是代表人类情感的"仁"与代表社会规范的"礼"。孔子以中庸为执礼、行仁中指导人们待人接物的准则，即如何"节文"的准则。它使礼不轻不重，无过或不及，从而达到恰如其分、为人所乐从的目的。中庸与"仁"和"礼"密不可分，要求人们在行仁时考虑到礼，执礼时考虑到仁。总之，无过无不及、既合于仁也合于礼的中正是最好的。

（二）顺应条件变化的随时之中庸

这里的"中"不是固定不变的，而是随着条件的变化而变化，"中无定体，随时而在"，也即"时中"，它"表征的是事物存在和发展的最佳结构、最佳关系和人的行为的最佳方式，进而成为中华民族构建和调节主客体关系的最一般的方法论原则"①。所以，人们在行动时要善于找到

---

① 杨明：《个体道德·家庭伦理·社会理想——〈礼记〉伦理思想探析》，《道德与文明》2012年第5期。

当时的"中",也就是由各种条件所形成的中正,要把握当时的中就要把仁、礼的一般原则与当时的条件结合起来。孔子"权"的思想体现了"时中"特点,"可与共学,未可与适道;可与适道,未可与立;可与立,未可与权"(《论语·子罕》),就是表明不能僵化地对待所学之道、所立之礼,要灵活运用规矩和方法去应对不同的事情。在孔子那里,就是指对其所处社会中的矛盾的调和。孟子发展了孔子的观点,认为"时中"就是随时变动之中,这里的"中"不一定在与两端等距离的中心点上,也并不是总在一个点上。

(三)德性均衡协调的和谐之中庸

在先秦儒家的中庸思想中,关于德行的中正不偏与性情和谐是一致的。孔子以仁与礼为核心,主张孝悌、忠恕、智勇、信义等矛盾统一体的和谐统一,提出"礼之用,和为贵"(《论语·学而》),表达了贵和的价值倾向。和,指矛盾对立面的和合与统一,这种矛盾包括人与自然的关系、人与人之间的关系以及身心之间的关系。这种"和"体现在社会政治生活中,强调面对各种原则、意见、策略等的不同时,要注重补充与制约,达到满意结合的效果;体现在君子与小人两种对立人格的标准中,主张不同道德品质的协调均衡,和谐统一;体现在人际交往中出现不同意见时,要用正确的意见纠正他人的错误,不盲目附和,也即"君子和而不同"。"中"表现在性情和德行两个方面,在性情方面称为中和,在德行方面谓之中庸,"以性情言之,则曰中和;以德行言之,则曰中庸"[1]。"庸",平常也。按照钱穆所解,中庸之人就是平人常人。中庸之道,为民所易行。中庸之德,为民所易具。所以,中庸之德就是民德。[2] 中庸不仅有中

---

[1] (宋)朱熹:《四书集注》,岳麓书社 2004 年版,第 23 页。

[2] 钱穆:《论语新解》,生活·读书·新知三联书店 2012 年版,第 164 页。

行之意，也与中和一致。先秦儒家认为，人的内心有性有情，性本善，性之动则表现为喜怒哀乐等感情。当感情发于外而得正，则是合乎仁德，若为外物所惑而蔽于欲则致乖戾。性情发而中节，合于仁德而和谐，谓之中和，见于行动而合于仁德，谓之中庸。只有节制感情合于仁德，然后方可节制行为合于礼德，故中庸包括中和。可见，不偏不倚这个准则就是"中庸"，以此准则制定对事物的视听言行，节制文饰各方面的仪容、态度。具体而言，包括冠婚、丧祭、军旅、宾客，以至于日常生活中的长幼之序、尊卑之别、贵贱之分等，都制定规矩、准则，使人保存爱敬之心，调节感情，符合"仁"之全德。可见，君子的中庸境界，不仅要求人们的德行修养不偏不倚，无过无不及，又要求仁、知、勇等道德品质协调发展，可以说是德性和谐、全面发展的境界。

（四）超越折中调和的礼义之中庸

君子中庸并非提倡折中调和无原则。折中主义是对中庸的歪曲，中庸与折中主义的区别就在于是否讲原则，中庸的中是由礼决定的，荀子说："先王之道，仁之隆也，比中而行。曷谓中？曰：礼义是也。"（《荀子·儒效》）"礼乎礼，夫礼所以制中也。"（《礼记·仲尼燕居》）可见，中庸的原则是礼，同时，也是义。而折中主义则是无原则的，它对一切都是迁就、不坚持。孔子、孟子都极力反对搞折中主义的乡愿，认为这种人随波逐流、言行不一，是搅乱黑白的伪君子，是道德的破坏者，其特点是说他不对却无法举例，也无法指责他，与流俗合污，看似忠厚老实，好像清正廉洁，大家都喜欢他，他也以为自己正确，但是与尧舜之道相违背，所以，中庸的境界与乡愿人格格不入。甚至，即使不能中庸，也可得狂狷之人，"不得中行而与之，必也狂狷乎！狂者进取，狷者有所不为也"（《论语·子路》）。狂者有偏激，但是勇于进取；狷者有消极，但是严于自律，不为世所污。

第四节　在内圣与外王互动中体现实践品格

实践有履行的意思，也指人类有目的地改造世界的感性物质活动，即社会实践。在马克思主义哲学视域中，实践是主观见之于客观的能动活动，它为人类社会与认识的发展提供动力和基础。其中，生产活动是最基本的形式，阶级斗争、政治生活、科学试验等均是其形式。① 道德实践等同于道德活动，与道德意识相对应，指人们在一定的道德意识支配下依据道德原则和规范进行的可作善恶评价的活动。包括道德修养、道德教育、道德行为、道德评价等。②

作为人类把握世界的一种特殊方式，道德首先表现为面对客观世界所作出的一种应然的价值判断体系，但是，它又不仅是一种精神意识，它需要主体通过实践活动去实现自己的价值判断。③ 从本质上看，道德是一种实践精神，它以指导、规范人们的行为为目的，以形成正确的行为方式为内容。先秦儒家道德人格思想的实践品格，主要指其所具有的与社会生活相联系，指向实践本身，而不是以功利性评价为目的的品质。这一点与实践智慧相似，其"本质践行，践行本身就是目的，它相关于人类自身的价值、意义或者说德性的成就"④。

先秦儒家道德人格思想强调道德主体内在德性与外在德行的统一，道德主体人格的外在展现首先是对具体行为的规范和制约。道德主体在不同

---

① 夏征农、陈至立主编：《辞海》第六版彩图本，上海辞书出版社 2009 年版，第 2060 页。

② 夏征农、陈至立主编：《辞海》第六版彩图本，上海辞书出版社 2009 年版，第 409 页。

③ 唐凯麟、曹刚：《重释传统——儒家思想的现代价值评估》，华东师范大学出版社 2000 年版，第 145 页。

④ 夏征农、陈至立主编：《辞海》第六版彩图本，上海辞书出版社 2009 年版，第 2060 页。

境遇中保持内在一致，进而维持稳定的秩序，这需要德性的保证。"苟志于仁矣，无恶也。"（《论语·里仁》）这里将德性外化或者说对象化于现实伦理关系中，它主要体现在明于人伦关系的实践中。只有正确认识进而准确把握人与人之间的关系，才能恰当处理个体与群体的关系，维护自身的生存、社会秩序的和谐。同时，为重塑现实社会秩序，先秦儒家提出道德人格思想并赋予其社会生活的内容，使其具备明显的改造社会的实践色彩，当然，更全面地讲，先秦儒家更为重视在个体修养与社会事功之间寻找一种平衡。社会人伦关系是一种包括父子、君臣、夫妇、长幼、朋友等基本关系的客观存在。先秦儒家的道德人格思想正是在对人伦关系的理解和认知的实践中产生与展开的。它主要体现为制约规范行为，指导德性形成的"内圣"过程，在更广泛的意义上，强调对外在事功的要求，体现在"博施于民而能济众"（《论语·雍也》）、"经纬天地而材官万物"（《荀子·解蔽》）的"外王"过程中。

一、君子躬行践履：强调重行品质

先秦儒家思想表现出鲜明的重行倾向，将实践视为道德的生命，并将这一认识贯穿于道德选择、道德评价、道德修养、道德教化等一系列实践活动中，同时，表现在与人伦日用的世俗生活的紧密结合中。先秦儒家认为，理想人格应蕴含注重道德实践的规定，首先体现在以"行"为君子的优秀道德品质。先秦儒家的重行思想倾向体现在以下三个方面。

（一）行重于言的道德价值判断

这里的"行"指与言相对的行为。先秦儒家认为，君子应当以言语超过行动而感到羞耻，"君子耻其言而过其行"（《论语·宪问》），倡导言行一致，先行后言。孔子以古人作比，提出要以行作为言的前提，要真正做到"言如行""行如言"，就能够体会到行比言地位更高、实施起来更难。而古人在这方面体会甚深，深知行难言易的选择，即"古者言之不出，耻躬之不逮也"（《论语·里仁》）。在回答其弟子子贡的问题时，孔子明确君子应当行动重于言语，要"先行其言而后从之"（《论语·为政》），而且要谨慎言语、行动敏捷。

（二）对道德观念和道德规范的履行

"行有余力，则以学文"（《论语·学而》）中的"行"就是这个意思。"文，莫吾犹人也。躬行君子，则吾未之有得。"（《论语·述而》）躬行，就是指身体力行，有道德实践的意思。孔子单独把文和行放到一起来讲，充分表明了孔子对道德实践的重视。早在春秋时期，儒者就表达了重行的思想，在《左传·昭公十年》中提到"非知之实难，将在行之"，表明知与行是一对矛盾，其中，相对于知识的获得，知识的践行是更困难的。一般来讲，有道德追求的人，不仅思想意识符合道德规范，而且能够把道德意识贯彻到道德行为中，这也体现了对道德的实践本质的正确把握。相较于文化知识的学习，把所学的知识、道德观念转化为具体行动更为困难。所以，孔子以行与学生共勉，并作为自己教育学生的"四教"之一："子以四教：文、行、忠、信。"（《论语·述而》）

（三）强调道德实践对道德知识的检验

"不闻不若闻之，闻之不若见之，见之不若知之，知之不若行之。学至于行之而止矣。"（《荀子·儒效》）在与知的比较中，荀子指出了行的重要性，行的地位是高于知的，行的作用就在于促进已知的东西上升为真理，从而强调行对于知的检验作用。这与孔子"行"的含义有所区别，孔子着重于让内在的道德观念付诸行动，而荀子更注重让观念的东西更加清楚。荀子重视道德行为的习惯性，认为通过后天的磨炼，就能够成就道德人格。"积善成德，而神明自得，圣心备焉。"（《荀子·劝学》）荀子认为，只要通过个体努力，致力于道德实践，就能够改变生活环境。"君子敬其在己者，而不慕其在天者，是以日进也；小人错其在己者，而慕其在天者，是以日退也。"（《荀子·天论》）当然，要注意的是，先秦儒家的"行"不是一般的社会实践，也不是改造社会环境，而是个人的生活实践。在一定程度上，先秦儒家强调道德意识见之于行动，包含改变现实的意义，包括改变自己的道德品质和生活处境。①

先秦儒家以"行"为道德人格的重要内容，使其道德人格思想打上了浓重的实践色彩，这与其积极入世以实现济世救民的社会理想密不可分，更是其加强自我道德要求，完善自我道德人格，向着君子、圣人方向修养的体现。

二、君子礼以行之：规范道德行为

个人总是在社会中生活的，作为社会的一员不能离开社会而单独存在，这就是人的社会性。在先秦儒家看来，人的社会性体现在人所处的人伦关系之中，离开了体现社会性的人伦关系，人就不能称之为人。孔子认为，他生活的时代礼乐制度崩坏，只有通过反映社会要求的"礼"约束规范言行、协调人际关系，才能完善道德人格，促进社会和谐。"君子义以为质，礼以行之，孙以出之，信以成之。"（《论语·卫灵公》）意思是君子以义作为根本，凭借礼来施行，以谦逊的语言表达，以诚信的态度来完成。这明确指出了"礼"对于道德人格的实践意义。先秦儒家的"礼"是一个有着丰富含义的范畴，包括社会组织、政治体制等上层建筑，其中，主要表示符合等级秩序的生活规范和道德规范。而孔子在继承周礼的基础

---

① 朱伯崑：《先秦伦理学概论》，北京大学出版社 1984 年版，第 120 页。

上，对其重新阐述，将礼制的维系归结为人的德性，赋予其内在的真实情感。"林放问礼之本。子曰：'大哉问！礼，与其奢也，宁俭；丧，与其易也，宁戚。'"（《论语·八佾》）朱熹引范氏曰："夫祭，与其敬不足而礼有余，不若礼不足而敬有余也；丧，与其哀不足而礼有余也，不若礼不足哀有余也。"[1] 指出了在祭礼和丧礼中，敬和哀才是其根本。"子曰：'居上不宽，为礼不敬，临丧不哀，吾何以观之哉？'"（《论语·八佾》）就是指为礼要恭敬，不能徒具形式，否则，礼就失去了其应有的意义。

（一）以礼约束人的行为，使人遵守社会道德规范

礼首先以行为规范的形式存在。社会成员尤其是知识分子要广泛学习各种典章制度与人文知识，同时，以礼约束自己的行为实践，这样就不至于离经叛道。"君子博学于文，约之以礼，亦可以弗畔矣夫。"（《论语·雍也》）相反，"不学礼，无以立"（《论语·季氏》），这里的"立"主要指人立身处世。如何立于礼，那就是使自己的言行符合礼的要求，自觉承担、履行自己应尽的社会职责和道德义务。具体而言，就是"非礼勿视，非礼勿听，非礼勿言，非礼勿动"（《论语·颜渊》），从而为人们的言行提出了具体的规范准则和行为尺度。而且，礼对其他一些德行也有节制文饰的作用，"恭而无礼则劳，慎而无礼则葸，勇而无礼则乱，直而无礼则绞"（《论语·泰伯》），恭、慎、勇、直等都是美好的德行，但是没有礼的制约和引导，就会走向丑的一面。孟子提出，"礼人不答，反其敬"（《孟子·离娄上》），"无礼义，则上下乱"（《孟子·尽心下》），当然，这里的礼更多地强调一种礼节仪式。荀子主张以礼来分辨上下等级，从定分合群的角度来论证礼的职能，"人生不能无群，群而无分则争，争则乱……不可少顷舍礼义之谓也"（《荀子·王制》），强调了礼用于固定人的本分和

---

[1] （宋）朱熹：《四书集注》，岳麓书社 2004 年版，第 70 页。

职责，以使人能合群居住的作用。在先秦儒家思想中，仁表征理想人格的
最高境界与为人的根本要求，仁之爱人所应遵循的差别原则就是义，人与
人之间由于所处关系的性质不同而产生了不同的道德义务和道德责任，因
而，正是由于对人之行为的道德要求不同，也就有了将义的价值规范转化
为具体行为规范——礼的需要。就仁、义、礼三者关系而言，如果说，仁
与义主要是主体内在的道德情感和道德观念，那么，礼则具有更多的外在
性，是人的行为的节文。只有人人遵循礼的行为模式，各安其分，尽自己
的本分职责，才能建立有序安定的社会秩序，形成融洽的人际关系。

（二）以礼加强人的修养，不断提升人的道德水平

礼的约束加上内在修养，还能提高人的道德水平，达到仁的人格境
界。"克己复礼为仁。一日克己复礼，天下归仁焉"（《论语·颜渊》），意
思是克制自我，使言行合乎礼，就是仁。从完善人格来说，孔子把仁与礼
有机结合，既指出了外在规范制约的必要性，更强调内在修养的重要性。
孟子在人禽之辨中赋予其理想道德人格以礼的责任规定。"人之所以异于
禽兽者几希，庶民去之，君子存之。"（《孟子·离娄下》）人与动物之间的
差别到底是什么？孟子回答："君子所以异于人者，以其存心也。君子以
仁存心，以礼存心。"（《孟子·离娄下》）可见，孟子将仁与礼存于心视为
君子与庶民之间的区别，也是人与动物之间的不同，这里仁与礼是社会属
性里的道德性。如此，所谓"存心"便与包括道德意识的内在精神世界相
联系，仁与礼既是德性，也是规范。"循仁""依礼"的要求不仅体现了道
德理想，也蕴含着某种道德责任意识，即应当循仁依礼。① 这从人之为人
的角度确立了先秦儒家道德人格思想中的责任意识和实践品质。荀子从节
欲养情的角度来论证礼，"人生而有欲；……故制礼义以分之，以养人之

---

① 　杨国荣：《儒家视域中的人格理想》，《道德与文明》2012 年第 5 期。

欲"(《荀子·礼论》)，指出了人的情欲是天性，所以要制定礼义以满足情欲，但同时又要有所节制。先秦儒家虽然强调礼的行为规范的作用，但是，更为强调其内在的道德精神，始终将礼与仁义相连，坚持仁的境界、义的原则、礼的规范，这实际上最终都回到了君子人格的道德完善上。

先秦儒家认为，君子所行之礼具有时代性，"礼，时为大，顺次之，体次之，宜次之，称次之。尧授舜，舜授禹，汤放桀，武王伐纣，时也"(《礼记·礼器》)，这告诉人们"礼之为礼，首先在于它能适应时代发展，这是礼的根本原则"①。君子所行之礼还体现在日常生活的方方面面，表现为礼制和礼仪，通过固定每个人的社会角色，明确规定着社会成员的责任，从而规范指导人的言行，调节着人与人之间的关系。正是在具体的社会生活和社会关系中，人们展示着自身各种品德，在礼仪化过程中标志自己的社会化程度。君子能以礼行之，标志着对个体行为的规范和自我道德人格的完善，这是先秦儒家的"内圣"要求。

三、内圣外王之道：关注社会现实

内圣外王是先秦儒家的宏伟志向，内圣外王之道，最初见于《庄子·天下》，但是，战国时儒家不少人都提倡这种圣王观。汤一介认为，内圣与外王是两套不同的价值系统，其中"内圣"是关于个人的道德和学问的修养，是人们的一种内在品德，是一种超越现实的理想人格。从个人方面来讲，只要努力追求，至少在精神上可以达到的。"外王"，即圣人最适合做王的观念，则是把道德政治化和政治道德化的结果，只不过是对封建宗法制社会的美化而已。② 当然，汤一介本意是强调现实中的内圣

---

① 杨明：《个体道德·家庭伦理·社会理想——〈礼记〉伦理思想探析》，《道德与文明》2012年第5期。

② 汤一介：《论儒家的境界观》，《北京社会科学》1987年第4期。

和外王的脱离，但是，在先秦儒家道德人格理想中内圣和外王就是一体两面，在内圣的同时也重视现实功用，这也是衡量道德人格境界的标准。

先秦儒家主张完成礼制和礼仪所赋予的责任，规范自己的德行，完善自身的德性，都属于"内圣"的要求，先秦儒家历来重视道德修养并以之为成圣的重要内容。孔子"克己复礼"的修养纲领、孟子以性善论为基础建立了修身养性的学说都明确体现了这一特点。而专注社会事功，勇于承担历史所赋予的重任则属于"外王"的要求。在回答子路关于君子的疑问时，孔子提出"修己以安百姓"（《论语·宪问》），即修养自己以安定百姓，这同"博施于民而能济众"（《论语·雍也》）一样，都表明孔子的道德人格思想包含了社会事功方面的要求。对先王人物的评价也表现了这一特点，"大哉尧之为君也！……巍巍乎其有成功也"（《论语·泰伯》），"无为而治者其舜也与"（《论语·卫灵公》），都是讲先王的崇高功业。孔子对管仲赞许道："桓公九合诸侯，不以兵车，管仲之力也。如其仁，如其仁。"（《论语·宪问》）意思是，齐桓公多次与诸侯会盟而免用武力，谁有这样的仁德呢？这是对管仲"尊王攘夷"的事功给予了充分肯定，甚至许之以仁之功。"管仲相桓公，霸诸侯，一匡天下，民到于今受其赐。微管仲，吾其被发左衽矣。"（《论语·宪问》）意思是，管仲辅助桓公称霸诸侯，匡扶天下，老百姓到现在都沐浴其恩泽，如果没有管仲，人们到现在还处于未开化的野蛮状态。可见，孔子对先王先贤的评价不仅注重个人品行，也充分考虑社会事功。孔子的志向是"老者安之，朋友信之，少者怀之"（《论语·公冶长》），其中蕴含着胸怀天下、继往开来的社会担当与历史责任。孟子以行"仁政"为其外王思想的核心，而仁政又植根于人心中。"人皆有不忍人之心，先王有不忍人之心。斯有不忍人之政矣。"（《孟子·公孙丑上》）"苟为善，后世子孙必有王者矣。"（《孟子·梁惠王下》）荀子更加关注外在事功，在他看来，完美的道德人格，不仅应有德性光辉，更要有社会担当的要求，"儒者在本朝则美政，在下位则美俗"（《荀子·儒效》），而且，其道德人格思想对社会事功的关注还体现于经纬天地的论述中，"经纬天地而材官万物，制割大理而宇宙里矣。……夫是之谓大人"（《荀子·解蔽》）。《大学》中的"齐家""治国""平天下"更是将儒家道德人格思想中的社会担当表现得淋漓尽致。以社会理想的实现为主体责任，并自觉致力于这种历史过程，体现了先秦儒家道德人格思想的实践品格。

先秦儒家正是以内圣与外王互动彰显了其道德人格思想的实践品格。先秦儒家不仅注重从人伦日用中总结和概括伦理道德原则，更加主张将伦理道德原则落实到现实生活中，所谓的理想道德人格的完善更是为了维护现存的社会制度与生活秩序，促进现实生活的完善，建立理想的伦理型社会。孔子的仁爱思想中蕴含着尊重人、关心人的利他道德原则，其道德实践就是"己所不欲，勿施于人""己欲立而立人，己欲达而达人"，把自己的仁爱之心推及他人，也就是孟子的"老吾老以及人之老，幼吾幼以及人之幼"。而先秦儒家的道德实践从主体来看是个体的道德修养，而从行为的过程与意义等来看则是社会的，在评价行为价值大小方面也主要与对他人和社会的贡献度相关。这种社会性主要体现在对社会生活的影响上，具体体现于在经邦济世的政治活动中以道德为治国安邦的根本。孔子提出"为政以德""养民以惠"的德治思想，而孟子接续这个传统，提出"以不忍人之心，行不忍人之政"的仁政思想。而先秦儒家的道德实践不仅体现在对统治者的要求上，也体现在普通民众的道德修养与历史使命感上，即人们把个人的安身立命与天下兴亡联系在一起，《大学》提出的"八条目"就是通过修身达到齐家、治国、平天下的目的，修身之所以为本，在于先秦儒家以修身为安身立命、治国安邦的根本，从而给人类的活动赋予了道德的意义。先秦儒家的修身就是道德修养的过程，也即道德品质的涵养锻炼，是主体自觉、能动的道德活动，而这个道德修养的目的是以自己的善行德业造福于他人与社会。在其设计的道德实践操作程序中，修身所得后的功能发挥首先是"齐家"，这里的"家"指家庭，所处理的关系也主要是父子兄弟关系，其中，所主要遵循的道德要求是父慈子孝、兄友弟恭。在家庭生活中讲孝、悌、慈，在国家治理中就能"事君""事长""使众"，先秦儒家将宗法伦理扩展到政治伦理，而宗法伦理是基础。"治国"要以"齐家"为基础，政治要以伦理为基础，这里的政治就是伦理政治。"平天下"则讲推己及人之道，在上者能遵守宗法伦理，在下者能行孝悌之道，就可以平治天下。这里将家庭道德视作社会道德的基础，以家庭关系为建立良好社会关系和秩序的前提。可见，《大学》是先秦儒家道德与政治理论的系统化，是其伦理政治学说的集中体现。从根本上说，道德的作用在于协调伦理关系、建立良好的生活秩序，先秦儒家以伦理秩序为理想社会秩序，以道德为治国理政的主要手段，甚至将道德的完善看作人类社会发展的终极目标，所以，道德实践也就超越了个人的修身养性而与社会的发展与完善联系在一起。作为道德实践的最高目的，治国、平天下的观念促使历代中国知识分子投身于治国安邦、经世济民的社会实践中，与修身一起构成了儒家道德人格思想的精华。

先秦儒家这种以天下为己任的担当意识和社会责任感与其具有超越性的天命观密切相关。在描述自己道德修养的进程时，孔子认为"五十知天命"。朱熹将天命理解为"即天道之流行而赋予物者，乃事物所以当然之故也"[1]。"天何言哉？四时行焉，百物生焉！"（《论语·阳货》）天命应当被敬畏，孔子认为自己的德性就是天所赋予的。"天生德于予，桓魋其如予何？"（《论语·述而》）孔子离开卫国，准备到陈国去，被匡地民众误认为是阳货而拘禁，孔子曰："文王既没，文不在兹乎？天之将丧斯文也，后死者不得与于斯文也；天之未丧斯文也，匡人其如予何？"（《论语·子罕》）意思是，周文王死后，一切文化遗产不都在我这里吗？上天若是要

---

[1]　（宋）朱熹：《四书集注》，岳麓书社 2004 年版，第 62 页。

消灭这种文化，我就不会掌握它们；上天如若保留这种文化，匡人能把我怎样呢？可见，孔子非常自信地认为自己是上天安排他来传承文化、延续文脉的，这种自信就应当是他不懈努力、勇于承担历史使命的源泉。当然，文化的传承并不是让他一定要创造，在转述传承与创造之间，他选择了前者，把传承文化当成了自己德性价值实现的重要内容，充分证明"历史的价值并不仅是以它的实用及它与当前的关系来加以判断，也是以真实的人性的可能性在这个世界上的不断的证实而得到鉴定的"①。孔子将自己的德性价值实现与文化传承紧密相连。正是肩负承接天命、传承文化的历史重任，孔子才有了前进的动力。即使在遇到种种困难，弟子去世、生活坎坷、政治主张难以实施等情况，孔子仍然坚定其人道主张。而孟子引用"圣之任者"伊尹之言："天之生此民也，使先知觉后知，使先觉觉后觉也。予，天民之先觉者也；予将以斯道觉斯民也。非予觉之，而谁也？"（《孟子·万章上》）他又说："思天下之民匹夫匹妇有不被尧舜之泽者，若己推而内之沟中。其自任以天下之重如此……"（《孟子·万章上》）伊尹之所以能被孟子称为"圣之任者"，就在于其以天下苍生的觉醒为己任。此例与"子畏于匡"例可相互印证，解释先秦儒家的社会担当意识的来源。因而，先秦儒家在道德实践中，能够摆脱自我局限，自强不息、刚健进取，进而造就了中国人"天下兴亡，匹夫有责"的民族精神。

---

① ［美］杜维明：《人性与自我修养》，胡年、于民雄译，中国和平出版社1988年版，第46页。

第四章　先秦儒家道德人格的教化诉求及路径

先秦儒家之所以重视理想道德人格，就在于其有教化的意义和价值。如传说中的尧、舜、禹等圣王，他们之所以能成为榜样，就在于他们符合理想道德人格的要求，能够引领和感召民众。具体来看，先秦儒家不仅因其教化诉求而在理论上设计了不同层次的做人道德标准和范型，而且在个体自我身心、家庭、社会等领域中进行道德传播，开展道德教育，促进道德认同和价值共识，为理想社会秩序的部署发挥作用。

第一节　道德人格的教化诉求

道德人格是人格的道德规定性，作为人的社会属性的内容，它的内涵首先在于人意识到自己与他人的区别后，开始追求普遍存在的自我品格发展。只有让自己的各种德性涵育贯通为整体，才能成为自我的品格，才算真正拥有道德人格。同时，道德人格的普遍性与社会现实环境的普遍同构对应，每个人都能够实现其道德人格，社会才是一个理想的伦理实体，这正是教化追求的最高目标的完美体现。

先秦儒家的道德人格是作为一种政治伦理手段存在的，它承载了统治者施行人伦的理则，而在百姓效仿后则内化为百姓的价值观念和行为模式等。它以宗法等级制为基础，体现了先秦时期在社会政治与伦理一体化基础上人伦秩序与情感关怀的融合以及民众精神家园的形成，表现为处理人伦关系中伦理手段与行政目标的一致性，体现了一种自上而下的政治伦理治理工具特点。作为一种文化价值实现状态，先秦儒家道德人格是受教育者接受价值理念启发，不断摆脱自然本能而实现内心转变的价值共识与文明状态。它是主体以心接触外在价值理念，不断内化为自身本质，最终到达"随心所欲不逾矩"的自由状态，体现了主体自下而上的以文化道德自觉提升价值理性的特点。从价值来源角度，强调了人道对天道的效仿，以实现天道流行、万物化生的状态。① 这是以天道为人类道德价值基础和最终的价值旨归，并成为人类道德行为和社会秩序的终极尺度。

作为一种理想性存在，先秦儒家道德人格既与政治合二为一，也注重摆脱世俗政治依附而转向与人的精神生活关联的社会存在，这种存在内含的为天地立心、以德抗位的价值理念和独立意识，让理想与现实、道德与政治之间保持着一种张力。先秦儒家认为，人立于天地之间又处于社会关系中，既强调人格独立，又强调人的教化担当。所以，即使在政治上不能得君行道，先秦儒家的道德人格依然能为法万世。

一、道德人格的教化价值旨归

先秦儒家树立的理想道德人格不仅是为了让个体自我达到这一理想道德要求，还是为了现实社会中所有人都能达到这一标准，推进个体与群体的双重价值实现，具体包括自我道德完善的仁爱境界、群体价值认同的和谐状态。

（一）自我道德完善的仁爱境界

先秦儒家提出的做人道德标准是构建理想社会秩序的基石，它首先指

---

① 詹世友：《道德教化与经济技术时代》，江西人民出版社 2002 年版，第 4—6 页。

向个体自我实现的理想状态或者说是理想道德人格。先秦儒家提出的道德人格既源于社会现实，又合乎天命，是现实性与超越性的统一，我们可以从先秦儒家"仁"之范畴深化对其的认识。先秦儒家"仁"源于家庭血缘情感的亲亲之爱，进而推及亲族百姓之爱，最终达到乐以忘忧的理想境界，而具有这种大爱境界的仁者，便理所当然地被赋予了"杀身以成仁"的超越生命的价值。

1. 达至理想人格境界

"仁"是先秦儒家学说的核心范畴，孔子以之赋予礼情感内容。孔子所设定的"仁"德是一种全德。"君子去仁，恶乎成名？"（《论语·里仁》）作为个体道德人格的理想境界，"仁者无忧"体现了孔子对其所设计的道德人格的充分认可，"君子道者三，我无能焉：仁者不忧，知者不惑，勇者不惧"（《论语·宪问》）。君子不忧源于时常自省的修养习惯。"内省不疚，夫何忧何惧？"（《论语·颜渊》）孟子曾论乐云："君子有三乐，而王天下不与存焉。父母俱存，兄弟无故，一乐也；仰不愧于天，俯不怍于人，二乐也；得天下英才而教育之，三乐也。"（《孟子·尽心上》）"三乐"之中，第一乐可归于天命，第三乐在于他人，唯有"仰不愧于天，俯不怍于人"可以通过自身道德修养达至，也即孔子所说的"内省不疚"，正是"道德有于身"，才得以忘忧、不改其乐。而仁者之所以无忧，并非完全不计较利害得失，而是"忧道不忧贫"（《论语·卫灵公》），或者说，仁者更多地关注自身的道德修养和精神境界，"德之不修，学之不讲，闻义不能徙，不善不能改，是吾忧也"（《论语·述而》）。在这一点上，孔子认为，自己与弟子颜回均能坦然面对物质生活的困苦，追求精神生活的充实，其实，都有了对仁之境界的情感体验，"乐以忘忧，不知老之将至云尔"（《论语·述而》），"人不堪其忧，回也不改其乐"（《论语·雍也》）。同时，仁者悲天悯人，常忧天下利害得失而非一己之私。仁者能通过自我反省，心怀天下，去除私欲，"克己复礼为仁"，如此，"仁"便不再局限于个人情感而具有了普遍意义并获得了超越生死的价值，"志士仁人，无求生以害仁，有杀身以成仁"（《论语·卫灵公》）。

2.彰显主体道德力量

先秦儒家的思想家们在对人性认识的基础上，对道德主体的自我修养能力始终持有乐观态度。"仁远乎哉？我欲仁，斯仁至矣"（《论语·述而》），直接表明了孔子对人的自我道德修养能力的肯定。"人能弘道，非道弘人"（《论语·卫灵公》），表现了人对客观本体的主动性和能动性。孟子从先天角度，对道德主体的修养能力进行了人性基础的论证。正是由于人生而具有"恻隐之心""羞恶之心"等先天善端、内在本能，只要肯扩充，就能成为仁义之人，只要推广自己的不忍之心，就能称王于天下。荀子则主张经过圣王的后天教化，化性起伪，人就可以具有道德能力，并转化为自身的内在要素，"若夫心意修，德行厚，知虑明，生于今而志乎古，则是其在我者"（《荀子·天论》），这里的"在我者"就是道德能力。正是对道德能力足够乐观，先秦儒家主张"反求诸己"，并以能否做到这一点作为区分君子与小人的标志，"君子求诸己，小人求诸人"（《论语·卫灵公》）。先秦儒家之所以重视主体道德力量的发挥，一方面有其人性论基础，另一方面，更根本的是，随着社会生产力发展，人对自然与社会的认识深化，从而增强了对自身主体力量的认识和自信，这也是以人神分离为前提，以人对德行的设计和关注人事观念、人际关切为标志的。

（二）群体价值认同的和谐状态

群体价值认同，指群体成员对群体价值目标与准则认可，并同化于内心，成为自我内在的追求与标准。先秦儒家推崇理想道德人格，最初就是为了安顿社会秩序而提出的道德标准和范型，它有别于宗法血缘的自然标准，这一标准对个体来讲，内蕴着理想性与主体性，对于群体来讲，表现为人与自我、人与他人、人与社会等人伦关系的有序和谐发展。

1. 亲仁的群体价值情结

先秦儒家道德不仅有自我成就的个体完善意蕴，也包含着个体与由其他人组成的群体之间的相互联系、相互依赖、相互影响。从先秦儒家的核心理念"仁"看，"仁，亲也。从人，从二"①，这本身就蕴含了群体的含义，先秦儒家又对其进行了进一步解释，"樊迟问仁。子曰：'爱人'"（《论语·颜渊》），后来孟子明确表述为"仁者爱人"（《孟子·离娄下》）。"仁"表明了人是家族、等级的成员，同时还是人类的一员，人应该把他人当作自己的同类，给予同情与关心。"德不孤，必有邻"（《论语·里仁》），意思是有德行不会孤单，必定会有同类相应和，如同住处有邻居一样。这里指出了先秦儒家对于道德行为群体认同的自信乐观，"社会是与己息息相关的共同体。志趣相投的人受参与观的促使和责任感的维系，成为'有机统一体'的组成部分"②。先秦儒家认识到了群体的价值并提出了群体和谐的理想目标。在《论语》开篇，孔子提到"有朋自远方来，不亦乐乎"（《论语·学而》），认为君子要以有朋友为乐，这不仅是情感上的需要，同时也表明对个体与社会关系的合理认识，认为人在社会中生存，要"以友辅仁"。在教导学生如何立身处世、履行社会职责时，孔子指出"弟子，入则孝，出则悌，谨而信，泛爱众，而亲仁"（《论语·学而》），古代社会以自然经济为基础，家庭是社会的细胞，是开展社会活动的前提。所以，孔子提出把用以齐家的孝悌作为基本道德原则，"信"则是个体在社会中对待朋友的要求，"泛爱众"，与爱己相对，强调对他人的关注尊重，"亲仁"，指通过对他人的友善，促进人与人融洽和谐。由此可见，孔子提出的"仁人"，就是以仁为己任，追求人际关系与社会和谐的人。荀子也提出，"人之生，不能无群"（《荀子·富国》），"人能群，彼不能群也"

---

① （汉）许慎：《说文解字》，岳麓书社 2006 年版，第 161 页。
② ［美］杜维明：《道·学·政：儒家公共知识分子的三个面向》，钱文忠、盛勤译，生活·读书·新知三联书店 2013 年版，第 7 页。

（《荀子·王制》），重视个体的群体性特点，并指出自我个体必须内在于社会群体这一客观事实，承认了社会的价值所在。

2. 爱人的社会责任意识

先秦儒家认为，个体在摆脱外在神秘力量日益独立后，重新在社会群体中找到安身立命之所，也就是体现为君臣、父子、兄弟、夫妇、朋友等人伦关系的社会群体。在这个群体中，人要遵守社会规则，承担社会责任，这是现实的需要。在回应桀溺提出的世道无法改变、不如避世隐居的说法时，孔子回应说："鸟兽不可与同群，吾非斯人之徒与而谁与？"（《论语·微子》）意思是，人不能和鸟兽同群共处，而应当和社会中的人待在一起，表明他对自我与社会关系的认识，表达了积极入世、意图改造社会的责任感。"修己以敬""修己以安人""修己以安百姓"，这些不断递进的政治道德人格要求充分体现了孔子对政治生活中蕴含的社会责任感的明确要求，孔子本人也践行着对社会的强烈责任，他不计较个人利害冲突的品质对弟子以及后世儒者具有强大的感召力。"人何以能群？曰：分。分何以能行？曰：义。"（《荀子·王制》）孔子、荀子都提到了人对社会群体的依赖以及相应的社会责任。那么自我如何在社会中安身，个体如何走向群体？先秦儒家的仁爱思想，强调了人的自我价值实现，也明确了要尊重他人自我实现的意愿。"己欲立而立人，己欲达而达人"（《论语·雍也》），这是孔门的行仁之方，也就是强调个体要以自我为行为出发点，在完善自我的过程中，推己及人，爱人、利人，成就他人，以实现"老者安之，朋友信之，少者怀之"（《论语·公冶长》）的和谐社会生活愿景。孟子也提出"亲亲，仁也；敬长，义也"（《孟子·尽心上》）、"仁者以其所爱及其所不爱"（《孟子·尽心下》）、"仁者无不爱也"（《孟子·尽心上》），阐发了仁爱的社会关系内涵，指出了通过仁爱由自我走向社会的过程。

正是仁道让儒家的个体成为一种伦理主体。这一主体不仅让自我具有了独立意志和自我能动性，同时，还让个体自我、他人与社会建立了紧密和谐的社会联系。正如有学者指出的，先秦儒家强调个体的独立意志和自主性与其社群主义立场一致，个体价值自觉与重视人伦秩序和社会伦理相统一。应当看到，先秦儒家强调个体与对象所结成的关系是一种以责任和义务为中介的关系，也就是说，在个体与他人之间，自我只是出发点，而最终要考量对方的要求和集体的利益，要有强烈的责任意识。这是先秦儒家的个人与群体关系的实质。①

3.使其自得的人伦之教

孔子提出："长幼之节，不可废也；君臣之义，如之何其废之？欲洁其身，而乱大伦。君子之仕也，行其义也。"（《论语·微子》）明确人伦关系中道德要求的重要性，以其作为人之为人的规定、人伦之大节。在如何实现人伦关系的有序和谐方面，孟子指出了教化的作用，"人之有道也，饱食、暖衣、逸居而无教，则近于禽兽"（《孟子·滕文公上》），孟子从人与禽兽的区别中理解人，把教化提到了人之为人的高度，明确了教化对于成就道德人格的重要性。那么所教的内容是什么呢？就是教以人伦，也就是父子之间要有骨肉之亲，君臣之间要有礼义之道，夫妇之间要有内外之别，长幼之间要尊卑有序，朋友之间要诚实守信，这些道德准则是先秦儒家所教的人伦之道。然后，督促人们勤勉努力，以纠正、辅助他们，使其各得本性，从而提高他们的道德水平，"劳之来之，匡之直之，辅之翼之，使自得之，又从而振德之"（《孟子·滕文公上》）。可见，孟子认为教化的实质就在于辅助人们保存并扩充自身先天善端"四心"，具备仁、义、礼、智四种道德品质，远离禽兽的自然状态，这一过程就是实现群体道德认同的过程。先秦儒家的"大学之道"，在"明明德"之后，要"亲民"，亲者新也。朱熹注"新者，革其旧之谓也"②，表示在觉悟到天生的美好德性后，

---

① 陈来：《儒家论人》，《哲学动态》2016年第4期。

② （宋）朱熹：《四书集注》，岳麓书社2004年版，第5页。

要推己及人，辅助别人去除旧染然后自新。"以化民易俗，近者说服，而远者怀之，此大学之道也"（《礼记·学记》），这是教化的进一步任务。先秦儒家不仅以个体道德人格养成为目的，同时，也强调个体的道德修养以正确解决"人我关系"为重点，让人明确自己在家庭、国家、天下以至于天人关系中的地位和义务，遵循人伦道德准则，促成社会关系和天人关系的和谐。① 教化是让人成为人的教化，它强调人的心悦诚服，社会中的每个人都主动自觉地去追求至善，这实际上就是强调群体道德价值认同。

二、道德人格的教化认同基础

先秦儒家道德人格从指向个体自我道德品质完善到追求群体价值认同，其基础可能涉及三个维度：从主体维度上，基于其推己及人的思维方式；从客体维度上，则源于同类感通的心理机制；从现实维度上，则表现为融入生活的实践特质。

（一）推己及人的思维方式

先秦儒家提出推己及人的思维方式，为其以道德人格开展教化奠定了基础。推己及人源于孔子的"忠恕"思想，孔子弟子曾参认为孔子之道就是忠恕之道，"夫子之道，忠恕而已矣"（《论语·里仁》）。何谓忠恕？"尽己之心以待人谓之忠，推己之心以及人谓之恕"②，这里所尽、所推的己之心就是仁心。忠恕之道，就是为仁的方式方法，其实质亦即仁道。"夫仁者，己欲立而立人，己欲达而达人。能近取譬，可谓仁之方也已"（《论语·雍也》），仁之方，即为仁的路径与方法。忠恕之道之所以能行，在

---

① 徐仲林等主编：《中国教育思想通史》第 1 卷，湖南教育出版社 1997 年版，第 62 页。
② 钱穆：《论语新解》，生活·读书·新知三联书店 2012 年版，第 90 页。

于人与人之间相近相通的人性，所以能尽己、推己并及人。"人心有相同，己心所欲所恶，与他人之心之所欲所恶，无大悬殊"，这里强调了忠恕之道所推的是自己的仁心，而能贯通"万人之心""万世以下人之心"①。

1. 从主体维度认可教化的可能

仁的内涵是爱人，行仁的方法是忠恕。既然每个人都希望自身完善，按照这种思维方式，就也希望别人能够实现自我完善，所以，孔子勉励人人都能获得教育，也尽力去实现"有教无类"。孔子在这方面是典范，他说："爱之，能勿劳乎？忠焉，能勿诲乎？"（《论语·宪问》）意思是，爱护人就应当使他勤劳，忠于人就应当教诲他。朱熹引苏轼的话说："爱而知劳之，则其为爱也深矣；忠而知诲之，则其为忠也达矣。"②在孔子的思想里，人格教化是尽忠的一种外在表现，人只要有这种自己完善自己的心，就会推己及人，产生教化人的心。当然，他的弟子认为这种思维和品质已达圣人境界，"学不厌，智也；教不倦，仁也。仁且智，夫子既圣矣"（《孟子·公孙丑上》），实际上，这充分肯定了先秦儒家教化主体的道德责任感对于道德价值传播的动力作用。作为在对人伦关系的理解与道德实践基础上形成的做人标准和范型，先秦儒家道德人格不仅是理想性存在，还是现实性存在，它的提出不仅具有个别意义，还具有普遍意义，也就是教化民众的意义。换言之，先秦儒家提出的关于做人标准、范型的观点与看法，不仅要求个体自我完善，让自我达到这一理想道德要求，也要求能推己及人，让现实社会中所有人都能达到这一标准，理想社会的重要标志就是全体社会成员皆能成就理想道德人格。

2. 在个体差异基础上的沟通与转化

"己所不欲，勿施于人"，"己欲立而立人，己欲达而达人"，教化主

---

① 钱穆：《论语新解》，生活·读书·新知三联书店 2012 年版，第 90 页。
② （宋）朱熹：《四书集注》，岳麓书社 2004 年版，第 171 页。

体的"欲"是其仁心，而所欲的目标是教化客体的价值认同与价值共识的形成。而推己及人必然关联到自己与他人两端，人己贯通才能成仁。孟子认为，杨朱的极端个人主义与墨翟的抽象普遍思想均不能实现人我贯通而被批判。"杨氏为我，是无君也；墨氏兼爱，是无父也。无父无君，是禽兽也。"（《孟子·滕文公下》）而先秦儒家则以忠恕为行仁之方，在尊重包容个体差异性的基础上实现人己的联系与沟通。需要注意的是，自己与他人的沟通以差异性与个性为前提，而人们往往习惯于从自己出发，忽视差异性和个性，以自己所欲强加于人，也就无法实现真正的沟通。所以，要努力加强道德修养，在个体自我实现中达成个体差异的包容和融通，最终实现"和而不同"的理想状态，也就是仁的完成。①

（二）同类感通的心理机制

先秦儒家认为，作为人类的一员，人与人具有内在一致性，能产生同情与共鸣，尽管人性善恶的判断有所不同，但是或者扩充善端，或者加以礼义规范，人人皆可成圣，这种圣人与凡人的相感相通从客体方面说明了教化的可能性。

1. 人人皆具向善成圣可能

先秦儒家的人性论为道德人格教化的可能性提供了说明。孔子认为人的性情相近，由于后天习染不尽相同，所以才出现了较大差异。孟子顺着性相近，将人性论推进了一大步，那就是性本善。他认为人固有先天"四端"，即"四心"："恻隐之心""羞恶之心""辞让之心""是非之心"。人与禽兽的区别在于这先天善端，这是做人的根据，也是人与人之间的共同特点。每个人都可通过自我反省，彰显固有善性，成为现实中的善人。这是人可以实现道德人格的人性论基础。孟子以善端作为教化的起点和基

---

① 李景林：《教化的哲学》，黑龙江人民出版社 2006 年版，第 194 页。

础，认为善端能得到存养则"无物不长"（《孟子·告子上》），同时，如能不断扩充，"足以保四海"（《孟子·公孙丑上》）。荀子从人性论上主张"人之性恶，其善者伪"（《荀子·性恶》），人有"好利""疾恶"等自然本性，但是，他也指出了人格教化在认识上的可能，并且表达了"涂之人皆可为禹"的自信看法。可见，尽管对人性的认识有所不同，但先秦儒家都强调修养与教化的必要性，表达了对实现道德人格的充分乐观。

2. 圣凡同类相感相通

先秦儒家对于人的类共性特点有着深刻认识，其中，孟子有比较详细的论述。"凡同类者，举相似也，何独至于人而疑之？"（《孟子·告子上》）意思是，凡属同一类，大多是相似的，为什么对人的同类性要表示怀疑呢？孟子以反问的形式表达了对人类同类特点的肯定，也揭示了同类事物包括人类之间的共性。这种共性表现为生理上的共同感受。"口之于味也，有同耆焉；耳之于声也，有同听焉；目之于色也，有同美焉"（《孟子·告子上》），这些共同的生理感受是进行交流，实施人格教化的物质基础。这种共性还表现在人类的道德认识功能相似，"口之于味也，有同耆焉；……至于心，独无所同然乎？"（《孟子·告子上》），这里的"心"就是一种道德认识。"圣人之于民，亦类也"（《孟子·公孙丑上》），孟子以古代圣人虞舜为例，指出，凡民与圣人之间的差别就在于圣人能自觉运用理性能力，他们或能"明于庶物"，或能"察于人伦"，就是能够明了世间万事万物或者考察各种人际关系。这种理性能力人所共有，但是唯有圣人能自觉地运用。而凡民如果自觉效法古代圣贤，运用此种理性能力，也能达至圣人的境界。"舜，人也；我，亦人也。舜为法于天下，可传于后世，我由未免为乡人也，是则可忧也。忧之如何？如舜而已矣。"（《孟子·离娄下》）荀子认为圣凡同类，"材性知能，君子、小人一也"（《荀子·荣辱》），"尧、舜之于桀、跖，其性一也"（《荀子·性恶》）。应当说，圣凡同类揭示了人与人之间的道德情感和道德认识上的可沟通性，为普通人提供了进学修德的动力。

既然圣凡都是同类，普通人对圣人的教导就有所感应，就会对圣人的精神、气质崇拜模仿。"仰之弥高，钻之弥坚。瞻之在前，忽焉在后。夫子循循然善诱人，博我以文，约我以礼，欲罢不能。既竭吾才，如有所立卓尔。虽欲从之，未由也已。"（《论语·子罕》）伟大的人格力量就会产生感化人心、移风易俗的作用。"圣人，百世之师也，伯夷、柳下惠是也。故闻伯夷之风者，顽夫廉，懦夫有立志；闻柳下惠之风者，薄夫敦，鄙夫宽。"（《孟子·尽心下》）像伯夷、柳下惠等圣人，可以成为百世所效法的对象。所以，听到伯夷风范，贪者变廉，懦弱者变有志；听说柳下惠的风范，刻薄者变敦厚，鄙吝者变宽容。可见，先秦儒家充分认可理想道德人格所具的教化作用，相信人格感召的力量，认为只要有了这种人格榜样，人们自然就会去效仿、学习。

（三）融入生活的实践特质

先秦儒家所设立的道德人格具有融入日常生活的实践特质，从而使其所蕴含的人文精神、价值理念和道德观念更容易传播并得到主体认同，从而为其教化提供了现实可能性，具体表现在自我价值的实现根据与路径、人格境界标准的层次性以及道德教化的动力等方面。

1. 在人伦日用中实现自我价值

先秦儒家关心现实人世，在人神分离基础上进行德行设计与行为评价，凸显人事观念和人际关切。"敬鬼神而远之，可谓知矣"（《论语·雍也》），"子不语怪，力，乱，神"（《论语·述而》），从孔子对待天命鬼神的态度可见，先秦儒家更加相信人的价值必须依靠人间道德生活，要在人伦日用中实现，而非对天命鬼神的崇拜。"人伦"即"人道"，为孟子首先提出和解释，后世视为定论。"日用"见于《周易·系辞上》："一阴一阳之为道，继之者善也，成之者性也。仁者见之谓之仁，知者见之谓之知，百姓日用而不知，故君子之道鲜矣。"这里强调道无处不在，体现在性上就是善，它实际上就在百姓生活中，百姓却不能领会和认识。在《论语·先进》里，曾点所言之志深得圣人之意，"吾与点也"，按照朱熹的解释，就是"曾点之学"与"日用之常"联系在一起，"而其言志，则又不过即其所居之位，乐其日用之常，初无舍己为人之意"①。孟子的性善论主张以"四心"为主体修养以及自我实现的内在根据，这就将道德人格的实现留在了现实生活中，并从逻辑上打通了由凡入圣的进路，"子服尧之服，诵尧之言，行尧之行，是尧而已矣"（《孟子·告子下》），只要保持善端，践履善行，自然就是善人。"涂之人皆可为禹"更是直接道出了圣凡同一，均能在现实生活中实现自我价值。正如有学者提出的，与其他文化背景相比，先秦儒家道德人格"既不与神交通，也不在肉体的享乐，更不在来世或超度，而是在普通的日常生活中。没有与上帝同在的狂迷以及灵魂不朽的希冀，只有对'人伦日用之常'的终极关怀"②。

2. 在现实生活中丰富人格境界标准

先秦儒家推崇的道德典范不仅有尧、舜、禹，更有伯夷、伊尹和柳下惠等，相对于前者，后者更贴近现实生活。伯夷的品质在于坚持原则、有节操，故而能使贪婪的人廉洁、懦弱的人刚强，实际上，他具备了狷者的典型特点，"无为其所不为"彰显了人格独立的价值，所以为孟子所推崇。伊尹的原则是治乱皆进，据说他曾"五就汤，五就桀"，孔子评价他"降志辱身"，但是孟子肯定他奋不顾身的进取精神。而柳下惠既没有伊尹的进取心，也没有伯夷那么高洁自律，但是他既能坚持原则，又能保持良好人际关系，这也符合先秦儒家的伦理道德原则。可见，孟子推崇的这些大德大知的"圣人"更贴近生活，人格境界更有层次性，从而具有更强的感

---

① （宋）朱熹：《四书集注》，岳麓书社 2004 年版，第 148 页。

② 朱义禄：《儒家理想人格与中国文化》，复旦大学出版社 2006 年版，第 154 页。

召力。荀子在设定"圣人"标准的时候，明确将仁智并举，"孔子仁知且不弊"，丰富了人格境界的标准，同时也与他对社会事功的重视态度一致，"笃志而体，君子也；齐明而不竭，圣人也"（《荀子·修身》），圣人比君子的高明之处主要在于智慧，不仅要加强个体道德修养，同时重视社会事功，这也是其现实性的体现。

3. 在物质需求满足中激发道德教化动力

先秦儒家重视普通民众的物质需求和社会经济利益，主张要满足人的基本物质需求，才能进行道德教化，强调了教化施行的经济基础。孔子在与弟子冉有的对话中提到的"庶矣哉""富之""教之"（《论语·子路》），表达了这一认识，"庶"指人口众多，"富"指生活富足，"教之"指加以教化。孔子强调了富国富民对于教育的基础性作用。孟子也认识到教化离不开经济基础，"民之为道也，有恒产者有恒心，无恒产者无恒心"（《孟子·滕文公上》），即是说，得民心的关键是满足老百姓的基本物质需要，因此，他认为"制民之产"是教化成功的基本前提。事实上，这也是孔子"富"而后"教"思想的精义所在。荀子同样提出"不富无以养民情，不教无以理民性。……《诗》曰：'饮之食之，教之诲之。'王事具矣"（《荀子·大略》），表达了要满足百姓的基本物质需求，然后再行礼义教化的思想。孟子认为，施行仁政，开展道德教化，要遵循满足民众基本经济利益的原则。他通过阐发"制民之产"的思想，从正反两方面指出了恒产对于恒心的重要性。"是故明君制民之产，必使仰足以事父母，俯足以畜妻子，乐岁终身饱，凶年免于死亡；然后驱而之善，故民之从之也轻"（《孟子·梁惠王上》），从正面强调了民有恒产而有向善之恒心。孟子也从反面揭示了物质保障对于教化的影响："今也制民之产，仰不足以事父母，俯不足以畜妻子；乐岁终身苦，凶年不免于死亡。此惟救死而恐不赡，奚暇治礼义哉？"（《孟子·梁惠王上》）他指出，从社会发展的层面看，经济基础是教化的物质保障，从个体生存发展的层面看，经济发展则提供了基本的物质需求，也是进一步教化的内在动力。"制民恒产"就是为百姓提供基本物质生产与生活资料。按照孟子的政治逻辑，"治民之要在民事，民事之重在民生，民生之保障在民产，有民产之结果是民心向善，民心向善之结果是便于实行仁政"①，民心向善不仅利于仁政，也利于道德教化。"制民恒产"首先是保障百姓维持生存的生产生活资料，在此基础上才能为其提供道德准则和道德规范，提出道德教化要求。否则，百姓为求生存，必然会铤而走险，置道德规范于不顾。孟子的"制民恒产"是对孔子"富而教"和管子"仓廪实而知礼节"等思想的深化和细化，这也是道德教化的前提。从程序步骤上，在统治者能够做到使老百姓生产稳定、生活富足后，也即有"恒产"后，就开始向其灌输统治阶级的价值观念和道德要求，也即道德教化，具体而言，包括"谨庠序之教，申之以孝悌之义"，通晓"五伦"即"父子有亲，君臣有义，夫妇有别，长幼有序，朋友有信"的道理。

　　需要注意的，先秦儒家注重百姓的利益诉求，强调以物质利益为教化前提，这只是针对普通百姓而言的。对于广大的士阶层则有更高的要求，如孔子讲君子"谋道不谋食"、拒绝回答弟子樊迟所问"为稼为圃"之事等。当然，这里强调的是在富贵与道之间的取舍问题，即"见得思义"，并不说明他不看重温饱问题。孟子对普通百姓的要求是"有恒产者有恒心"，对士阶层的要求则是"无恒产也要有恒心"。而且，他希望知识分子能够"养浩然之气"。可见，在先秦儒家思想家那里，对于不同阶层区分对待，教化的要求也不一样。当然，这是基于他们对不同阶层的学习能力和学习态度的偏见。

　　先秦儒家道德人格教化思想中对百姓经济利益的考量，一方面是对社

---

① 王杰：《孟子仁政思想中的经济利益原则和道德教化原则》，《中共中央党校学报》2005 年第 2 期。

会经济发展的重视，另一方面，也凸显了儒家对个体善的人格理想的理性认识。应当说，先秦儒家的教化理念既有善的道德人格理想的指向，又表现出了对现实的人的生活之深度关切，这恰恰体现了先秦儒家道德人格教化的可能。

第二节　自我教化

先秦儒家教化是自上而下的政治伦理治理和自下而上的精神提升的有机结合。其中，主体对占社会主导地位的道德体系认同和信仰是建立在高度自觉基础上的，是出于自主选择的理性认同和自觉信仰。[1] 自我教化就是个体运用道德人格标准安顿自我身心的过程，表明了自我德性完善、自我道德境界提升，其实质是自我道德人格修养的过程。

孔子提出"己所不欲，勿施于人""己欲立而立人，己欲达而达人"，追求个人与社会、自我实现与社会责任的和谐，以自我人格完善与社会和谐发展为理想模式，揭示先秦儒家处理自我价值和社会价值、内在价值与外在价值关系的态度与方式。孟子树立圣人道德人格典范为法后世进行人格感化，"舜为法于天下，可传于后世，我由未免为乡人也，是则可忧也。忧之如何？如舜而已矣"（《孟子·离娄下》），从而启发受教育者以刚健自强、淑世济民的圣人为榜样，追求人生价值的实现。孟子将人格与教化有机结合，将人道、理性原则贯彻于道德教化中，注重个人修身，完善自我以成圣成贤。孟子还提出大丈夫道德人格来阐述其理想道德人格标准，"居天下之广居，立天下之正位，行天下之大道；得志，与民由之；不得志，独行其道"（《孟子·滕文公下》），从而确立了大丈夫应以维护人

---

[1]　郭广银主编：《伦理学原理》，南京大学出版社 1995 年版，第 411 页。

格的价值与尊严作为教化的价值原则。荀子认为应当通过"积善"彰显道德的主体性和自觉性。"凡治气养心之术，莫径由礼，莫要得师，莫神一好。……礼者，所以正身也；师者，所以正礼也。"（《荀子·修身》）荀子承认善行之善，强调自外铄性、化性以达到尧舜的境界。"尧禹者，非生而具者也，夫起于变故，成乎修，修之为，待尽而后备者也。"（《荀子·荣辱》）荀子从他律角度理解，认为圣人与普通人之间道德境界的不同，主要在于积伪程度差异。所以，道德教化、礼乐感化是成就道德人格的手段。《大学》指出"止于至善"是最高境界，而"知止"的内容，就是处理君臣、父子、夫妇、兄弟、朋友等伦理关系的相应道德要求，目的就是认识自己作为人的道德本质。而认识自己就要把握自己内在的道德需求，以"善端"作为实施自我教化的内在依据，通过追寻美好德性、克制恶性情欲、强调环境磨砺等维度开展自我道德人格教化。

一、追寻美好德性

（一）学思结合以求仁

孔子提出"性相近也，习相远也"（《论语·阳货》）的人性预设，从道德本原的高度上确定了人类道德本质的一致，同时也肯定了人性的不确定性以及后天修习的意义。"学而时习之，不亦说乎"（《论语·学而》），这里的学主要是效仿。朱熹注曰："人性皆善，而觉有先后，后觉者必效先觉者之所为，乃可以明善而复其初也。"[①] 意思是，人的本性都是善的，但是觉悟有先有后，后觉者应效仿先觉者，以恢复善良本性。

学的最高阶段是自身学习德行。而真正具有德行的精神不仅来自效仿，更重要的是需要投入和坚持。正如孔子对其弟子冉求的批评："力不

---

① （宋）朱熹：《四书集注》，岳麓书社 2004 年版，第 54 页。

足者，中道而废。今女画。"(《论语·雍也》)圣人就是人们中间那个彻底认识到"心所同然"的"明德"之人。孟子主张"圣人先得我心之所同然"(《孟子·告子上》)，进一步提出"形色，天性也；惟圣人然后可以践形"(《孟子·尽心上》)，当然圣人明德后，还以他的仁切近其他人，继续实践其德性以履行其作为社会成员的责任。在复杂关系中，圣人能够先明明德，并且可以"践形"，所以是典范。①

圣人君子具有先知先觉能力，而普通人只能是后知后觉，圣人君子承担觉后知、觉后觉的责任。而要做到这一点，不仅需要圣人君子等先觉者的责任心，还要有后觉者的学习态度。从客体角度，就是后知后觉之人要能够并且愿意接受教化，这样的人格教化才能有效果。先秦儒家以学并经常练习为快乐之事，从而指出后觉者效仿先觉者就可以明善，复归其初心本性。这从学习者的角度阐述了对君子道德人格的要求，也指出了学的真谛是效仿。而习则是一种实践。结合《论语》全篇来看，效仿一种理想道德人格并且经常实践练习，也是很快乐的事。

孔子一直认为，以学为乐是很高尚的事情，"好之者不如乐之者"(《论语·雍也》)，意思是懂得不如喜好，喜好不如乐在其中。朱熹引用尹焞的话说，"乐之者，有所得而乐也"②。这里指出，人能以学为乐，一方面是有所得才乐，另一方面，表明了对效仿先王圣贤、养成理想道德人格的不懈追求，也即学而不厌。结合自身学习的体会，孔子认为这已经达到了"乐以忘忧"的仁者境界，能有这种乐在其中的学习精神，也就自然可以顺利开展教化，所学所乐乃至所忧都是仁之道。

孔子关于学的思想基于其对人的层次的划分，即，"生而知之""学而知之""困而知之"三个层次，应当说，大多数人属于"困而知之"的

---

① [美] 杜维明：《道·学·政：儒家公共知识分子的三个面向》，钱文忠、盛勤译，生活·读书·新知三联书店 2013 年版，第 52—55 页。

② (宋) 朱熹：《四书集注》，岳麓书社 2004 年版，第 101 页。

层次。孔子讲"唯上知与下愚不移"（《论语·阳货》），认为一般而言人的性情可以改变，唯有非常聪明和非常愚笨的人不可改变。孟子也认为："自暴者，不可与有言也；自弃者，不可与有为也。"（《孟子·离娄上》）朱熹引用程子的话说，人如果能以善自治，没有不可改变的。即使昏愚之人，也逐渐磨炼有所进步，只有自暴者拒绝不信，自弃者禁绝不做，即使是圣人，也难以教化他。这里强调了只要学习态度端正，不自暴自弃，都可以实现德性完善。

学是追求美好德性、成就道德人格的重要途径。在孔子那里，礼是人立足社会的保障，"不学礼，无以立"（《论语·季氏》），所以君子要学礼。关于礼的知识，主要是通过学习古代典籍获取。"我非生而知之者，好古，敏以求之者也。"（《论语·述而》）同时，孔子认为，学习礼节条文和古代圣贤言论，有利于防止仁、智、信、直、勇、刚等道德意识的弊端，"好仁不好学，其蔽也愚；好知不好学，其蔽也荡；好信不好学，其蔽也贼；好直不好学，其蔽也绞；好勇不好学，其蔽也乱；好刚不好学，其蔽也狂"（《论语·阳货》），如同爱亲要懂得爱亲知识，爱君要懂得爱君知识，不然就会成为痴孝、愚忠。[①] 应当说，这里指出了先秦儒家之学的主要内容与重要性。博学是培养仁德、成就君子人格的重要途径。"百工居肆以成其事，君子学以致其道"（《论语·子张》）。所学的目的是求为仁之道，所学的内容是礼，包括典章制度、礼仪规范和著作义理，具体来讲，包括经过孔子致力整理的"六经"，即《诗》《书》《礼》《易》《乐》《春秋》，同时，也包括之前贵族教育的"六艺"，即礼、乐、射、御、书、数。可见，孔子认为学的内容是经典与技艺的结合，其中，尤以经典文化的传承和人文素养的培养为重。"君子博学于文，约之以礼"（《论语·雍也》），意思是，君子广泛学习各种人文知识，然后以礼规范自己的行为，如此才

---

① 朱伯崑：《先秦伦理学概论》，北京大学出版社 1984 年版，第 42 页。

能接近仁之道。君子还要通过道德修养来巩固自己学习成果，"不重，则不威；学则不固"（《论语·学而》），重点修养忠和信两种道德品质。孔子的弟子子夏说："贤贤易色；事父母，能竭其力；事君，能致其身；与朋友交，言而有信。虽曰未学，吾必谓之学矣。"（《论语·学而》）这里"未学"的"学"指学文，而能行孝悌忠信之学，则"不是学文，而是道德教育、人格教育……是整体意义上的学的概念"①，这也从侧面反映出君子之学并不仅仅是学文，而是广义上的学道，"君子谋道不谋食。耕也，馁在其中矣；学也，禄在其中矣。君子忧道不忧贫"（《论语·卫灵公》）。可见，君子所学内容不仅有实践技艺、典章礼仪，更有为人处世的道理，君子之学是成人成德之学。

荀子认为，道德品质是教育和环境的产物，所以，后天的努力学习对道德人格养成非常重要。"木受绳则直，金就砺则利，君子博学而日参省乎己，则知明而行无过矣。"（《荀子·劝学》）意思是，木材受到墨线的校正才能取直，金属刀剑用磨刀石磨过才能锋利，君子广泛学习又能坚持每天反省自己的思想言行，就能够见识高明而没有过失。可见，学习能够让人扩展知识面，也能让人改恶从善，从而使人的本性纳入正轨。荀子认为，人所学内容是礼，他认为礼是由圣王制定用以约束人之恶的本性。"今人之性恶，必将待圣王之治、礼义之化，然后皆出于治、合于善也。"（《荀子·性恶》）意思是，人的本性是恶的，必须要依靠圣明君王的治理和礼义教化，才能遵守秩序，合乎善良标准。而其最终目的是达到圣人境界，"学恶乎始？恶乎终？曰：其数则始乎诵经，终乎读《礼》；其义则始乎为士，终乎为圣人"（《荀子·劝学》）。荀子所强调的学的特点是善于利用客观条件，也即"善假于物"。他以渡河为例，指出人即使不会游泳，借

---

① 陈来：《论儒家教育思想的基本理念》，《北京大学学报（哲学社会科学版）》2005年第9期。

助舟楫也能渡江过河。既然人的资质秉性并没有什么不同，就要善于借助外部条件来增长智慧才干、完善道德品质。

先秦儒家强调学的重要性，也重视思的作用。"君子有九思：视思明，听思聪，色思温，貌思恭，言思忠，事思敬，疑思问，忿思难，见得思义。"（《论语·季氏》）从道德修养角度看，思就是通过理性思考来反省自己的言行并提升自身的道德素质。如果说，学是自我教化的感性方面，那么思就是自我教化的理性方面。作为理性思维活动，思的作用表现在两个方面：一是改正不符合道德标准的言行，有了过错不要忌惮改正；二是对符合道德标准的言行，要坚持不懈。如果自我反省没有问题，就不用忧愁恐惧。[1] 学思二者关系密切，学而不思考就会迷惘，思考而不学习就会倦怠。能做到"博学而笃志，切问而近思"（《论语·子张》），仁就在其中了。孟子将"耳目之官"与"心之官"进行比较，指出了前者不思而容易被外物所蒙蔽以至于误入歧途，而后者是上天赋予的有思考能力的器官，所以，要先将具有理性思考能力的"其大者"树立起来，强调了理性思维对于求仁进而养成大人人格的重要性。

（二）养气自省以迁善

孟子将孔子的性相近引申为性本善，提出了人性善的预设，指出人有与生俱来的先天"四端"，即"恻隐之心，仁之端也；羞恶之心，义之端也；辞让之心，礼之端也；是非之心，智之端也"（《孟子·公孙丑上》）。端，即发端。这先天"四端"，就如同人的四肢一样，是人所固有的，知道了就要扩大充实。"四端"与仁、义、礼、智的关系如同源头与流水的关系，如果能加以扩充，就会滔滔不绝成江河湖海。这一观点为孟子的道德人格养成理论提供了内在依据，决定了其向内固守本性、扩充善端、发

---

① 朱伯崑：《先秦伦理学概论》，北京大学出版社 1984 年版，第 43 页。

挥潜能的修养方法。在日常生活中，人如果能守住"四端"，则可以"居仁由义"成为君子，而放任外界诱惑导致"陷溺"，则沦为"穿窬"的小人。所以要"求其放心"。人的本性是善的，由于追求物质欲望的无限满足才压抑了本心。所以，养心没有比减少欲望更有效果的。

先秦儒家还提出了养气的修养方法，即"养吾浩然之气"。什么是"浩然之气"？"其为气也，至大至刚，以直养而无害，则塞于天地之间。其为气也，配义与道；无是，馁也。是集义所生者，非义袭而取之也。"（《孟子·公孙丑上》）这里的"浩然之气"不是一般的物质之气，亦非心理学上的气质之气，而是同义理结合在一起，是"集义所生"的志气、骨气，是经过日积月累而达到的一种精神境界。养气与存心联系在一起。孟子在与告子的辩论中，提出了"不动心"的修养方法，即不因个人利害得失动摇自己的信念。孟子认为，只有勇敢的人才能无所畏惧而不动心。勇有凭借气力过人的血气之勇，凭借勇气、勇敢精神的志气之勇，凭借坚定道德信念的义理之勇三个层面；而养勇的方法包括三种，即守力气、守志气、坚定道德信念。如果说告子所养之心是心理学上的心，是意志，孟子所守之心则是伦理学意义上的良心，它强调的是道德自觉。孟子的养气说作为一种道德修养方法，具体要求是要把道德准则当成内心的需要，多求己之心，而不勉强求之于外，强调了道德生活中主观能动性和自我道德修养。

自我反省，也可以称为自省。注重自省的修养方法，即"思则得之，不思则不得"，也即"反身而诚"。诚是什么？诚就是真实无妄。孟子非常推崇诚，以诚为天道，认为诚对于侍奉亲人非常重要，"悦亲有道，反身不诚，不悦于亲矣"（《孟子·离娄上》）。而要做到诚，就要"明乎善"，"诚身有道，不明乎善，不诚其身矣"。"明乎善"就是懂得人性本善，而要做到这点，就是要自我反省是否有这种真心为善的念头或者说通过理性思维进行自我反省，也叫"思诚"。

孟子认为，通过自省的方式让行为建立在"至诚"的信念上，即一心一意为善，就可感动一切，并由此处理好与亲人、与朋友、与上级的关系。诚意主要是从积极方面对修养的态度提出要求。"居下位而不获于上，民不可得而治也。……悦亲有道，反身不诚，不悦于亲矣。诚身有道，不明乎善，不诚其身矣。是故诚者，天之道也；思诚者，人之道也。"（《孟子·离娄上》）强调了人只有保持真情实感才能让亲人感到喜悦，并进而获得君主信任。这里看到了诚作为提高道德认识和实践道德原则的一种真实情感的重要性。诚意还需要明善，就是懂得这种道德自觉性。自省与现在的自我检讨、自我批评相似。"爱人不亲，反其仁；治人不治，反其智；礼人不答，反其敬——行有不得者皆反求诸己"（《孟子·离娄上》），就是在对自己的反省和检查中，改过迁善，提高自己的道德水平。这里对自己的反省主要是针对当时怨天尤人的现象来谈的。"人病舍其田而芸人之田——所求于人者重，而所以自任者轻。"（《孟子·尽心下》）孟子提出自我反省的修养方法，指出了自身的道德责任。

应当说，自我反省的修养方法，看到了自我反省对于提高人的精神境界的作用，强调人的主观努力和道德行为的自觉性。[①]

（三）躬行践履以明德

正如本书第三章第四节提到的，孔子非常重视道德实践，认为"躬行君子，则吾未之有得"，这里的躬行就是道德实践，孔子以"躬不逮言"为耻。"履，德之基也"（《周易·系辞下》），孔子主张通过躬行践履来激发道德主体内在的德性，他认为"力行近乎仁"（《礼记·中庸》）。当然，应当看到，孔子的行主要是对道德知识的践履和实行，体现在对"学而时习之"的"习"的理解上，按照朱熹的解释，"习"谓"鸟数飞也"，就是强调练习也即道德践履的重要性。孟子强调"深造以自得"，这里的"深

---

① 朱伯崑：《先秦伦理学概论》，北京大学出版社1984年版，第74—75页。

造"，强调主体存心养性的向内求取，也包括自觉效行，"服尧之服，诵尧之言，行尧之行"（《孟子·告子下》）。德性并非天赋，而形成于后天的人为即"圣人之伪"，基于这一认识，荀子也重视习行并以其为重要的道德修养方法。广义的习，也有道德践履的意思。"虑积焉、能习焉而后成谓之伪。"（《荀子·正名》）意思是，思虑不断积累，官能反复练习而形成一种常规，也叫人为。可见，个体掌握礼义等社会规范并不意味着化性的完结，还要道德主体进一步自觉践行。荀子以习行作为人格养成的条件，肯定了道德践行对人格养成的作用，也可以看作是德行与德性统一的进一步展开。

应当说，先秦儒家强调的道德实践既是个体性行为，也具备社会性意义。道德实践首先是个体自身的道德完善过程，体现为主体自觉、能动的道德活动，即行道有得的社会道德内化过程，也就是先秦儒家的修身成人的过程。同时，道德实践更重要的领域是社会生活，对于统治者来讲，就是施行"德治""仁政"，就是以德引领、以礼来规范的过程，而对于普通人来讲，就是要摆脱小我的局限，把个体自我的安身立命与天下兴亡联系在一起，秉持自强不息、刚健进取的实践品格，培养强烈的历史使命感。这一思想在《大学》的"八条目"中得以充分体现，修身、齐家、治国、平天下这些道德实践不仅是个体外部的社会行为，更是其光明德性的充分彰显。

二、克制恶性情欲

本书第三章第二节指出，欲望与理性的关系实质上是义利关系的延伸，而这里主要强调对恶性情欲的克制。欲是人的自然物质需要，是人类生存的物质基础，也是经济发展的内在动因。饮食欲与性欲是人类的两种基本属性，但是，欲望只是人类生存的必要条件，而不能表征人之为人的本质，因为，人与动物都有各种欲望，真正让人区别于动物的应是人的社会属性，而在先秦儒家看来，就是道德理性。如何正确处理物质欲望与道德理性的关系，一直为先秦儒家所重视，孔子主张"克己"的内省功夫、"欲而不贪"的中庸之道，当然，孔子并不是完全否定人的正当欲望，只是强调欲望的恰当、适度，而所克服之欲望，也是不恰当的欲望。这里的恰当、适度的标准就是礼的道德原则。荀子从"人生而有欲，欲不可得"引出了礼的道德规范。孟子认为人性本善，但是心受外部物欲所惑而蒙蔽了本心，所以要保持住仁义之心，即"存心"。"君子所以异于人者，以其存心也。君子以仁存心，以礼存心。"（《孟子·离娄下》）孟子认为，人皆有仁义之心，如果平时不勤加修养则容易丢失，所以道德修养就是要求其"放心"，也就是收回失去的良心，人无良心就与禽兽无异。怎样求其"放心"？孟子认为，就是要运用心之官的思维能力，抵御外物诱惑，保存住仁义之心，也就是"先立乎其大者"。这里思维的作用主要是反省固有观念，使其不受感官的影响，应当说，这是一种强调理性认识的倾向。孟子提出"养心莫善于寡欲"（《孟子·尽心下》），寡欲就是减少欲望。人的本性是善的，但是过于追求物质欲望的满足容易压抑本心。人减少欲望就不会轻易失去本心；而放纵欲望，则很难保存本心。因此，要保存仁义之心，就要寡欲。应当看到，这里的寡欲还并非宋明理学的存天理、灭人欲的极端主张，同时，这里的"寡欲"与道家主张以无欲、无为作为人性本质的"少私寡欲"不同。

孟子的寡欲主要是运用理性思维克服外在物质诱惑和感官对心的干扰，欲望减少了，影响人们脱离本心的外界因素就削弱了，所以说，这是以理义节制欲望。但是，对于欲望要辩证地看待，对于个人的私欲和大多数人的欲望，如果只顾个人欲望，容易利令智昏，但是考虑多数人的物质欲望，则是应该的。对于欲望和需要应当进行甄别，其中，需要是合理限度的欲望，为个人生存和社会发展所必需。

荀子从人的自然本能出发，将恶作为人性预设，"人之性恶，其善者伪也"(《荀子·性恶》),进而提出"化性起伪"的修养过程。荀子认为人性中固有"好利""疾恶""好声色"等劣根性,如果任由其自然发展,人类社会生活中的礼义等道德规范就无法存在,争乱不止,社会动荡。所以需要外在的约束机制来抑制人的性恶,礼法就应运而生。道德修养的根本就在于用后天人为来改造先天劣根,化而为善,适应外在的社会规范,这就是所谓的"化性起伪"。性就是人的自然属性,"若夫目好色,耳好声,口好味,心好利,骨体肤理好愉逸,是皆生于人之情性者也"(《荀子·性恶》),而伪是后天人为,礼义就是化性起伪的结果。"故圣人化性而起伪,伪起而生礼义"(《荀子·性恶》),礼义的产生在于调整人们的关系,通过对人欲的节制来养人之欲。"人生而有欲,欲而不得,则不能无求;求而无度量分界,则不能不争;争则乱,乱则穷。先王恶其乱也,故制礼义以分之,以养人之欲、给人之求。"(《荀子·礼论》)作为道德原则,礼义约束、改造人的自然属性以适应社会生活。君子与小人的根本不同就在于是否能化性起伪,改造自己,"凡所贵尧、禹、君子者,能化性,能起伪"(《荀子·性恶》)。

荀子提出"以心知道",指出理性思维的作用。"故心不可以不知道。心不知道,则不可道而可非道"(《荀子·解蔽》),心的作用就是知道,道就是规律和规范。如何认识道?就是虚壹而静。虚就是不存成见,壹是心思专一,静是不胡思乱想。就是通过心的作用,来把握社会道德规范的知识和社会规律。心只要专一没有成见,就能像一面镜子,从而掌握事物的规律,指导情欲的活动。这里心的作用的发挥也就是通过理性思维活动认识规律,以理化情,加强对情欲的理性指导。

三、强调环境磨砺

先秦儒家认为,人们应重视外部环境在道德人格养成中的作用。"里仁为美。择不处仁，焉得知"（《论语·里仁》），意思是，人能居住在有仁爱的乡里是美的，不选择仁人居住的乡里，是不明智的。这里强调了外在环境对培养仁德的重要性。孔子提到了君子在面对困境时的应当表现，"君子固穷，小人穷斯滥矣"（《论语·卫灵公》）。当孔子及其弟子在陈国断粮受困，面对弟子的质疑，孔子明确表达了君子对待困境的态度就是安守穷困，而非像小人一样胡作非为。

秉承孔子的思想，孟子也强调环境对于道德人格养成的作用，"富岁，子弟多赖；凶岁，子弟多暴，非天之降才尔殊也，其所以陷溺其心者然也"（《孟子·告子上》），指出了客观生活条件对人的影响。"今夫麰麦，播种而耰之，其地同，树之时又同，浡然而生，至于日至之时，皆熟矣。虽有不同，则地有肥硗，雨露之养、人事之不齐也。"（《孟子·告子上》）这里指出了后天付出劳动的多少决定着收获的多少。孟子还以"牛山之木"和"楚人学语"的故事说明环境对人的成长的影响。"牛山之木尝美矣，以其郊于大国也，斧斤伐之，可以为美乎？……牛羊又从而牧之，是以若彼濯濯也。"（《孟子·告子上》）这里，孟子以牛山之木比人，认为如果人在后天没有接受好的教化，也会变成无用之人。"有楚大夫于此，欲其子之齐语也……齐人傅之，众楚人咻之，虽曰挞而求其齐也，不可得矣。引而置之庄岳之闲数年，虽日挞而求其楚，亦不可得矣。"（《孟子·滕文公下》）意思是，在齐人群中学楚语，即使鞭挞，也很难有成效，在楚人群中学楚语，则容易成功，孟子以学习语言为例，强调了环境对人的习惯养成、品德修养的作用。正是对于环境作用有着清醒的认识，孟子要求"辟邪说""距诐辞"，让嘉言善行充斥于耳。

孟子还从人的主体能动性来谈环境对道德人格养成作用。"'孔子曰：里仁为美。择不处仁，焉得知？'夫仁，天之尊爵也，人之安宅也，莫之御而不仁，是不智也。"（《孟子·公孙丑上》）意思是，仁是上天尊贵的爵位，是人们安逸的居所，没什么阻碍却不能仁，是不明智的。孟子看到了人的本性虽善，但是养成仁德却受到外界条件的阻碍。在这一点上，人完全有自主选择的能力，关键看自己是否努力。人格的自我完善完全在于自己，每个人都是自主、自制、自决的，在此基础上，培养人格还要敢于和逆境斗争，能够"穷不失义，达不离道"（《孟子·尽心上》），持之以恒地追求道义，在非常时期，能为了追求理想人格做到"舍生取义"。应当看到，孟子强调环境作用，最终落脚点在人的主体能动性上，"学问之道无他，求其放心而已矣"（《孟子·告子上》），教育对人固有的善性有存养和扩充作用，但成败的关键在于求放心。这里强调了发挥主体能动性，正确处理环境与人的辩证关系。"故天将降大任于是人也，必先苦其心志，劳其筋骨，饿其体肤，空乏其身，行拂乱其所为，所以动心忍性，曾益其所不能。"（《孟子·告子下》）这里，孟子将逆境当作提高自己道德境界的手段，认为艰苦的环境正是锤炼道德意志的时机。这反映了他面对逆境时坚定的信念以及发挥自身主观能动性的积极态度。但是，他把逆境归之于天命，仅仅将道德修养指向提高自我道德境界的大丈夫人格，而并不包含改造客观环境的实践思想。

荀子将道德品质看作环境与教育的产物，认为化性起伪的过程与外在的环境、教育密不可分。"干、越、夷、貉之子，生而同声，长而异俗，教使之然也"（《荀子·劝学》），意思是，干、越、夷、貉四个族的孩子，生下来啼哭声一样，长大了能力、德性等差异就会有所显现，这是教化的原因。"可以为尧、禹，可以为桀、跖，可以为工匠，可以为农贾，在势注错习俗之所积耳。"（《荀子·荣辱》）这里强调了个人的措置与环境习俗对道德修养的影响。"居楚而楚，居越而越，居夏而夏。是非天性也，积靡使然也。"（《荀子·儒效》）"积靡"就是顺其习俗，逐渐熏陶的意思。在荀子看来，最好的环境就是能熟悉先王的遗言和学习礼义的地方。所以要"谨注错，慎习俗"，也就是要选择好的生活环境和习俗。"故君子居必择乡，游必就士，所以防邪辟而近中正也。"（《荀子·劝学》）意思是，君子居住时选择乡里，外出交游要结交贤士，可防止误入歧途而能接近正道。这可看作是对孔子"里仁为美"思想的发展。当然，我们还要看到，荀子对于环境在道德人格自我教化中作用的认识还体现在对于客观条件的重视，在他看来，君子与小人的本性并没有什么不同，都没有超人的智慧与良知良能，而君子之所以能实现自我道德人格的重要一点在于"善假于物"，也就是能利用客观条件来增长智慧与才能，提高自我道德品质。应当说，先秦儒家都强调环境对于道德人格自我教化的重要作用。

第三节　家庭教化

在宗法制基础上，国家是家族组织与国家政治组织合一的宗法等级制国家，而家是一个囊括了宗族、社会概念的大家，先秦社会呈现出家国同构的特点。一般认为，国家起源于氏族，家国联系紧密，形成一种伦理政治。先秦儒家主张"克明俊德，以亲九族。九族既睦，平章百姓"（《尚书·虞书·尧典》），这里由自身推到亲属，然后继续推及调和各异族、国内各部分人民，"同姓从宗，合族属"（《礼记·大传》），其核心精神在于利用人类的通性进行引导。先秦儒家认为人都亲爱自己的父母，从而遵从祖先，进而尊敬代表祖先的宗子。这样就以宗子关系联络全族，构成了以大规模家族组织为主要元素的政治，再与尊祖、敬天观念融合，全人类可视为一个家族。如此，"明乎郊社之礼，禘尝之义，治国其如示诸掌乎"（《礼记·中庸》）。也就是说，只要懂得宗法精神的要旨，即"天下之本在国，国之本在家"（《孟子·离娄上》）以及"欲治其国者，先齐其家"（《礼记·大学》）的家国同构的关系与机理，治理国家就易如反掌。①

---

① 梁启超：《先秦政治思想史》，上海古籍出版社 2014 年版，第 40、43 页。

西周时期，为了维护血缘家族以至于整个社会的亲疏、尊卑等级秩序，增强周天子为核心的政治系统控制力，孝悌之礼应运而生。为了对部族有效统治，周公旦制定的分封制、嫡长子继承制等政治制度与宗庙祭祀、同姓不婚、孝悌等伦理制度紧密结合，明确严格的亲疏尊卑和男女之别，体现尊尊、亲亲的政治道德原则，服务于血缘宗法关系。应当说，西周的家庭伦理与其政治形势紧密相连。

春秋战国时期，随着宗法制度解体与社会阶层流动，个体家庭也从氏族家族中脱离，建立在血缘宗族基础上、服务于宗法政治的家庭伦理开始转向主要协调个体家庭内部关系，具有繁琐特点的孝悌之礼也转变为孝悌之道，被赋予了形上意义，具备了社会普适性。[①] 战国时期，随着个体家庭地位凸显，先秦儒家高度重视作为社会基本生产单位的个体家庭，主张加强对家庭伦理关系的道德调节。

为研究方便，这里的家主要指狭义的个体家庭，涉及的伦理关系主要是父子关系、兄弟关系和夫妇关系等。其中，家庭占主导地位的家长以自己的示范作用开展道德教化。

一、父慈子孝

先秦时期，在以血缘关系为纽带的宗法等级制度下，在社会结构上家国一体，在观念上伦理与政治一体。在以血缘关系为纽带维系的家庭关系中，涉及传宗接代和延续血脉的亲子关系要先于夫妇关系。亲子关系中，父子关系明显重于母子关系。

调整父子关系的伦理道德准则是父慈子孝。慈表达了父对自己生命延续的内在情感，孝则是对自己生命根源的回溯和崇敬。这一准则反映了道

---

① 王利华：《中国家庭史》第 1 卷，广东人民出版社 2007 年版，第 218 页。

德主体间的责任、义务的一致性。当然，慈更倾向于情感，孝主要依靠自觉。

（一）父慈

"于父不能字厥子，乃疾厥子。……天惟与我民彝大泯乱。"（《尚书·周书·康诰》）这是周公旦训诫康叔的话，这里的"字"通"慈"，意思是为人父者不能慈爱而是怨恨自己儿子，就会导致上天惩罚，社会动荡，这从反面指出了父慈的重要意义。"君义，臣行，父慈，子孝，兄爱，弟敬，所谓六顺也。"（《左传·隐公三年》）这说明当时的社会已经把父慈与其他五种品德作为"六顺"，即六种带来好运的品德。孔子的父慈思想蕴含于其"仁"学思想体系中，"仁者爱人""亲亲为大"。并且，他提出的执政者对待臣民的"宽"的要求也可以推论到父对子的关系中。"子生三年，然后免于父母之怀"（《论语·阳货》），也说明了父母对子女的关怀。当然，从孔子对其弟子的爱护、对子女婚事的关心等，都能看出其慈爱的品德。孟子的父慈思想体现于其"亲亲而仁民"的思想中。荀子则直接将对"为人父"的要求规定为"宽惠而有礼"（《荀子·君道》），这是从礼的角度规定父亲角色。他还提出教育子女要守礼，为子女做出表率。"父为子亲矣，不诚则疏"（《荀子·不苟》），表明父子关系的亲近以及父子之间的真诚相待，尤其是父亲的是否真诚直接影响着儿子。

父慈这一道德要求还体现在父母对子女的教育上。先秦儒家以琢玉比喻，指出教育对子女成人成德的重要性。"玉不琢，不成器。人不学，不知道。"（《礼记·学记》）同时，也要求"父慈而教"（《左传·昭公二十六年》）。当然，教的首要目的就是让子女能知为人之道，所教的根本内容是孝道，所教的重要方式就是以身作则。首先，要求父母以身作则。先秦儒家强调父母自身道德品质对子女的示范引领作用，"其身正，不令而行；其身不正，虽令不从"（《论语·子路》），这句话尽管是对执政者来讲的，但是也适用于家庭中父母对子女的教育。作为子女的第一任老师，父母与子女接触最多，而且所教内容主要是为人处世等道德要求，这些特点决定了父母的表率作用。曾参烹彘就是一个典型的例子。根据《韩非子·外储说左上》的记载，曾子的妻子要去集市，为了不让儿子跟着，骗他说去集市回来给他杀猪。妻子从集市回来后，曾子就去杀猪。妻子制止他并说是与小孩子开玩笑。曾子说："婴儿非与戏也。婴儿非有知也，待父母而学者也，听父母之教。今子欺之，是教子欺也。母欺子，子而不信其母，非所以成教也。"结果真的杀了一头猪。其次，重视环境风气对子女的影响。先秦儒家看到了居住环境对子女成长的影响，所以，特别注意"择邻而居"。汉朝赵歧记载的故事"孟母三迁"说明了这个道理。孟子一家开始住在墓地旁，孟子就玩哭丧的游戏，孟母将家搬到市集旁，孟子就学做买卖和屠杀的内容，孟母又将家搬到学宫旁，孟子开始学习各种进退礼节。可见，孟母自觉并充分运用了环境对子女的影响。再次，提出易子而教的理念。这是主张把儿童送到别人那里进行教育。儿童十岁以后，就出去寻找老师教授，寄宿于外。孟子对这一做法进行了理论说明："君子之不教子，何也？"（《孟子·离娄上》）"势不行也。教者必以正；以正不行，继之以怒。继之以怒，则反夷矣。'夫子教我以正，夫子未出于正也'，则是父子相夷也。父子相夷，则恶矣。"（《孟子·离娄上》）孟子认为，君子不亲自教育自己的孩子，就是防止父子之间以善来相互责备而伤害了感情。因为道德教育本身就是要以身教为主要方法，而父亲做不到还勉强去教，就会导致教育效果不佳，而且损伤父子感情，这是从维护家庭关系和谐的角度来讲的，也是考虑父子之间的和睦与家庭教育之间的关系。孟子在评价匡章时也说："夫章子，子父责善而不相遇也。责善，朋友之道也；父子责善，贼恩之大者。"（《孟子·离娄下》）意思是，作为儿子，章子和父亲互相以善相责而不亲近。以善相责本应是朋友间的事情，父子之间这样做，就会非常伤感情，指出了君子不教子的深刻道理，不是在于不愿教育，而主要是因为父亲不能做到以身作则时容易引起矛盾，也表明了身教的重要性，这实际上强调了家长的榜样示范，即家长道德人格的感化作用。"身不行道，不行于妻子"（《孟子·尽心下》），家长的榜样示范有无穷的感化力量，家长的威信，主要来自人格的完善，并且完全建立在以身作则的基础上。[①] 当然，这种教化源于古代的社会特点，由于对传统经验的重视，也就树立了家长的权威性。先秦儒家认为，三年不改"父之道"，要求遵循父亲的训诫，这不仅源于对父亲的感情，应当还有经验传承的考量。还要注意到，在家庭里面，也存在"父有诤子"的现象，这种现象不同于责善，就是主张当父亲有了不义行为时要谏诤，当孩子有了不义行为时要告诫。可见，易子而教是先秦儒家基于既保全父子间的感情又不耽误孩子的教育的综合考量。

（二）子孝

关于孝悌这对道德规范，本书第三章第三节已经有过论述，这里主要从它作为教化方式这个角度来研究。孝悌是维护宗法社会稳定有序的重要手段。孔子的弟子有若说："其为人也孝弟，而好犯上者，鲜矣；不好犯上，而好作乱者，未之有也。"（《论语·学而》）意思是，做人能孝顺悌爱，而喜好冒犯上级的很少；不常冒犯上级的而喜好作乱的从未有过。这里认识到了孝悌让人安分守己，从而对治国理政产生重要作用。

先秦儒家重视孝悌对于政治的影响。"君陈，惟尔令德孝恭。惟孝友于兄弟，克施有政。"（《尚书·周书·君陈》）意思是，君陈，只要你有孝顺恭敬的德行。能孝顺父母，悌爱兄弟，就可以从政了。而当有人问孔子为什么不去治理国政时，孔子说："《书》云：'孝乎惟孝，友于兄弟，施于有政。'是亦为政，奚其为为政？"（《论语·为政》）意思是，《尚书》说：

[①]　徐仲林等主编：《中国教育思想通史》第 1 卷，湖南教育出版社 1994 年版，第 257 页。

"孝是什么？孝就是友爱兄弟，然后推及治理国政。"这就是治理国政，否则还有什么是治理国政呢？在孔子的思想中，孝悌与行政是一回事。《礼记·大学》对其逻辑表达得更为清楚直接："所谓治国必先齐其家者，其家不可教，而能教人者无之。故君子不出家而成教于国。孝者所以事君也，弟者所以事长也，慈者所以使众也。"朱熹注曰：孝、弟、慈，所以修身而教于家者。然而，国家中的事奉君主、事长、使众，道理也就是这些。①《孝经·广扬名》里谈道："君子之事亲孝，故忠可移于君。事兄悌，故顺可移于长。"这里孝移作忠，悌移作顺，与事君和事长的基本道理是一致的。"'之子于归，宜其家人。'宜其家人，而后可以教国人。……宜兄宜弟，而后可以教国人。"（《礼记·中庸》）这些都指明了齐家然后可以治理天下的观点。

孝是子对父的一项重要道德要求。它在先秦儒家的道德思想体系中具有基础性位置，从其与其他德目的关系中可见，"孝，礼之始也"（《左传·文公二年》）、"孝弟也者，其为仁之本与"（《论语·学而》）、"孝弟者，仁之祖也"（《管子·戒》）、"夫孝，德之本也，教之所由生也"（《孝经·开宗明义》），这里的"始""本""祖"意思相近，有根基、基础、开始的意思。从上面对孝的界定来看，孝是仁德的基础，是举止文雅的内在要求，是礼貌待人接物的开始。关键是，对百姓的一切教化都始于孝道。

有孝德之人对待父母，要事父母以敬、养父母以安、善继父之志、丧祭以礼。而有孝德之人还要慎重对待他人，善于推孝，甚至以大孝教化天下。孔子说："爱亲者，不敢恶于人；敬亲者，不敢慢于人。"（《孝经·天子》）孝德的培养和践行最先从家庭开始，但孝又不仅仅限于家庭这个小集团，家庭的孝只能算作"小孝"，先贤孔子更注重"大孝"的培养。所谓"大孝"，就是在家庭"小孝"的基础上，把对父母的亲亲之爱推广到

———————
① （宋）朱熹：《四书集注》，岳麓书社 2004 年版，第 12 页。

乡里、社会、国家，即以"小孝"为圆心向周围辐射同心圆，使发轫于家庭的爱、敬、孝、悌扩散到社会的各个层面，使人们生活在具有浓厚伦理情谊、"四海之内皆兄弟"的和谐社会。

在先秦儒家看来，在家能做到敬父爱母的子女，出去和人打交道也不会随意冒犯他人，而且他还会想着以孝之德行广泛地温暖他人、感化他人。曾子发挥孔子"为政以德"的德治思想，把孝的理念提升到"以孝治天下"的高度，他在《孝经》中提出"天子之孝""诸侯之孝""卿大夫之孝""士之孝""庶人之孝"。而作为亚圣的孟子则基于"孝，始于事亲"的观念，运用"推爱"的方式，把孝提升到了"大孝"的高度，提出了著名的"仁政"理念。孟子说："尧舜之道，孝弟而已矣。"（《孟子·告子下》）尧舜之所以被人称道就在于有大孝观。把对父母的敬爱和对兄弟的恭敬广泛推及社会，即"老吾老，以及人之老；幼吾幼，以及人之幼。天下可运于掌。……故推恩足以保四海，不推恩无以保妻子"（《孟子·梁惠王上》），后来人们在孟子"推恩"理念的启发下又提出了"百行孝为先"的大孝观念。

孟子以大舜为例，认为："舜尽事亲之道而瞽瞍厎豫，瞽瞍厎豫而天下化，瞽瞍厎豫而天下之为父子者定，此之谓大孝。"（《孟子·离娄上》）意思是，舜竭尽事亲之道来使瞽瞍高兴，瞽瞍高兴而感化整个天下，让瞽瞍高兴就能安定整个天下的父子，这就是大孝。孝的含义有不同层次，包括奉养双亲并使之精神愉悦，而这种通过孝顺自己的父母而教化天下，实际上已经突破了孝在家庭甚至家族的范围，而成为真正的大孝。

先秦儒家还从反面，也即以不孝的情况警示民众、进行家庭教化。孔子说："一朝之忿，忘其身，以及其亲，非惑与？"（《论语·颜渊》）意思是，因为一时的愤怒，而忘记自身，甚至连累到父母亲人，这不就是迷惑吗？孟子说："世俗所谓不孝者五：惰其四支，不顾父母之养，一不孝也；博奕（弈）好饮酒，不顾父母之养，二不孝也；好货财，私妻子，不顾父母之养，三不孝也；从耳目之欲，以为父母戮，四不孝也；好勇斗很（狠），以危父母，五不孝也。"（《孟子·离娄下》）一不孝者，即好吃懒做者；二不孝者，即游手好闲、玩物丧志者；三不孝者，即财迷心窍、忘恩负义者；四不孝者，即耽于享乐、纵欲寡耻者；五不孝者，即逞强好胜者。可见，第五类人正如同孔子所说的"忘其身，以及其亲"，不仅不孝而且还是父母的罪人、社会的败类。子女若不知修身谨行便容易惹是生非、滋生事端，以致身首异处，这便是大大的不孝。故孔子说："修身慎行，恐辱先也。"（《孝经·感应》）

先秦儒家重视人伦孝悌，但是并没有否定个体的自我意识，他们的伦理道德规范围绕"人"展开，在肯定人的独立人格的基础上来处理君臣、父子、夫妇关系。而后来，孝悌观成为压抑人性、禁锢人心的统治工具，成为愚孝，主要是经由汉朝的神秘化和宋代的哲学化造成的。

二、兄友弟恭

兄弟关系，是先秦家庭关系中除父子、夫妻关系之外的重要一维。兄弟同出一父母，骨肉相亲，具有重要的血缘关系，这一关系处理得好坏，直接影响着整个家庭关系。处理好兄弟关系是孝敬父母的表现，兄弟之间能够和睦相处，相互爱护，相互帮助，家庭和睦，父母就会愉悦。《中庸》有言："诗曰：妻子好合，如鼓琴瑟。兄弟既翕，和乐且耽。宜尔室家，乐尔妻帑。子曰：'父母其顺矣乎？'"就指出人与妻子和睦，与兄弟和谐，父母就能安乐。"兄爱而友，弟敬而顺"（《左传·昭公二十六年》），要求兄长能够爱护并对弟弟友好，弟弟要能尊敬并顺从兄长。"兄弟阋于墙，外御其侮"（《左传·僖公二十四年》），这说明，兄弟之间感情亲近，即使内部出现什么问题，遇到外部冲突时，也能一致对外。成年后，兄弟之间的关系扩展，直接影响着子侄关系、妯娌关系等，所以，处理好兄弟关系对于维持整个家庭的和谐至关重要。

应当说，先秦儒家非常重视兄弟关系。表现在对父子兄弟关系经常并提，对孝悌道德要求并举，并引申到仁义这对通用道德规范上，"仁之实，事亲是也；义之实，从兄是也"（《孟子·离娄下》）。孟子还从这对关系出发，将家庭伦理道德要求扩展到社会伦理要求，要求将对待自己父母的孝敬推及与自己没有血缘关系的老人，将对待自己孩子的爱护教育推广到与自己没有血缘关系的孩子。

先秦儒家针对兄弟关系所设计的道德规范是"兄友弟恭"，意思是，兄长要友爱、关心弟弟，弟弟要恭敬、顺从兄长。

一般认为，调节家庭内部兄弟关系的伦理规定是悌道。后世多将"悌"与"孝"并提，表示弟弟对兄长的敬爱与恭顺。而在早期文献《尚书·周书·康诰》中记载，"王曰：'封，元恶大憝，矧惟不孝不友'"。《尔雅·释训》有言："善父母为孝，善兄弟为友"，可见，处理兄弟关系的道德准则的"友"要早于"悌"。而根据学者考证，西周时期，"友"通常指同胞亲兄弟、同族兄弟以及亲族兄弟相处的准则。具体来说，同宗兄弟间，年长者爱护善待年幼者，年幼者尊敬顺从年长者，就是"友"。西周器物铭文中记载，兄弟共同参加祭祀和聚会宴飨，体现了同宗共祖的血缘亲情和手足相亲的兄弟友爱伦理。"以嘉礼，亲万民；以饮食之礼，亲宗族兄弟"（《周礼·春官·大宗伯》）就是一明证。当然，这些祭祀和宴会活动不仅能联络兄弟感情，也具有宗法政治意义。"帝作邦作对，自大伯王季。维此王季，因心则友。则友其兄，则笃其庆，载锡之光。受禄无丧，奄有四方。"（《诗经·大雅·皇矣》）正是通过"友"，统治者将自己与上天国运相联系。"君陈，惟尔令德孝恭。惟孝友于兄弟，克施有政。"（《尚书·周书·君陈》）可见，友与孝都具有宗法政治内涵。①

---

① 王利华：《中国家庭史》第 1 卷，广东人民出版社 2007 年版，第 198—200 页。

　　孔子主张孝悌并提，"弟子，入则孝，出则悌"（《论语·学而》），还强调长幼有序，最终实现"兄弟怡怡"（《论语·子路》）的理想家庭伦理目标，这同《尚书》中"友于兄弟"的观点是一致的，与当时嫡长子继承、兄长拥有更多特权的时代背景相关。孟子以人性观为基础，将调整兄弟关系的道德规范与性善论联系到一起。他认为，敬兄与爱亲都是"不虑而知"的"良知"、"不学而能"的"良能"，"孩提之童无不知爱其亲者，及其长也，无不知敬其兄也"（《孟子·尽心上》）。而对待兄长的态度是衡量一个人是否有羞耻之心的标准，"义之实，从兄是也"（《孟子·离娄下》）、"羞恶之心，义也"（《孟子·告子上》）。弟弟对兄长不恭敬不顺从，就是不义。而关于兄长对待弟弟的态度也有相应要求："仁人之于弟也，不藏怒焉，不宿怨焉，亲爱之而已矣。亲之，欲其贵也；爱之，欲其富也。"（《孟子·万章上》）意思是仁者对待自己的兄弟，就应不隐藏愤怒，不留存怨恨，要亲近爱护，亲近就希其尊贵，爱护就望其富有。这是舜处理兄弟之间关系遵循的道德原则，他并没有因为象是自己的弟弟就废弃原则，也没有因为坚守原则而破坏兄弟情义。荀子则直接回答了如何"为人兄""为人弟"，作为兄长，就应当"慈爱而见友"，即对弟弟仁慈而友爱，作为弟弟，就应当"敬诎而不苟"，即对兄长要能恭敬顺服而且一丝不苟。

　　"亲亲，则诸父、昆弟不怨"（《礼记·中庸》），意思是，亲近亲族则伯叔兄弟没有怨恨。如何才能让他们不怨恨呢？提供尊贵的爵位和丰厚的俸禄，与他们爱憎一致，就是为了勉励亲族之间相互亲近。孟子说："中也养不中，才也养不才，故人乐有贤父兄也。"（《孟子·离娄下》）养，"涵育熏陶，俟其自化也"[1]，意思是以自己的德行、才干影响教育子女兄弟，所以人们乐于有贤明的父兄。这里也对父兄提出了要求，就是以影响教育为己任。

---

① （宋）朱熹：《四书集注》，岳麓书社2004年版，第324页。

当然，应当看到，在先秦的家庭伦理中，虽然人们不断地提"兄友弟恭"，但是，相对于"父慈子孝"，它还是处于从属地位，这与兄弟关系从属于父子关系是一致的。

三、夫义妇顺

夫妇关系是人类社会发展到一定阶段，在一定的制度和规范下，缔结稳固婚姻关系、明确特定责任和义务的男女关系。探索家庭起源可从婚姻制度与形态入手，正如恩格斯所说，"三种婚姻形式大体上与人类发展的三个主要阶段相适应。群婚制是与蒙昧时代相适应的，对偶婚制是与野蛮时代相适应的，以通奸和卖淫为补充的专偶制是与文明时代相适应的"[①]。

随着婚姻制度的发展，亲属关系不断变化，这也是婚姻限制不断发展的结果。杂乱群婚阶段，亲属关系模糊不清；血缘群婚阶段，大抵只承认根据辈分等级划分的五种基本亲属关系，其他亲属关系尚不明确；氏族群婚阶段，出现了多种亲属关系；对偶婚时期，夫妻、父母子女、兄弟姐妹的关系明确，通常意义上的家庭建立。[②] 随着父权制的建立，传统家庭中的亲属关系逐步确立。

人类摆脱蒙昧阶段后，有了婚姻，形成家庭。家庭中的各种关系均源于婚姻，所以，夫妇关系成为人伦之本，在家庭伦理关系中居于重要地位。婚姻关系是基础，血缘关系是纽带，家庭据此二者建立，表现为同居共财、共同生活的亲属组织。其中，婚姻关系、血亲关系和同居共处生活是家庭关系中三个基本因素。

在先秦儒家思想中，夫妇关系在整个人伦关系中处于基础性地位，甚

---

① 《马克思恩格斯选集》第 4 卷，人民出版社 2012 年版，第 85—86 页。

② 王利华：《中国家庭史》第 1 卷，广东人民出版社 2007 年版，第 41 页。

至通于天道。"有天地然后有万物，有万物然后有男女，有男女然后有夫妇，有夫妇然后有父子，有父子然后有君臣，有君臣然后有上下，有上下然后礼义有所错。"（《周易·序卦》）"君子之道，造端乎夫妇，及其至也，察乎天地。"（《礼记·中庸》）由此可见在先秦儒家思想中夫妇关系之于整个人伦之道的重要位置，同时，它还以天地为其根源与形上依据。

先秦儒家认为夫妻关系和睦是家庭稳定发展的基础，"父子笃，兄弟睦，夫妇和，家之肥也"（《礼记·礼运》）。先秦儒家还把夫妇关系比作琴瑟关系，夫妻和睦也是子女对父母孝的表现。"《诗》曰：'妻子好合，如鼓瑟琴。兄弟既翕，和乐且耽。宜尔室家，乐尔妻帑。'子曰：父母其顺矣乎！"（《礼记·中庸》）夫妇关系还是礼的重要内容，人类社会中各种道德规范都是从男女关系中开始的。"男女有别，而后夫妇有义；夫妇有义，而后父子有亲；父子有亲，而后君臣有正。故曰：昏礼者，礼之本也。"（《礼记·昏义》）夫妇关系中还有男外女内的要求，"男不言内，女不言外"（《礼记·内则》），表明了夫妇之间的明确分工，也表明了男女地位有别，实际上，也变相地肯定了女性对男性的依附，女性无独立人格与尊严可谈。正如"天无二日，土无二王，家无二主，尊无二上"（《礼记·坊记》），这反映了当时社会活动的初步分工就是内与外的模式。其中，男性负责社会生产、社会交往、国家管理等"公"的领域，女性则只能做照顾老人、生养孩子、整理家务等"内"的事务。这种客观的分工模式，导致了因性别差异而带来的价值观与道德观差异，影响了男女平等关系，从而把女性排除在社会活动之外，造成了事实上的不平等。

先秦儒家对夫妇关系的要求是"夫义妇顺"，就是丈夫对待妻子要有恩义、正派，妻子对丈夫则要温柔、顺从。先秦儒家从天道为其寻找形上依据，"天尊地卑，乾坤定矣。卑高以陈，贵贱位矣。……乾道成男，坤道成女"（《周易·系辞上》），"恒其德。贞，妇人吉，夫子凶"（《周易·恒卦》），这里把夫妇关系视作天道，在阴阳对立统一中，男为阳，女为阴，阳尊阴卑象征男尊女卑。顺天道而行，就能和谐，违背天道就会导致社会失衡。所以，妻子就应当"以顺为正"，"从一而终"。

《论语》中对夫妇关系没有直接论述，关于女人的看法，有"唯女子与小人为难养也"（《论语·阳货》）。学界对其理解有争议。一种理解是，孔子将女子与小人等同，有轻视妇女的意思。另一种是重新断句，"唯女子与小人为，难养也"，则是为女性鸣不平。①

荀子认为，"夫妇之道，不可不正也"（《荀子·大略》），就是要求夫妇各守其道，也就是要摆正自己的位置。这里的正道就是为人夫要"致功而不流，致临而有辨"，为人妻要"夫有礼则柔从听侍，夫无礼则恐惧而自竦"（《荀子·君道》）。意思是，丈夫在外建功立业且不能放荡，在内要对妻子亲近且保持一定界限；对妻子来讲，丈夫循礼，就要听从丈夫安排，如果丈夫不守礼，就做好自己本分之事，小心翼翼保持肃静。由此可见，荀子对处理夫妇关系道德规范的设计，明显含有不平等倾向。"此道也，偏立而乱，俱立而治，其足以稽矣。"（《荀子·君道》）意思是，夫妇之间能各安其分、各守其道，家庭就能和谐，社会即可有序。荀子已经从纯粹血缘伦理开始向社会伦理转换，把家庭秩序原则引申到社会秩序领域。应当注意，尽管先秦家庭共同体以夫妻关系为基础，但是，在先秦儒家伦理体系中，父子关系才是家庭关系的核心。

夫妇关系概括了家庭关系中的横向规定。女子出嫁时，父母都要求其对丈夫顺从无违。"女子之嫁也，母命之，往送之门，戒之曰：'往之女家，必敬必戒，无违夫子！'以顺为正者，妾妇之道也。"（《孟子·滕文公下》）

西周时期，为加强宗族关系，在政治体制上，统治者"分封亲戚以藩屏周"，即实行分封制。分封主要以血缘关系为基础，周天子为天下共主，也是周代族人的大家长，周天子的兄弟子侄受封诸侯国，各诸侯国

---

① 董日臣：《孔子"三案"辩证》，《深圳大学学报（人文社会科学版）》2001年第18期。

的兄弟子侄受封卿大夫。亲亲、尊尊构成了先秦宗法制的实质。所谓亲亲，就是宗族间的血缘关系；尊尊，强调了贵族间的等级关系。这是利用宗族血缘关系来维持周天子地位和权威，维护统治者利益。《周礼·春官·大宗伯》中"以饮、食之礼，亲宗族兄弟"，这是对同姓宗族的礼节；"兄弟既具，和乐且孺"，是以兄弟关系象征同族关系。周代的同姓不婚制度，通过与异姓联姻而扩大了血缘联盟的范围。在《诗经·小雅·伐木》中，"既有肥羜，以速诸父。……既有肥牡，以速诸舅"，"诸父""诸舅"将异姓纳入自己的宗族中，置于平等地位。以血缘关系为主的分封制维持了宗族内部关系，同时，还要依靠礼仪在宗族的统治秩序和伦常秩序中形成的政治、宗教权力。

先秦儒家对家庭伦理关系的处理，直接影响着家庭的和睦，最终目的是社会的稳定和谐。这符合当时血缘宗法制社会的状况，即，私有制基本确立、国家政治生活由"公天下"向"家天下"转变、以家族为本位、父家长制的背景。先秦儒家对父子、兄弟、夫妇等关系所提出的道德要求，用现代语言表达，蕴含了权利义务对等的思想。其中，对在上位、年长者、位尊者的要求在先，而对下位者、年幼者、位卑者的要求在后。

第四节　社会教化

先秦儒家道德人格教化还体现在社会生活领域。作为个体理想存在的道德人格，不仅强调对自我德性的完成，重视家庭领域里各种伦理关系的协调，更关注在社会生活领域，尤其是政治领域，利用道德人格将人伦理则内化为社会现实中相关个体、群体的价值观念和行为模式。正如梁启超指出的，儒家的理想政治，就是希望人人将其同类意识扩大到极致，到达

"仁"的世界。[①]"仁"即人格的表征，并且是两人以上相互间的同类意识。人格的智的方面表现为同类意识，情的方面表现为同情心。"有知之属莫不知爱其类"（《礼记·三年问》）。爱类观念的积极发动就是仁，也表明同类意识觉醒。[②]这种爱类也就是先秦儒家孟子所主张的善推其所为。

一、以教化引导民众向善

春秋末期，礼乐崩坏，孔子试图重新恢复周朝的礼乐文明，实现其社会理想。为此，他提出以仁为核心，主张"克己复礼"的儒家教化理论。当然，这个礼不是原封不动的周礼，而是注入了"仁"之精神。"人而不仁，如礼何？人而不仁，如乐何？"（《论语·八佾》）应当说，儒家教化理论以道德理念为核心，这与其伦理学说相一致，体现了道德、政治、教育一体的特点。

（一）先秦儒家"德主刑辅、先教后刑"的治政策略

国家的权威诉诸治理手段的道德合理性，而非权力的强制，也即民众对国家权力的服从基于对国家政治伦理正当性的认可。先秦儒家认为，要使老百姓遵纪守法、社会稳定有序，有两种手段：一种是教育手段，道德教化；一种是行政手段，法律刑罚。两者目的一致，但功效不同。"道之以政，齐之以刑，民免而无耻。道之以德，齐之以礼，有耻且格。"（《论语·为政》）政是法制禁令，刑是刑罚。德是"在上者自己之人格与心地"[③]，礼是制度品节。意思是，用政令来教导，用刑罚来统治，民众因畏惧而服从，但缺乏廉耻；用德行来教导，用礼仪来治理，民众有廉耻并且

---

① 梁启超：《先秦政治思想史》，上海古籍出版社 2014 年版，第 76 页。
② 梁启超：《先秦政治思想史》，上海古籍出版社 2014 年版，第 74 页。
③ 钱穆：《论语新解》，生活·读书·新知三联书店 2012 年版，第 23 页。

敬服。从表面来看，德礼与政刑都能让百姓从行为上整齐划一。但是，德礼的作用更多的是促使双方情意相通，自觉遵守并践行制度，是由内而外地服从统治，而不是因为畏惧，这与刑罚带来的整齐秩序有内在的质的不同。"言躬行以率之，则民固有所观感而兴起矣，而其浅深厚薄之不一者，又有礼一之，则民耻于不善，而又有以至于善也。"①德礼相辅相成，达到整齐划一且知耻向善的目的。这里所谓的德是德性与德行的集中表现，或者说是道德人格，具有使人知耻的功能。总的来看，政、刑、德、礼四者关系如下："政者治之具，刑者辅治之法，德礼则所以出治之本，而德又礼之本也。"②

这表明了就维护统治者统治而言，儒家认为民众对道德教化和政令刑罚两种手段功用的认可程度不同，道德教化依靠统治者自己的人格和心地，没有居高临下的姿态，能使统治者和被统治者在感情上沟通顺畅。政令刑罚只能使百姓自求免于刑罚，而不能真正服膺统治者的领导，也不会从内心感觉违背统一的制度、标准是可耻的，所以，与政令刑罚相比，道德教化维护统治的效果更明显。"然政、刑能使民远罪而已，德、礼之效，则有以使民日迁善而不自知。故治民者不可徒恃其末，又当深探其本也。"③也就是说，政刑只是做到让百姓不敢犯罪，而德礼则具有从根本上潜移默化地引导百姓向善的功效。

应当说，这里所讲的道德教化符合道德教育规律，一方面，它依靠统治者自身的道德人格和情感沟通；另一方面，它最终追求百姓的向善之心，而非仅仅表面的服从。正是遵循道德教育的内在规律，即紧密联系受教育者的内心道德需求进行施教，所以教育的效果就比较显著。当然，先秦儒家强调道德教化对于百姓的人心改造和政治统治，但是这并不意味着

---

① （宋）朱熹：《四书集注》，岳麓书社2004年版，第62页。
② （宋）朱熹：《四书集注》，岳麓书社2004年版，第62页。
③ （宋）朱熹：《四书集注》，岳麓书社2004年版，第62页。

忽视政令刑罚的作用，相反，先秦儒家一直强调政令刑罚对于维护统治的
重要作用。

（二）先秦儒家以道德人格开展教化的方式选择

"政者，正也"（《论语·颜渊》），孔子非常重视执政者自身道德品质
在政治生活中的教化作用，就是执政者运用自身道德行为和道德品格感
染、教育民众，强调了以身作则的原则。道德教化与知识教育的很大不同
就在于，道德教化需要运用教化者自身的人格魅力。

先秦儒家重视道德人格教化是由其教化的内容特点决定的。无论是孔
子所谓的"文、行、忠、信"，还是孟子所谓的"五伦"之教，都呈现出
浓厚的道德色彩，故而，尤其需要教育者自身的典范作用。同时，这也
是由儒家对身教作用的认识决定的。孔子说："君子笃于亲，则民兴于仁；
故旧不遗，则民不偷。"（《论语·泰伯》）《大学》有云："一家仁，一国兴
仁；一家让，一国兴让。"孟子说："天下之本在国，国之本在家，家之本
在身。"（《孟子·离娄上》）这分别从民众品质提升、社会风俗美化及国家
治理等方面说明了道德人格教化的重要作用。

执政者如何运用道德人格标准进行教化？先秦儒家继承西周重视德
治的传统，以道德教化为其治国方案，同时，融入了仁的精神，主张以身
作则、正己正人，从而达至与民同归于善的理想境界。

1. 为政以德供民效仿而治

"为政以德，譬如北辰居其所而众星共之。"（《论语·为政》）意思是，
执政者用德行来治理国家，如同北极星在自己位置上不动，其他众星四面
环绕拱卫。朱熹认为，政就是正人之不正，而德就是得于心而不失。① 这
里强调了国家治理中执政者要注重自身道德修养。因为先秦儒家认为治理

---

① （宋）朱熹：《四书集注》，岳麓书社 2004 年版，第 61 页。

国家的实质是完善百姓道德品质，而个体品德形成更多地依靠个体内在自觉。所以，作为执政者，主要是要认真修养自身品德，以供百姓效仿，当全体百姓品德修养都达到一定的境界时，国家自然能治理好，这也就是先秦儒家提出"无为而治"的实质。"无为而治者其舜也与？夫何为哉？恭己正南面而已矣。"（《论语·卫灵公》）意思是，能做到无为而治的人，只有舜。他做了什么呢？就是恭敬谨慎地修养自己然后端坐罢了。朱熹认为，这是强调圣人德盛而民化，不需要等待有所作为。[①] 当然，与道家的无为不同，儒家的无为是以身作则，同时又能任用贤人，所以无须多做。孟子也认为执政者道德修养的高低，决定着国家的治乱兴衰。"君仁，莫不仁。君义，莫不义。君正，莫不正。一正君而国定矣。"（《孟子·离娄上》）意思是，国君端正就没有人不端正，国君端正国家就能安定。"政者正也。子帅以正，孰敢不正？"（《论语·颜渊》）从政主要依靠执政者自身修养，其人格高尚，老百姓纷纷效仿。从国家治理的机制来看，执政者加强自身修养，有利于政令推行。"其身正，不令而行；其身不正，虽令不从。"（《论语·子路》）正身能促进政令推行，不正身，即使有政令，也难以推行下去，这表明了正身的强大感召作用。"苟正其身矣，于从政乎何有？不能正其身，如正人何？"（《论语·子路》）可见，孔子将执政者的正德修身与从政紧密联系在一起。季康子问孔子如何才能让民众敬上、忠诚和勤勉，孔子说："临之以庄，则敬；孝慈，则忠；举善而教不能，则劝。"（《论语·为政》）就是说，对民众庄重，他们就会敬你；能引导民众孝敬老人，慈爱幼儿，自然就能获得他们的忠诚；如果能提拔重用德才兼备者，并不放弃教育那些能力欠缺的人，他们自然就会相互劝勉，加倍努力。相比较于刑罚，执政者的人格示范具有更强的道德感召功能，这符合上行下效的道理。当然，统治者还要注意自己的言行，洁身自好。因为，

[①] （宋）朱熹：《四书集注》，岳麓书社 2004 年版，第 184 页。

政治实践表明，臣民对待君王，不仅仅是听其命令，更多的是观其细节，察其好恶，效其行为。"下之事上也，不从其所令，从其所行。上好是物，下必有甚者矣。上之所好恶，不可不慎也，是民之表也。"（《礼记·缁衣》）

2.道德感化使民知耻向善

孔子提出"道之以德，齐之以礼，有耻且格"（《论语·为政》），意思是用德行来教导，用礼义来整治，百姓不仅知廉耻，而且能敬服。这里主要强调用道德教育来感化他们的心灵，用道德规范来统一行为，百姓就有羞耻之感且有向善之心。"道之以德，这是自身上做出去，使之所向慕。齐之以礼者，是使之知其冠婚丧祭之仪，尊卑大小之别，教人知所趋。既知德礼之善，则有耻而格于善。"① 只有道德教化，才能让百姓明白道德是非，在言行上进行道德选择，即使出现错误，也应有羞耻之心，自觉改正。② 这里主要强调通过以身作则实现人格感化，以启发受教育者的自觉性，养成良好的社会风气。社会风气形成后，有过错者，不待别人指出，自己就能感到羞愧并且主动改过。孟子主张发挥人格感化的作用，"善政不如善教之得民也"（《孟子·尽心上》），这里的政就是法度禁令，只能强制百姓遵守，而教则主要是发挥道德人格与礼的作用，更能从心上下功夫。这里的心，主要是羞耻之心，"耻之于人大矣"（《孟子·尽心上》）。孟子提倡王道，反对霸道，主张用感化的手段，让百姓心悦诚服。因为，凭借力量来让人服从，不是心服，只是实力不够，而依靠道德来使人服从，他人才心悦诚服。"以力服人者，非心服也，力不赡也；以德服人者，中心悦而诚服也。"（《孟子·公孙丑上》）他还主张"以善养人"，而非"以善服人者"（《孟子·离娄下》）。养和服的区别就在于，前者指向民心，注重运用教育影响，而后者指向取胜结果，强调使用强权威力。朱熹认

① （宋）黎靖德：《朱子语类》第一卷，杨绳其、周娴君点校，岳麓书社1997年版，第495页。

② 罗国杰：《以德治国与公民道德建设》，河南人民出版社2003年版，第36页。

为，服人就是想取胜于人；养人则是想与人同归于善。①孟子所主张的教化就应当是以仁恩来养人，使其心服。

实际上，这是运用统治者的道德修身、道德人格魅力来感染教化百姓，激发其羞耻心，引导其向善心，让其心悦诚服，以正人之不正，实现国家治理的清明有序。这里运用的是效仿、从众以及对权威崇拜的心理机制。

3.选贤任能启民扬善去恶

先秦儒家主张以道德人格为选拔人才标准，以贤能人才作为学习榜样开展教化。孔子认为推举贤才是一项重要政治措施，"大人不亲其所贤，而信其所贱，民是以亲失，而教是以烦"（《礼记·缁衣》），"君子尊贤而容众，嘉善而矜不能"（《论语·子张》）。孟子主张让有才德的人去做领导，"尊贤使能，俊杰在位"（《孟子·公孙丑上》），"尊贤育才，以彰有德"（《孟子·告子下》）。荀子提出了"论德而定次，量能而授官"（《荀子·君道》），就有积极的效果，"尚贤推德天下治"（《荀子·成相》）。用贤人进行教化不仅要推举贤能，也要远离奸佞，堵塞钻营的空间。"举直错诸枉，则民服；举枉错诸直，则民不服。"（《论语·为政》）意思是，如果把正直之人放置在邪曲之人之上，那不仅直者服气，枉者也服气；相反，如果举用邪曲之人，放置正直之人之上，则民不服。其心理机制在于"喜直恶枉，乃人心共有之美德"②。所以，在上位者要扬善去恶，"亲贤能，远小人"，使举善荐贤产生积极的教化效应。由于理想道德人格具有完美高尚的特点，并且有引领善、摒弃恶的功能，所以，普通人学习效仿，对照理想人格标准，改过迁善。"三人行，必有我师焉；择其善者而从之，其不善者而改之。"（《论语·述而》）每个人都有自己的长处，也都有自己的

---

① （宋）朱熹：《四书集注》，岳麓书社 2004 年版，第 326 页。

② 钱穆：《论语新解》，生活·读书·新知三联书店 2012 年版，第 40 页。

短处，即使在上位者，也需要不断学习，见到长处主动汲取，见到不好就"内自省"，其实质就是用贤德教化，推举贤德之人就是确立教化主体。①

先秦儒家提出采取加强统治者自身道德修养与选用贤人相结合的治理模式，认为圣君贤相在上位，就可以安治天下，所谓"君子笃恭而天下平"（《礼记·中庸》）。这里强调了在上位者的表率作用，而此种政治被现代人所诟病的就是"其人存则其政举，其人亡则其政息"（《礼记·中庸》）的结果，这也是儒家人治主义的最大弊端。究其实质，先秦儒家认为培养完善政治道德人格是其目的，"故其言政治，惟务养成多数人的政治道德、政治能力及政治习惯"②。先秦儒家所希望的不仅仅是治理民众和处理政事，更要"化民成俗"（《礼记·学记》），也就是要"劳之来之，匡之直之，辅之翼之，使自得之"（《孟子·滕文公上》）。可见，执政者的任务主要是扶翼匡助，最终是使民"自得"，民众能够自得，社会组织就可以有条不紊。这里的执政者其实等同于教育家，所以，"天佑下民，作之君，作之师"（《尚书·周书·泰誓上》）。

而先秦儒家主张在上位者能以身作则、移风易俗，在于相信同类具有感召作用。当然，这种感召，不仅指上对下，也包括一般人之间的影响。"一家仁，一国兴仁；一家让，一国兴让；一人贪戾，一国作乱：其机如此"（《礼记·大学》），可见，一人一家对于国家的影响，都非常大。按照孔子的说法："《书》云：'孝乎惟孝，友于兄弟，施于有政。'是亦为政，奚其为为政。"（《论语·为政》）也就是说，孝顺父母，友爱兄弟，把这种风气，带到政治上，就是从政。所以，"儒家所谓人治主义，绝非仅侍一二圣贤在位以为治，而实欲将政治植基于'全民'之上"③。

---

① 李承贵：《儒家榜样教化论及当代省察——以先秦儒家为中心的考察》，《齐鲁学刊》2014年第4期。

② 梁启超：《先秦政治思想史》，上海古籍出版社2014年版，第87页。

③ 梁启超：《先秦政治思想史》，上海古籍出版社2014年版，第90页。

可见，先秦儒家政治的目的和手段，就是要完善民众人格。从目的看，政治与道德合一；以手段言，政治与教育合一。道德的归宿，在于以同情心组成社会，教育的次第，就从个体同情心的最切近者来启发。"孩提之童无不知爱其亲者，及其长也，无不知敬其兄"（《孟子·尽心上》），先秦儒家主张对人人都有的同情心进行培育扩充，实现理想的"仁的社会"，"人人亲其亲、长其长，而天下平"（《孟子·离娄上》）。①

二、以礼乐形式开展教化

孔门授徒之内容，无论是礼、乐、射、御、书、数"六艺"，还是《诗》《书》《礼》《乐》《易》《春秋》"六经"，都包含礼、乐两门，可见其重要性。为什么孔子重视礼乐呢？《孝经》曰："安上治民，莫善于礼，移风易俗莫善于乐。"可见，礼乐是先秦儒家治国化民的关键。

（一）约之以礼的行为规范养成

除了运用以身作则的示范功能发挥之外，先秦儒家还注重运用礼之教化方式，发挥礼在引导民众情感趋于理性、明确民众分位实现利益均衡的功能。孔子毕生为求恢复周礼，并且提出"克己复礼"的伦理学说，以礼作为治国化民、立身处世的基本规范。"上好礼，则民易使也"（《论语·宪问》），"不知礼，无以立"（《论语·季氏》），"君子博学于文，约之以礼，亦可以弗畔矣夫"（《论语·雍也》）。荀子更加重视礼，将其视为匡定天地四时的准则。"天地以合，日月以明；四时以序，星辰以行；江河以流，万物以昌；好恶以节，喜怒以当；以为下则顺，以为上则明；万物变而不乱，贰之则丧也。礼岂不至矣哉！"（《荀子·礼论》）礼是什么？在孔子

---

① 梁启超：《先秦政治思想史》，上海古籍出版社 2014 年版，第 90 页。

的思想中，礼以敬为根本，以和为重要用途，以让为实质。而孟子的概括更为精辟，"礼之实，节文斯二者是也"（《孟子·离娄上》），"一义为'节制'，亦即'克己'之意；另一义为'文饰'，即孟子将节制和文饰铸合为一，使得其'中'，便谓之'节文'"①。在春秋时期，礼主要指周朝的宗法等级制度，后来，又逐渐延伸到调整行为举止的社会规范、行为方式。"礼仪、礼制、礼则，就是礼在儒家学说中的基本内涵，而在伦理道德思想方面，主要指人们的行为规范和行为模式。"②

1. 引导民众情感趋于理性

先秦儒家以礼导民，注重从细微处入手，引导民众认同社会道德准则，塑造理想道德人格，维护社会秩序。先秦儒家不但注意到人与人之间关系的亲爱与和谐，而且也关注人与人之间关系的差别与对立，表现在富贵贫贱的不同，这种不同决定了人们之间的道德义务和道德责任不同，就需要遵循一定的价值准则去调节，礼便是价值准则的外化。它通过调节民众的情感，引导其在一定的价值准则里无过无不及，使人性合于理性，人道合于天道，实现调节人际关系的目的。"孰知夫礼义文理之所以养情也？……故人一之于礼义，则两得之矣；一之于情性，则两丧之矣。"（《荀子·礼论》）如果人专注于礼义，礼义情性都可保存，相反，如果只顾情欲满足，那么礼义情性都难以保全。可见，通过调养情操趋于理性，是先秦儒家以礼约束民众的重要功用，而其实质在于通过礼的教化促使个体获得相应的文化身份和道德义务等客观规定性。

2. 明确分位实现利益均衡

正如荀子在论及礼的起源时所提的，礼主要是用来平衡物资与欲望的

---

① 杨明：《个体道德·家庭伦理·社会理想：〈礼记〉伦理思想探析》，《道德与文明》2012年第5期。

② 唐凯麟、曹刚：《重释传统——儒家思想的现代价值评估》，华东师范大学出版社2000年版，第200页。

矛盾而制定的。"先王恶其乱也，故制礼义以分之，以养人之欲、给人之求。"(《荀子·礼论》)在荀子那里，礼就是道德的核心，它通过明确分位，既能满足人的情欲，同时还能有所节制。它的目的就是"欲必不穷于物，物必不屈于欲"(《荀子·礼论》)，也就是按照礼制行事，就能不争不乱，进而有秩序。可见，礼的作用不仅在于调养情性，而且还进行角色区别。"君子既得其养，又好其别。曷谓别？曰：贵贱有等，长幼有差，贫富轻重皆有称者也。"(《荀子·礼论》)对于先秦儒家而言，礼具有非常具体的教化意义。"冠礼在明成人之责；婚礼在成男女之别，立夫妇之义；丧礼在慎终追远，明生死之义；祭礼使民诚信忠敬……乡饮酒之礼联络感情以明长幼之序；射礼由体育活动可以观察德行。"①礼渗透在日常生活的方方面面，蕴含着对全社会具有约束力的规范价值，而先秦儒家正是以此来安排分位，确定权利与义务，从而使得人们的欲求既得到满足又不逾越必要限度。

礼教是先秦儒家教化的重要形式，离开了"礼"，仁义道德教化就无法实行。但是，这里的礼教主要关注亲疏、尊卑、长幼等名分及其差异性，这与同时代法家强调同一性的法不同，后演变为"礼法之争"。当然，这并不能说明先秦儒家否定法律，只是表明其"德本刑末"的教化策略。在培养民众道德人格、实现教化方面，相较于法，礼显然有独特的功用。"凡人之智，能见已然，不能见将然。夫礼者禁于将然之前，而法者禁于已然之后……曰礼云礼云者，贵绝恶于未萌，而起教于微眇，使民日迁善远罪而不自知也。"(贾谊《治安策》)意思是，法等同于事后治病的医药，礼如同事前防病的保健方法。法倾向于通过强制力发挥作用，礼主要通过社会舆论和社会习俗产生功能。儒家以礼导民，就是从细微处入手，引导

---

① 郭齐勇主编：《儒家文化研究》第 3 辑，生活·读书·新知三联书店 2010 年版，"弁言"。

民众养成良好的道德习惯，塑造健全的道德人格。

在传统社会中，礼蕴含着对全社会具有约束力的信念、价值、规范。
"在乡土社会的礼治秩序中做人，如果不知道'礼'，就成了撒野，没有
规矩，简直是个道德问题，不是个好人。"①所谓礼治，就是对传统合理规
则的遵循。在人与人的关系中形成一定规则，并把规则转化为行为习惯。
维持礼俗依靠的不是外部强制，而是内在自觉，强调个体的修身、克己。

（二）和之以乐的精神秩序建构

先秦儒家注重以礼乐施行教化，其中，礼用以区分尊卑、长幼、亲疏
等，使人与人之间保持适当分位，形成一定的秩序。而人与人之间区分得
太清楚，又会导致感情的疏远和隔阂，所以在教化中就需要乐来协调人之
情感以和谐人伦关系，节制人之欲望，引导其提升自身道德境界，从而达
到精神秩序的建构。

1. 协调人之情感以和谐人伦关系

在先秦儒家思想中，相对于礼的外在规范而言，乐更倾向于内在情感
调节。礼让等级之间有所别异，促使下者敬上、贱者敬贵，但是外在的尊
敬不等同于内在的无怨。而乐正是以通于人情的特点发挥着培养化育人之
情感的作用，使人不仅因外在约束而不争，更因内在感情而无怨，从根本
上杜绝暴乱和纷争，这实际上是伦理学意义上的"自律"。荀子认为乐就
是欢乐的意思，是人的情感中必不可少的内容，人的言行举止等都要通过
乐来表现，而如果不加以引导，容易引起祸乱，"形而不为道，则不能无
乱"（《荀子·乐论》）。正是基于这种通于人情的特点，先王制作"雅颂
之声"以引导民众，感动"善心"，远离"邪气"，辅助礼施行教化民众
之功能。乐发于人的内心故而使人平和安静、相互亲近，从而调节人之

---

① 费孝通：《乡土中国》，人民出版社 2015 年版，第 67 页。

内心以及人与人之间的关系，"乐由中出故静""乐至则无怨"（《礼记·乐记》）。而音乐与政治、伦理相结合，在调和民心、上下中彰显其主和的特点。"故乐在宗庙之中，君臣上下同听之，则莫不和敬；在闺门之内，父子兄弟同听之，则莫不和亲；在乡里族长之中，长少同听之，则莫不和顺"。（《荀子·乐论》）

2.节制人之欲望以提升自身道德境界

乐的调和作用还表现在以道义引导欢乐，制约欲望。"乐者，乐也。君子乐得其道，小人乐得其欲。以道制欲，则乐而不乱；以欲忘道，则惑而不乐。"（《荀子·乐论》）在先秦儒家思想中，人的不道德行为源于对物欲的追求，所以乐的产生不是追求欲望的满足，而是"反人道之正"，即引导民众追求做人的规范以节制欲望。当然，荀子之乐有明显的等级区分，但是其提出的以道制欲，的确看到了乐在情感体验中提升自身道德境界的功效。平和中正之音，能涵养人的德性，有益于身心健康。所以先秦儒家主张以德音雅乐来移风易俗、教化民众，民众能合爱而无怨，其道德境界自可得以提升，这里的乐与仁是相连相通的。

当然，乐还有体现天地和谐的作用。先秦儒家以和谐有序的宇宙观为乐之教化的基础，"乐者，天地之和也""和故百物皆化"（《礼记·乐记》），天地"流而不息，合同而化，而乐兴焉"（《礼记·乐记》）。自然界具有化育万物的和谐，人类就应效仿自然促进万物亲和，遵循神旨以顺从天道，乐比礼更为直接地与作为最高存在之天相关联，这也是圣人制作音乐顺应天道的原理。

三、社会生活领域的教化实践

（一）朋友关系中的人格教化

春秋战国时期，"友"逐渐分化为"兄友弟恭"和"朋友有信"。随着社会的变迁，井田制瓦解和血缘宗法体系崩坏，个体家庭逐渐独立，家族共同体解体。统治者不再急迫需要发挥"友"和睦亲族的政治功能，普通民众也主要依靠同胞兄弟的努力维持生计，所以，"友"的兄弟之情由大家族向小家庭转化。而随着社会交往范围扩大与日益频繁，异姓、异族乃至异国中有共同利益或共同志趣的人结为朋友的现象更加普遍，"友"开始被转借来表达人际交往中"朋友之情"，当然，由于缺乏血缘关系约束，交友中言而无信的现象较多，"信"就成为朋友交往的核心道德要求。①

在朋友关系中，道德人格教化展开为辅仁之教，"君子以文会友，以友辅仁"（《论语·颜渊》），朱熹注释为"取善以辅仁，则德日进"②，主要表现为朋友之间的诚信相待以及适可而止的规劝。

朋友之间交往，很重要的道德要求是守信。信是先秦儒家道德人格规定中的基本准则。"人而无信，不知其可也。大车无輗，小车无軏，其何以行之哉？"（《论语·为政》）按照钱穆的解释："正如人类社会，有法律契约，有道德礼俗，所以为指导与约束者纵甚备，然使相互间无信心，一切人事仍将无法推进。信者，贯通于心与心之间，既将双方之心紧密联系，而又使有活动之余地，正如车之有輗軏。"③可见，信在社会人际关系中具有重要作用。子夏说，"与朋友交，言而有信。虽曰未学，吾必谓之学矣"（《论语·学而》），这里也强调了朋友之间必须要以信来规范。在孟子提出的"五伦"中，朋友这一伦的道德要求就是有信。信主要是诚实之意，有两层含义。第一层是诚实守信，就是讲信用，说到做到，也即现在所讲的"言而有信"。与朋友交往要讲信用，答应的事情，务必做到，否则就不要承诺，"故君子名之必可言也，言之必可行也"（《论语·子路》）。中国古代很多以死保守秘密、兑现承诺的例子，如田光、程婴等。

---

① 王利华：《中国家庭史》第 1 卷，广东人民出版社 2007 年版，第 209—210 页。

② （宋）朱熹：《四书集注》，岳麓书社 2004 年版，第 159 页。

③ 钱穆：《论语新解》，生活·读书·新知三联书店 2002 年版，第 47 页。

第二层是值得信赖。能够获得朋友信赖，这是经过多次守信考验后才能达到的高层次境界和至高荣誉。曾子曰："可以托六尺之孤，可以寄百里之命，临大节而不可夺也——君子人与？君子人也。"（《论语·泰伯》）这就是可以被信赖的境界。"老者安之，朋友信之，少者怀之"（《论语·公冶长》），孔子也将朋友相信自己当作重要品质。

先秦儒家强调不能有不如己的朋友。"无友不如己者。"（《论语·学而》）朱熹引游氏曰："学之道，必以忠信为主，而以胜己者辅之。"① 既然要依靠朋友辅助形成仁德，所以，从效果上看就不能有不如自己的朋友。

关于如何规劝朋友，先秦儒家认为，"忠告而善道之，不可则止，毋自辱焉"（《论语·颜渊》），意思是，忠心劝告，不能做到就停止，不要自取其辱。这是朋友之间的道德规范要求。孔子认为结交朋友就是辅助仁德，能劝就劝，不能劝就保护自身，这是以义相合，坚持原则。"切切偲偲，怡怡如也，可谓士矣。朋友切切偲偲，兄弟怡怡。"（《论语·子路》）这是孔子针对子路的特点因材施教。切切是恳切，偲偲是勉励。这是朋友之间的要求，何晏《论语集解》中引马融的说法，"相切责貌"，就是相互切磋、勉励。朋友以道义切磋琢磨，故施于朋友也。而怡怡是和顺的意思。这是对兄弟的要求，就是和睦相处。这里把对兄弟的要求和对朋友的要求分开，表明了责善只能在朋友间进行，否则伤害兄弟感情。而朋友间一味追求和顺，也不符合道德要求。孔子专门就朋友相处提到"友便辟，友善柔，友便佞，损矣"（《论语·季氏》），意思是，朋友奉承、谄媚、圆滑善变都是有害的，这从反面指出了朋友相处的道德要求。

（二）师生关系中的人格教化

师生关系也是先秦儒家人伦关系中的重要一伦。"庸众驽散，则劫之

---

① （宋）朱熹：《四书集注》，岳麓书社 2004 年版，第 57 页。

以师友。"(《荀子·修身》)意思是以师友去除其旧性。先秦儒家师友并称，强调了在道德上的可以请益之人。孔子自身是不断提高自身素质的典范，"学而不厌，诲人不倦"就是一个很好的注解。

关于"学而不厌"。孔子认为好学对于君子和教师都是一项重要的道德品质。"女奚不曰，其为人也，发愤忘食，乐以忘忧，不知老之将至云尔。"(《论语·述而》)没有所得，就发愤而忘食；已经有所得，则乐之而忘忧。这也是孔子强调自己对好学这一德性的看重。在诸多弟子中，孔子唯有对颜渊许以好学之名，甚至擅长文学的子夏等都不曾获此赞许，在回答鲁哀公和季康子的提问时，孔子均表示弟子中只有颜回是好学的。"有颜回者好学，不迁怒，不贰过。不幸短命死矣，今也则亡，未闻好学者也。"(《论语·雍也》)在这里，孔子所说的好学，是广义之学，并非仅仅是学文。"若圣与仁，则吾岂敢？抑为之不厌，诲人不倦，则可谓云尔已矣。"(《论语·述而》)这里不厌不倦的正是学与教、圣与仁之道，而此道永无止境，所以需要毕生求取。其中，"知圣与仁是其名，为之不厌、诲人不倦是其实。孔子辞其名，居其实，虽属谦辞，亦是教人最真实话"[1]。

为什么孔子能学而不厌呢？这要从孔子对知的认识来讲。孔子认为知是君子的"三达德"之一，从心理因素来看，如果说仁是情感、勇是意志，知则是君子的理性品质。在孔子那里，知包括知晓人之为人的道理和掌握为人处世的智慧两个层面，前者是认识层面，后者是实践层面。另外，孔子认为知的气质表现也有不同层次，"生而知之者上也，学而知之者次也；困而学之，又其次也；困而不学，民斯为下矣"(《论语·季氏》)，"生知，学知以至困学，虽其质不同，然及其知之，一也。故君子惟学之为贵。困而不学，然后为下"[2]。孔子指出自己并非不学而知，以此来强调

---

① 钱穆：《论语新解》，生活·读书·新知三联书店 2002 年版，第 195 页。

② (宋)朱熹：《四书集注》，岳麓书社 2004 年版，第 197 页。

后天学的重要性，"我非生而知之者，好古，敏以求之者也"（《论语·述而》）。关于孔子是否是生而知之，后人有不同的说法，有的学者认为，孔子旨在阐明一个事实，那就是"盖生而可知者义理尔，若夫礼乐名物、古今事变，亦必待学而后有以验其实也"①，所以，孔子认为努力学习就是为"验其实"。"十室之邑，必有忠信如丘者焉，不如丘之好学也。"（《论语·公冶长》）朱熹注释为："君子所以学者，为能变化气质而已……盖均善而无恶者，性也，人所同也；昏明强弱之禀不齐者，才也，人所异也。诚之者所以反其同而变其异也。"②可见，孔子学而不厌，不仅在于验证礼乐名物、古今事变，而且更重要的是自身道德完善的需要。

关于"诲人不倦"。在《论语》中，"诲"字出现了5次，其中，有4次讲的是诲人不倦的优秀道德品质。"默而识之，学而不厌，诲人不倦，何有于我哉？"（《论语·述而》）这是孔子自谦的话，也表明了教师应具备的德性。"自行束脩以上，吾未尝无诲焉"（《论语·述而》），"人之有生，同具此理，故圣人之于人，无不欲其入于善"③，孔子诲人是出于对人的劝善。在他看来，人人都可以成为君子。"有能一日用其力于仁矣乎？我未见力不足者。盖有之矣，我未之见也。"（《论语·里仁》）"仁之成德，虽难其人，然学者苟能实用其力，则亦无不可至之理。"④其实讲为仁由己，关键是要有学习志向并加以努力。

在孔子那里，诲人不倦不是外在道德他律，而是在教师自身情感和认识基础上的道德自律。"爱之，能勿劳乎？忠焉，能勿诲乎？"（《论语·宪问》）"爱而知劳之，则其为爱也深矣。忠而知诲之，则其为忠也大矣。"⑤

---

① （宋）朱熹：《四书集注》，岳麓书社2004年版，第111页。
② （宋）朱熹：《四书集注》，岳麓书社2004年版，第36页。
③ （宋）朱熹：《四书集注》，岳麓书社2004年版，第108页。
④ （宋）朱熹：《四书集注》，岳麓书社2004年版，第79页。
⑤ （宋）朱熹：《四书集注》，岳麓书社2004年版，第171页。

孔子认为辛勤劳动是出于爱人的自愿付出，而诲人不倦则是出于忠，是为尽己。诲人不倦是忠还是仁？其实，二者是统一的，作为一种辛勤的劳动，诲人不倦既是尽己之忠，也是爱人。这里讲出了孔子诲人不倦的内在心理机制以及教育者的真精神。"教师要有奉献勤勉的精神、热情耐心的态度、激励欣赏的心态。唯有如此之精神，才能真诚地工作、真诚地奉献。"①

孔子众弟子对其景仰，如颜渊喟然叹曰："仰之弥高，钻之弥坚。瞻之在前，忽焉在后。……虽欲从之，末由也已。"（《论语·子罕》）颜渊的话既是对孔子道德人格的推崇与景仰，也是对孔子教育成效的反馈。孔子的人格教化模式之所以得到弟子的高度认可，并非是出自理性的设想，而主要是其追求理想人格的经验。"在成德之教中，如不先使己立、己达，是不可能立人、达人的。孔子成德之教之所以能行之有效，完全寄托在他能以身作则的身教上。"② 所以，孔子在为得君行道、周游列国的过程中，虽然历尽波折，遭遇艰难困苦，但是始终有一批弟子不离不弃、患难与共，这不能不说是其道德人格的巨大感召力和身教成功的有力论证。

可见，在先秦儒家的师生关系中，教师充分利用其学而不厌、诲人不倦的这种高尚道德人格来感化学生，并成功教育出了一批对其不离不弃，德才兼备的学生。当然，这里的不厌、不倦恰恰体现出了其完善自身的理性和爱人并教诲使之向善的情感。

---

① 张勤：《美德及美德教育浅谈》，《国家教育行政学院学报》2007 年第 12 期。
② 韦政通：《孔子成德之学及其前景》，载李明辉主编：《儒家思想的现代诠释》，台湾"中央研究院"中国文哲研究所 1997 年版，第 51 页。

第五章　先秦儒家道德人格及其
教化思想的评价与反思

对先秦儒家道德人格及其教化思想进行评价反思，要分析其生长的社会文化背景，也要考察与其相异的文化传统，更重要的是坚持辩证思维，既看到其推进历史发展的积极方面，也要看到其受时代局限的消极方面。具体而言，先秦儒家道德人格及其教化思想，从积极方面，造就了一大批仁人志士，凝聚了民族精神。从消极方面，也要看到其存在的道德理想化色彩和个体权利失落倾向。

第一节　先秦儒家道德人格及其教化思想的历史评价

一、铸就传统士人品格

中国传统知识分子阶层在长期发展中形成了独具特色的品格。而这些品格受先秦儒家的道德人格及其教化思想的影响，可大致归纳为几个方面：对仁之理想境界的追求，让知识分子具有一种超越生命的内在精神追求；对义之价值原则的遵循，让知识分子具有在物质和精神之间的合理价值取向；对礼之实践品格的履行，让知识分子具有修、齐、治、平的家国情怀。

（一）对仁之理想境界的追求，让知识分子具有一种超越生命的内在精神追求

先秦儒家在对人的类生活认识的基础上，关注人的类特点，建立了自己的仁爱思想体系，在其思想体系中，不仅将人视为家族与等级的一员，而且将人看作人类社会的一员，从而阐发了人的情感的共通性以及人之为人的同情心。在对仁爱思想的阐发中，先秦儒家表明了对人的自我的内在超越特点，首先体现在其关于道德人格设计上的最终目标就是道德上平等的理想境界，"人人皆可尧舜""涂之人皆可为禹"，这就为每个人的道德修养提供了一个可以达到的理想目标。这也表明，每个人都有权利进行文化创造，都可以追求圣人的境界。这一理念，对统治者乃至于普通民众，都提出了政治素质和道德素质方面的努力方向与修养要求，正如《大学》里所描述的"自天子以至于庶人，一是皆以修身为本"。就个体而言，人格教化就是要求民众向善、成为有德性的人，强调人的存在意义和尊严，肯定人的自身价值，人的一切活动都应当指向人之为人的资格，要达到这一目标，普通的民众也要努力进行自我道德修养。按照先秦儒家的人性逻辑，"唯上智和下愚不可移也""生而知之"者可以不学而知，自暴自弃者拒绝接受教化，其他现实中的人都要通过效仿圣王、自我反省、慎独等方式，加强自我道德修养，让自己的言行符合道德规范和法律准则，对自己的不当行为进行检讨和约束，提升自我道德品质。

（二）对义之价值原则的遵循，让知识分子具有在物质和精神之间的合理价值取向

先秦儒家在批判继承原始宗教文化理念的过程中，基于宗法社会结构特点，发展出了天人合德的道德形上理论，在此理论的指导下，建立了贯通天人关系的社会基本道德原则，为人的本性的善的规定确立了绝对形上

依据，赋予生命的德性本质规定并构建了主体道德自觉的反省内求的修养路向，为个体协调物质与精神、整体利益与个体利益的现实冲突，形成道义价值取向指明了方向。

先秦儒家以德性为人之为人的根本规定，以关注人的生命价值为指向。人的生命过程就是从自然人走向道德人的过程，也是理性化的过程，更是生命价值充分体现的过程。教化的目的就是将自己或他人的潜在善端现实化，使个体获得有诸己的道德品质。"止邪也于未形"的教化并不是抹杀自我和压抑人性，从心理学角度看，就是把存在于每个个体身上的道德意识转化为集体无意识①，这是一种超个性的心理活动。而先秦儒家道德人格思想奠定了在"天—人"契合中去理解人的思维模式，强调"欲仁"的心性修养，主张人应专注于自我精神修养，而不受外物所诱惑。

（三）对礼之实践品格的履行，让知识分子具有修、齐、治、平的家国情怀

先秦儒家基于古代宗法社会结构的整体主义理念，为维护宗法等级关系结构，构建合理、有序、和谐的秩序，强调个人服从包括家族、国家与民族的整体。同时，提出了相应的道德规范——礼，将以仁义为核心的价值原则外化为具体行为模式与准则，从而将社会秩序视作道德秩序，把道德完善看作个体与人类社会的终极目的，以道德实践将个体道德修养与社会发展紧密联系，并努力构建了修身、齐家、治国、平天下的道德实践纲领。因此，形成了中华民族以国家民族利益为重、贵群乐和、顾全大局的

---

① 弗洛伊德认为人的精神生活包含意识和无意识两个部分，其中意识小而不重要，只是人格的外在方面。而无意识则是人的心理结构中更深层次、本质的方面。他的学生荣格继承发展了他的学说，认为无意识包括个人无意识和集体无意识两个层面。其中，集体无意识就是代代相传的同类经验在同一种族全体成员心理上的积淀，它以相应的社会结构为支撑。

优良传统。

先秦儒家道德人格思想追求群体和谐的价值旨归，其中蕴含了超越个体利害关系，而指向对社会、国家的责任感。君子"忧道不忧贫"，这种理念指导下的知识分子不只是关注个体利害，也不仅仅是为"一家一姓"，而是为全天下进行教化。先秦儒家道德人格思想中还蕴含有"知其不可为而为之"的不断进取、刚健有为的人生态度，鼓励人们关注社会事功，建功立业，有助于抵制逃避出世的消极倾向。后来的知识分子注重锤炼淑世济民的担当品格与此有关，体现最为明显的是张载的"横渠四句"——"为天地立心，为生民立命，为往圣继绝学，为万世开太平"，强调了人的主体意识和责任担当。

二、凝聚中华民族精神

关于民族精神，目前国内学界持有不同看法，张岱年先生认为，民族精神应当具备两个要件："一个是有广泛的影响"，"二是能激励人们前进，有促进社会发展的作用"。① 这是从积极角度去界定民族精神，我们赞同从这个角度将民族精神理解为："体现民族的根本利益和社会发展方向，是一个民族得以维系和发展的精粹思想、进步观念和优秀文化……民族文化的核心和灵魂，是一个民族在长期生产和生活中表现出来的富有生命力的优秀思想，是一个民族共同的价值观和精神支撑，是民族凝聚力的思想基础和社会发展的精神动力，具有对内动员民族力量、对外展示民族形象的重要功能。"② 中华民族在五千多年的历史发展中，形成了"以爱国主义为核心的团结统一、和谐和睦、爱好和平、勤劳勇敢、自强不息的伟大民

---

① 　张岱年：《文化与哲学》，教育科学出版社 1988 年版，第 73 页。

② 　宋志明、吴潜涛：《中华民族精神论纲》，中国人民大学出版社 2006 年版，第 4 页。

族精神，并且不断在实践中得到丰富和发展"①。

　　作为中华民族特有的精神品格、道德观念和价值准则的总和，中华民族精神是中华民族几千年的文化传统熏染、陶铸的产物，是从中国文化中积蓄起来的精神力量。先秦儒家对群体价值的认同、对理想文明形态的追求、对道德治理价值的选择等思想，对于中华民族精神的形成和凝聚产生了非常重要的影响。具体表现在：对群体价值的认同增强了中华民族凝聚力；对理想文明形态的追求蕴含着了民族共同体理念；对道德治理价值的选择彰显了主体内在价值自觉。

（一）对群体价值的认同增强了中华民族凝聚力

　　民族凝聚力是"由民族内部团结统一而产生的团聚与亲和的力量。由民族向心力和民族成员之间的团聚力构成。前者一般可理解为民族的认同，后者可谓民族成员之间的亲和力"②，先秦儒家在其道德人格思想中不仅有自我成就的个体完善意蕴，也蕴含了追求群体价值认同的教化指向。先秦儒家不仅认识而且充分认可群体的价值，包括对个体与群体之间相互依赖关系的客观认识、理想社会构想中的群体价值取向、群体对于个体完善发展的意义以及个体应当具有的社会责任感等。先秦儒家突出群体的价值，要求个体服从群体，对于中华民族的形成和发展产生了重要影响，甚至可以说，在一定程度上，先秦儒家的群体价值观为中华民族的凝聚力提供了理论支撑。

　　先秦儒家提出的同类意识，让人体认到群体的力量，让人不再把别人当作游离分子，而是一种相互依赖、彼此亲爱的群内成员，正是这种

---

① 夏征农、陈至立主编：《辞海》第六版缩印本，上海辞书出版社 2010 年版，第 1312 页。

② 夏征农、陈至立主编：《辞海》第六版缩印本，上海辞书出版社 2010 年版，第 1312 页。

个体对群体的自觉价值认同，由同类意识而产生的依赖感，促成了和谐的群体精神。这种群体精神内化为民族成员的心理和价值认同，同时表现于中华民族成员的行为方式上，使得中华民族在经受外力冲击时能保持相对稳定，使得中华文明成为世界文明中唯一没有中断而延续至今的文明。

（二）对理想文明形态的追求蕴含着民族共同体理念

在做什么样的人和建立什么样的社会两个问题上，先秦儒家都有独特的思考并提出了关于理想人格与理想社会的设想。其中，理想人格表征的是个体价值目标，具体包括圣贤、君子等人格范型。在中华民族的发展历史中，对圣贤、君子人格的仰慕已经成为一种中国人的共识，人人皆以圣贤、君子作为自己的行为楷模和价值目标。正是基于这样一种共识，中国人有了共同的人格追求和道德规范以及沟通交流的精神基础，从而形成了重集体讲团结的社会氛围。此一情况，不仅在汉族统治时期如此，即使在少数民族统治者入主中原时也得以延续，换言之，对圣贤、君子人格的崇拜成为整个中华民族的共同价值取向，这也是各民族能够和睦相处并得以成为世界上最大民族群体的要因之一。理想社会表征的是群体价值目标，具体而言，即追求社会的小康与大同两种形态。无论是小康还是大同都是一种道德意义或价值意义上的社会理想，同时，在这种社会理想中蕴含着对文明形态的畅想与描绘，包括群体意识至上、社会成员的奉献精神等，对于中华民族共同体理念的构建提供了独特智慧。

（三）对道德治理价值的选择彰显了主体内在价值自觉

尽管先秦儒家道德人格及其教化思想存在"硬性"调节人际关系的法律、规章等要素，但是人们对法治并没有真正兴趣，而更习惯于通过情感的沟通来调节关系，将日常人伦关系扩充为社会人际关系。社会组织运转系统不同于西方权力制衡的法治社会，而是依赖于"自觉自愿"，社会奖惩机制的形成与发生作用也依赖于情感的厚薄。这种人际关系上重视情感的合理性，而不过分看重规范、公义的特点，使人们对社会生活中的人际协作相当重视，增强了内部整合力。①

先秦儒家主张道德人格思想基于人性本善，强调"反求诸己"，以自己的道德自觉来参与社会生活，强调良善、良知与良能，自觉践行对社会和国家的责任。道德人格达到至善境界，就是具备神性的圣人，圣人能以自己的道德人格力量感召民众、凝聚国民精神，具有强烈的历史使命感和社会责任感，其形象成为中华民族的精神信仰，甚至起到了类似其他宗教信仰的作用。

总的来说，先秦儒家道德人格及其教化思想中包括人的自我身心、人与人、人与社会、人与自然等关系的和谐，直接构成了渗透于人们的心理和行动中，增进民族强大向心力和凝聚力的源泉，对国家稳定和民族统一具有重要作用。

三、道德理想化色彩

先秦儒家道德人格思想呈现出道德理想化色彩。作为心性儒学，它适应中国古代社会运行对理想精神的需要，支撑着中国的理想思想世界和理想政治世界。② 但是作为一种政治儒学，它以其德性至上和仁爱原则来维护宗法等级制度，则直接影响法治观念的形成，而对社会现实的超越则存在着大众化推广的局限。

----

① 任剑涛：《道德理想主义与伦理中心主义：儒家伦理及其现代处境》，东方出版社 2003 年版，第 160 页。

② 任剑涛：《道德理想主义与伦理中心主义：儒家伦理及其现代处境》，东方出版社 2003 年版，第 19 页。

（一）对主体德性的依赖压制法治观念的形成

尽管先秦儒家也强调礼法等规范的层面，但是，总体来讲，先秦儒家将道德人格的养成寄托于个体的德性，这种偏转压制了法制观念等规范意识的形成。与先秦法家相比，先秦儒家的道德人格教化思想对个体感召功能强调有余，对法制规范作用认可不足。人格教化功能，就是注重个体对个体以及群体对个体的影响，这种影响，实际上就是道德感召、感染、熏陶，并非底线规范的要求，当真正出现利益冲突时很容易被突破。尤其是在阶级对立的情况下，阶级之间的道德会被人为地划分高低，约束性也不尽相同，出现所谓"礼不下庶人，刑不上大夫"。在国家的政治原则上，先秦儒家主张以仁义为指导，实质是"爱人""行不忍之政"，这比皇权至上更为合理，但是，其主张的差等之爱，在具体设计社会制度时，必然导致人与人之间关系的不平等、不公正。①

（二）对社会现实的超越削弱大众化的推广

先秦儒家思想中对道德人格的超高境界的设计，缺乏对世袭制度、等级特权、教育特权等社会现实的考量，使得独立人格的实现受到压制，贤能之士难以践行道德理念、履行社会职责。最终，先秦儒家道德人格成为少数"先知先觉"的精英品格，而无法被推广成为大众的追求。同时，以血缘关系为基础的先秦儒家道德人格思想，强调社会结构和人际关系中的"差序格局"②，亲情层层外推并随着血缘关系的疏远而渐次减弱，以至

---

① 韩东屏：《儒学能复兴吗——文化视角下儒学的比较优势与当代价值》，《探索与争鸣》2018年第2期。

② "差序格局"这个概念是社会学家费孝通于1947年出版的《乡土中国》一书中提出的。它高度概括了中国传统社会结构与人际关系的特点，现在已经成为描述中国社会结构的经典概念。

于对超出私人领域的陌生人常常漠然视之，从而无法使一切人如同生活在一个大家庭一样得到情感同化。从历史发展来看，这些问题早已凸显，针对天下无道的现实形势，孔子提出理想道德人格范型，并且以之为行为模式去调节伦理关系，但这只是理论形态的理想，适用范围主要集中在知识分子群体，并没有完全得到执政者的认可。孟子生活的时代，诸侯争霸，各国执政者重视权谋，采取强兵策略，重用法家和兵家人才。孟子强调"王道"思想和"仁政"主张，明显不契合战国时代竞争激烈的社会现实，所以，其被认为是"迂远而阔于事情"[1]。而荀子尽管已经开始重视礼法并用，但对于统一和平息现实战乱而言，显然，法治主张更为现实。道德理想与社会现实的矛盾，体现在知识分子的心态上，既有超高的理想，还有对残酷现实的清醒认知。在阶级矛盾激化的变革时代，先秦儒家认为养成道德人格依靠内在的自觉和德性力量的示范和感召，强调社会责任感，这的确有过于夸大道德作用而忽视底线规范约束的倾向，在一定程度上限制了政治发展。

四、个体权利失落倾向

先秦儒家在个体与群体的关系中凸显社会群体的价值，在权利与义务的关系中着重设计道德义务，同时，强调个体利益对群体利益的服从，让个体意识一开始就消融于群体意识中，个体的品格修养在自责与内省中完成。[2] 从而，其思想呈现出个体权利失落的倾向。具体而言，突出群体价值的优先性，个体价值容易淹没在群体的规定中；突出道德义务的优先性，个体权利容易掩盖在政治利益的阴影下。

---

[1] （汉）司马迁：《史记》，岳麓书社1994年版，第567页。

[2] 施忠连：《近十年美国儒学研究之进展》，载《时代与思潮——中西文化与20世纪中国哲学》，学林出版社1998年版，第228页。

（一）突出群体价值的优先性，个体价值容易淹没在群体的规定中

孟子注重人伦关系中个体德性的彰显，荀子在理想人格的设计中注重经天纬地事功的蕴涵，强调了群体之于个体的优先。先秦儒家所处的是自然经济为基础的宗法等级社会，在此社会中，家庭而非个体构成社会生活的基本要素，个体只是血缘群体关系之网上的纽结并且只有作为群体的一分子才具有现实意义。"有男女然后有夫妇，有夫妇然后有父子，有父子然后有君臣，有君臣然后有上下，有上下然后礼义有所错。"（《周易·序卦》）在这样的社会中，每个人都天然依据其血缘群体中的身份和角色获得相应的权利和义务的规定，这里不存在权利和义务的平等，有的只是与身份相适应的行为模式，也即所谓的"上下有义，贵贱有分，长幼有等，贫富有度"（《管子·五辅》）。每个人都按照身份的要求言行，当然，除了拥有宗族中的身份外，每个人作为社会的一员所具有的身份及相应的权利和义务还要取决于他所属的那个阶级或阶层在社会中的地位。①

应当说，这种身份观念和群体意识，在一定程度上反映了个人与社会的客观联系，也涵育了以天下为己任的爱国主义精神。但是，过于强调群体价值的优先性而对个体私人领域的关注不足，就容易导致个体主动性发挥不足，个体价值淹没在群体的规定中。

（二）突出道德义务的优先性，个体权利容易掩盖在政治利益的阴影下

先秦儒家思想中注重人伦关系中道德义务的设计，强调个体的角色意识以及相对应的责任和义务，相对于西方的契约式的权利义务对等关系，

---

① 唐凯麟、曹刚：《重释传统——儒家思想的现代价值评估》，华东师范大学出版社2000年版，第294页。

更加凸显了个体道德义务的履行，而非权利与义务的对等。当然，应当看到，先秦儒家思想中无论是道德人格的培养目标，还是其教化民众的利益诉求，都是基于一定时代的政治、经济和文化的要求，都离不开以血缘关系为纽带的宗法等级社会现实，所以，先秦儒家思想中的道德人格设计都体现出一定的政治依附性。而在其适应小农自然经济中，也呈现出对权威经验认同的特点，表现在注重个体在人伦关系中对应角色的道德义务的要求，而对个体利益的关注也往往被统治阶级的政治利益所掩盖。同时，对于统治者个体德性的诉求，对德治的强化与对统治者道德修养的要求，更是直接导致了民众的依赖性人格。当然，这也有中国传统的祖先崇拜和英雄崇拜的影响。

先秦儒家思想中的"民为贵，社稷次之，君为轻"（《孟子·尽心下》），主张老百姓是社稷存在的前提，社稷又是君王存在的前提。但是，这只是认为老百姓在社会政治生活中的地位是最重要的，并不代表着要主张消灭阶级，也不说明要消除作为统治者的"君子"与被统治者的"小人"之间的对立。正是由于先秦儒家的阶级局限性，他们不可能提出权利和义务对等的政治主张。先秦儒家从价值层面论述应当如何处理社会公共事务，主张德性高尚的圣王成为执掌国家公共权力者，在现实社会中，就容易倒退为帝王及其子孙垄断的情况。

第二节　先秦儒家道德人格及其
教化思想的当代价值

在当代社会，先秦儒家道德人格及其教化思想中具有普遍性的要素，经过转化发展后，仍然具有一定的价值，可以发挥一定的作用。其德礼结合的思想，为治国理政提供了方法启迪，主要表现在运用道德榜样的感召力量，注重礼法制度的规范作用；其主体自觉思想可以启发确立自我实现的价值目标，重视由内而外的修养路径以及"慎独"的修养方法，从而为公民道德教育提供内在动力；其价值理性思想则为文化发展提供精神指引。

一、注重德礼结合，为治国理政提供方法启迪

先秦儒家的道德人格及其教化思想，适应当时社会的宗法血缘结构，呈现出政治与伦理一致的理论特征，其强调执政者道德人格示范与外在道德规范约束相结合的思想内容，对于当今治国理政具有方法论的启迪作用，具体表现在，充分运用道德榜样的感召力量，发挥礼法制度的规范作用以推进德治与法治的统一。

（一）先秦儒家德礼结合的道德教化

先秦儒家强调执政者道德品质对百姓的道德教化作用，所以常常被视为人治。这里的人治，主要指依靠有道德的人来治理国家，并非个人专断。"文、武之政，布在方策。其人存则其政举，其人亡则其政息。"（《礼记·中庸》）强调治理国家依靠有道德的贤人，注重执政者自身品德修养。严格意义上，这应当称作贤人之治，强调具备仁、智、勇等多种德性之贤人的示范感化作用。同时，先秦儒家还主张"移孝作忠"，以齐家之道来治理国家，这合乎中国古代社会家国同构的特点。而后世儒家，由于不重视法制，尽管有刑罚，仍然存在官员任命上的不足。应当说，在先秦儒家德治思想中有人治因素，但是更为主要的是对道德品质的重视和道德教化的强调①。

———————

① 罗国杰：《以德治国与公民道德建设》，河南人民出版社 2003 年版，第 37 页。

鉴于商代统治者重刑罚的历史教训，西周统治者在提出"以德配天"和"敬德保民"的同时，主张"明德慎罚"，强调道德教化的作用。而孔子提出了"道之以德，齐之以礼"（《论语·为政》），强调用道德人格来感化百姓心灵，用道德规范来统一行为，让百姓有羞耻之感及向善之心。只有道德教化，才能让百姓明白道德是非，主动进行道德选择，即使出现错误，也有羞耻之心，能自觉改正。[①] 孟子也主张用感化的手段，让百姓都能心悦诚服。

先秦儒家的道德教化是统治者影响人心、统治民众的工具。"化谓迁善也"[②]，化是对人们道德意识行为潜移默化的影响，使民众在淳朴的风俗与和谐的社会环境中"迁善远罪"。在培育良好风气的途径中，君王、官吏和士人的道德榜样具有重要的作用。"政"和"刑"是强制性的约束，以刑罚为手段。"德"与"礼"是劝导性的约束，以社会舆论为手段，其中，德强调道德人格的示范作用，礼重视礼制的外部约束，最终在于启发内在自觉，让百姓心悦诚服。先秦儒家道德教化与刑罚相对，强调对民众的道德影响，是先秦政治、伦理和教育一致性的反映，体现了政教合一的特点，这里的教即教化。当然，教化与教育并不完全一致，教化是面向全社会的广义教育，是更侧重于政治的"化民成俗"。就内容而言，教化主要是政治和道德的教育感化，教育则包括知识技能；从对象来看，教化的对象是全体社会成员；从具体实施看，教化是圣王、官吏和士人等综合运用各种形式，包括家庭、学校和社会等，开展系统教育。总之，教化是政治、道德和教育相结合以治理民众，尤其重视统治者的道德典范作用，或者说，它不仅围绕道德人格，而且注重道德人格的现实功能发挥。它重视社会风俗，尤其是善的道德风俗对民众的潜移默化作用。[③]

---

① 罗国杰：《以德治国与公民道德建设》，河南人民出版社 2003 年版，第 36 页。

② （清）王先谦撰：《荀子集解》，中华书局 2012 年版，第 46 页。

③ 张惠芬：《中国古代教化史》，山西教育出版社 2009 年版，"前言"。

可见，先秦儒家道德教化是个政治道德概念，包含教育和感化两层含义。一方面，加强对普通民众的道德教育，引导其自觉遵守道德规范；另一方面，注重以统治者的道德表率作用来稳固政权。进言之，一方面强调社会的教育感化，另一方面强调统治者的道德行为感化。后者的感化往往演变为贤人政治，强调尊重贤人。先秦儒家主张通过圣人人格影响把仁道价值推广到家、国、天下等人类生活共同体中，这种教化方式主要是情感的交流，基于圣人、凡人皆是天地演化之产物，具有共同的本源。而有的学者认为，圣人人格教化就是以身体为达至心灵境界的通道，圣人内在修养通过容貌和言谈举止表现于外。其中，以仁与智之德为主观条件，以权力、地位、财富等为客观条件，有德之人加之有位才能够治理国家。而二者结合，取决于时和命，这是建构秩序的限制性因素。① 还要注意，教化具有社会化特点，也即个体逐渐习得文化、角色和技能，养成个性与人格，适应社会生活的过程，它包括政治社会化和道德社会化。从社会控制论的视角，剖析先秦儒家教化的伦理政治诉求，道德政治化、法律礼教化的政治理想，都要求教化者本身先受教化，也就是要求受教者能达到内圣外王的理想人格境界，这一理想境界又产生了化民成俗的影响。应当说，这种效果，一方面，契合以血缘宗法为特点的小农自然经济和久乱思治的政治需求，另一方面，在于以学校和其他社会组织共同构建的动态运行机制。②

（二）当代治国理政中的德治与法治

国家与社会的治理需要法律与道德的共同作用，"法律是成文的道德，道德是内心的法律"，既要重视法律的规范作用，又要重视道德的教化作

---

① 成云雷：《先秦儒家圣人与社会秩序建构》，华东师范大学博士学位论文，2006年。
② 黄书光：《中国社会教化的传统与变革》，山东教育出版社2005年版，"前言"。

用，在坚持法治与德治相辅相成、相得益彰中推进国家治理能力体系与治理能力的现代化。

1. 运用道德榜样的感召力量

以德治国，就是强调在治理国家中以提高思想道德素质，促进人的全面发展，培养担当民族复兴大任的时代新人为根本。在当代社会，这需要发挥理想道德人格的榜样力量，尤其是执政者自身道德人格的感召作用。

道德榜样的力量来源于其道德人格所散发的人性光辉。人格是人之所以为人的标志，道德人格体现了人的道德境界以及道德文明的水平和层次。道德榜样之所以能感染人在于人所共有共通的人性基础，这一点也是人类与动物界的本质差异，但是人类仍然残存着动物本能和兽性。所以，恩格斯说："……人来源于动物界这一事实已经决定人永远不能完全摆脱兽性，所以问题永远只能在于摆脱得多些或少些，在于兽性或人性的程度上的差异。"[①]这一论断指出了道德精神对于抑制并超越自然本能、确定人之为人资格的重要性。人与人之间的共同人性，是人所应当具有的基本要素，它是人从其族类获得的规定性，是与动物相区别的规定性。在此基础上，人与人之间才能产生情感共通共鸣。它构成了道德人格感染感召人的基础，而且随着人类文明发展，这种共同情感更加丰富。

道德榜样能感动人，还在于人所向往的道德理想。共同的人性是作为个体人所具备的共同属性，它只能标识人的个体自然存在。人还是"关系性存在"，是社会存在物。应当说，在个体的自然属性上，人与人没有太大差别，而人的社会属性是具体的，随着相应的社会关系和道德实践活动而表现出差异性，后天的道德境界差异就在于这种人性中的社会属性。或者说，对真善美共同理想的追求，主要取决于后天的社会属性。对道德榜

---

① 《马克思恩格斯文集》第9卷，人民出版社2009年版，第106页。

样的追求，对道德理想的渴望，都源自人对崇高追求的天性。①

坚持以德治国，就要注意加强公民道德教育和道德建设，尤其要加强官德建设。要充分发挥领导干部、共产党员和先进分子的模范带头作用，强调执政者以其人格力量影响百姓，注重道德的说服力和感召力，领导干部身体力行、以身作则，就能产生一种让人"心悦诚服"的力量，从而提高社会成员的思想认识和道德觉悟。"其身正，不令而行；其身不正，虽令不从"（《论语·子路》），先秦儒家认识并强调执政者的影响力及其在治国理政中的价值，突出对执政者的道德要求。而孟子的"仁政"思想，不仅是对孔子"德治"思想的延续，而且比较深刻地注意到了民众生存、官民关系等问题。这些，对当代公民道德建设中加强干部官德建设有着重要启示。官德，是一种主体性道德，在社会道德生活中具有主导性与示范性作用，它本质上是政治道德，是社会道德的核心。② 作为道德主体，官员在社会道德活动中更容易被关注和期待，其道德取向引领社会的道德取向，相应地，官德建设在道德建设中也就处于举足轻重的位置。加强官德建设首先要注重提高官员的自律意识，官德首先是官员个体美德，官德建设也是一种美德的自我养成。其次，加强官德建设也要重视官德的制度建设。在现代社会，官德更为核心的内涵是一种公共性道德，这是由政治生活的公共性特点所决定的，所以，官德建设不能单凭个体心性修养，更要有纪律和法律的规定。它应当是美德伦理和规范伦理的统一。具体而言，要构建德才兼备的干部选拔体系，要健全德、绩结合的干部考核机制，要完善感召与规范的政治管理体系，还要通过挖掘先进典型事迹，构建榜样示范机制，发挥榜样感召作用，为公民树立学习榜样，行动表率，引导公民"见贤思齐"，自觉以道德榜样激发内在善良情感。注重挖掘中华传统

---

① 曾建平：《道德榜样与道德人格》，《武陵学刊》2011 年第 2 期。

② 李建华：《官德建设的法治化之维》，《光明日报》2017 年 2 月 27 日。

文化中的先进道德典型，使其成为道德教育的榜样素材，同时，注意发现身边榜样，将他们的事迹与精神广泛传播，内化于公民的价值观，外化为公民的自觉行动，引导公民正确生活、学习，提升精神境界。

2. 注重礼法制度的规范作用

先秦儒家不仅强调道德人格的示范感召作用，同时，也强调礼法规范的制约作用。从功能意义上看，道德人格指出价值引领，礼法规范则是底线约束。先秦儒家礼制既有道德规范的意义，也有法律规范的价值。礼包括礼制、礼义和礼仪三个层面的意思。"礼"不仅有"经国家，定社稷，序民人，利后嗣者也"（《左传·隐公十一年》）的治国理政的作用，也有"立于礼""约之以礼"规范知识分子道德行为以立足于世的作用。而先秦儒家的德主刑辅、隆礼重法等思想对先秦以及整个中国传统社会秩序的建构产生了巨大的影响。

在依法治国过程中要强化法治的道德支撑。先秦儒家提到了德主刑辅的思想，指出了国家的权威不在于对人们的强制，而在于人们对国家政治伦理正当性的认可。荀子提出隆礼重法思想，其中，法以礼为根本，法的思想仍然以道德为基础，也就是现在所讲的良法善治的问题。当然，这里的礼代表等级秩序和道德规范，表明施行礼之教化的同时也需要法的约束，然后才是刑罚，也就是"明礼义以化之，起法正以治之，重刑罚以禁之，使天下皆出于治"（《荀子·性恶》）。其中，礼防患于未然，而法是对少数作恶者的惩处。"法律是成文的道德，道德是内心的法律"[①]。在西方法律思想史上，关于法律与道德的关系，因不同立场而形成了自然法学和实证主义法学两种对立的流派，分别主张"恶法非法"论和"恶法亦法"论，而在这个问题上，先秦儒家与自然法学派极其相似，其中，德主

---

① 中共中央宣传部编：《习近平总书记系列重要讲话读本（2016年版）》，学习出版社、人民出版社2016年版，第90页。

刑辅和隆礼重法就是体现。从儒家礼制文化的发展历程可见，道德融于法律制度是自古就有的传统，法律制度的真正力量来自对法律制度合理性的认同以及对法律的敬重而自愿遵守。

在建设社会主义法治国家中，要传承与弘扬这种重视法律道德性的传统，在立法理念、司法程序等环节上，贯穿合乎正义的道德价值，要用道德滋养法治精神，增强法治的道德底蕴，良法是善治前提，人民真正拥护的是有道德底蕴的法治。

尊重民间习惯法。人类文明的发展进程表明，文明社会生活不可避免地受传统和习惯牵制。在中国古代社会中，很多法律都是以礼制形式表现的习惯法，应当说，先秦儒家以伦理思想为核心的礼制文化传统，已经积淀为中华民族道德生活中的习惯和礼仪，以习惯法的形式规范约束着民众的道德行为。在当代中国社会，依法治国成为基本治国方略，这里的法，从规范层面上，主要指成文法。但是，成文法无法涵盖社会生活中全部法律关系和伦理关系，而由道德规则构成的礼制文化传统更加符合民间的"常识、常理、常情"，它作为习惯法展现出更加旺盛的生命力并成为普通中国人的价值遵循和行动指南，有力地弥补了国家成文法的不足，所以，应当尊重、认可此种民间习惯法，以体现社会主义法治形态的灵活性和多样性。[①]

完善规章制度建设。制度在"本质上是人类的活动属性的质的体现，它是一种人类凝固化的实践模式，源于实践并参与实践，这种模式代表了一种整合集体行为的行为取向和规则"[②]。它包括经济、政治、法律，有时还指生产关系、生产方式等。马克思主义强调制度的规范性功能，认为它对于生活在一定历史条件中的人们来讲，是一种必须遵守的外部强制力

---

① 参见第 25 次中韩伦理学国际学术大会孙春晨教授的主旨报告。

② 江德兴：《重返马克思的制度视域——论马克思制度分析的一般框架》，《东南大学学报（哲学社会科学版）》2008 年第 1 期。

量，它具有规范制约社会交往的作用，保证了社会系统的有序运行。制度是公民社会主义核心价值观教育的有效载体和有力保障。它的具体性和可操作性特征，有利于将抽象的价值理念转化为具体个体行为，它通过与具体生动的现实生活相结合，使生活于其中的公民对社会主义核心价值观产生感性直观认识，可以达到潜移默化的教育效果。在市场经济运行的制度化和规范化建设尚待继续完善的社会主义初级阶段，社会道德失范现象频繁出现，制约了道德他律的效果。要重视制度建设，完善法律规章、管理规定和文明公约，构建公民之间的契约关系，强化社会主义核心价值观教育的制度保障，营造浓厚的社会风气，对公民形成"润物细无声"的熏陶。

二、彰显主体自觉，为公民道德教育提供内在动力

先秦儒家充分相信人的道德能力，注重运用激发道德主体内在自觉的方法来培养人的主体性道德人格，这种对道德主体自觉的彰显，为当代公民教育确立自我实现的价值目标、遵循由内而外的修养路径、倡导"慎独"修养方法等提供了重要启示与内在动力。

（一）先秦儒家道德人格及其教化思想中的主体自觉

在马克思主义哲学视域中，作为人的主体性表征，主体自觉是人的自我解放和超越的过程，是人从宗教、政治国家以及异化劳动的统治下解放，从而实现人自身本质的过程。

先秦儒家极为重视道德主体自觉，认为其内涵主要表现在三个方面。首先，充分相信人的道德能力。先秦儒家的思想家们无论是主张性善还是性恶，对人的道德能力都无一例外地持有乐观态度。"仁远乎哉？我欲仁，斯仁至矣"（《论语·述而》），直接表明了孔子对人的自我道德修养能力

的肯定。孟子从先天的角度，论述人生而具有"恻隐之心""羞恶之心"等善端，也即内在本能，只要肯扩充，就能成为具备仁义之人。只要推广自己的不忍之心，就能称王于天下。荀子则主张经过圣王的后天教化，化性起伪，人就可以具有道德能力，并转化为自身的内在要素。"若夫志意修，德行厚，知虑明，生于今而志乎古，则是其在我者也。"（《荀子·天论》）这里的"在我者"就是道德能力。其次，以培养人的主体性道德人格为目标。主体性道德人格就是从道德主体自身出发来揭示道德价值的产生，肯定自由意志在道德选择中作用的道德人格。"为仁由己，而由人乎哉"（《论语·颜渊》），孔子将道德价值的来源和道德意志的选择归结为自我主体性，从而与殷商时期将人们的道德行为归结为对外在权威的敬畏相区分。孟子将主体自身的意志力量进一步强化，"求则得之，舍则失之……求在我者也"（《孟子·尽心上》），指出对道德之善进行选择时要充分发挥主体自由意志的作用。再次，注重启发道德自觉的方法。这种自觉既有对道德的理性认识，也有对道德的情感认同，更是对道德的自觉践行。先秦儒家认为，道德自觉体现于"当仁，不让于师"（《论语·卫灵公》）的理性认识，更体现于"尊德乐义，则可以嚣嚣矣"（《孟子·尽心上》）的自觉躬行而体验到的快乐。道德人格境界的实质在于履行道德义务的自觉程度和熟练水平。先秦儒家从个体与社会关系的基础上去认识道德主体自觉，认为道德主体的自觉程度决定个人的道德水准和社会的整体道德水平。这种重视个体道德修养和道德自觉的精神，是先秦儒家主体自觉性的重要表现。

（二）主体自觉与当代公民道德教育

公民道德教育就是通过一定方式对公民施加道德影响，以促进其道德人格养成的过程。在新时代，公民道德教育的主要内容就是社会主义核心价值观教育，主要目标是培养担当民族复兴大任的时代新人。社会主义核心价值观教育的实质就是一种文化认同、价值观认同，这种认同必须转化为自我情感和行为习惯，才能在社会发展中真正起到引领作用。同时，这种认同还要在与异质文化的接触比较中，面对多元价值冲突，形成价值共识，增强文化自信。先秦儒家道德主体自觉思想体现了道德主体自我和自觉的统一，对于当代公民道德教育具有启发意义。

1.确立自我实现的价值目标

道德修养是个体自觉地将外部客观社会道德要求内化为个人道德品质的实践过程，它是道德意识和道德品质的自我锻炼、自我改造，包括自我反省、自我教育的过程以及由此形成的道德情操和道德境界。外在的道德要求只有落实到道德主体的自觉行动上才能产生作用。从这个意义上说，理想道德人格的养成，正是道德主体内在潜能的展开，是主体道德自觉的提升过程。实现道德人格的最终目标要求一切道德活动都要以促进主体意志发挥为核心。在道德教育中，要把主体性道德人格完善作为教育的价值目标。先秦儒家道德教化以道德人格养成为目标，实现德性的完善，达到至善境界。公民道德教育应当致力于公民自我道德修养意识的培养，使其具有道德自觉的精神，就是通过对自身美好德性的主体自觉，然后推及自己所在共同体的群体意识，最终实现群体价值观的认同。

在当代公民道德教育中，实现人的自由而全面发展是教育的终极目的。这一目的制约着教育的方法和内容，结合受教育者的接受程度，也影响着教育的成效。教育目的有社会和个体两个维度，从社会维度来说，就是通过促进社会的进步，让中华民族屹立于世界民族之林，实现中华民族的伟大复兴。而从个体维度来说，就是培养能担当民族复兴大任的时代新人，最终实现人的自由而全面的发展。要在社会的进步和人的发展两个维度中取得平衡，让公民切实感受到道德教育是自身完善的需要，从而调动自我修身的积极性和主动性。

2.遵循由内而外的修养路径

先秦儒家重视个体道德修养，主张由内而外的道德提升路径。就个体道德修养而言，道德主体自我起决定性作用。个体具备了道德修养的自觉和自律，外在道德要求转化为主体自觉行动，道德教化的目标就能实现。"君子求诸己，小人求诸人"（《论语·卫灵公》），将君子与小人对举，以凸显君子所求之事在自身，而且应当返回自身去寻求，也即反求诸己。"求诸己"的内容并非名利，而是道德要求。完善的道德要求是求则得之，求有益于得，所以，向自己求取即可。由内而外的修养路径还指人与人之间以修身为本，推己及人。"行有不得者皆反求诸己，其身正而天下归之。"（《孟子·离娄上》）

道德教育是从外部施加道德影响，而道德修养是内在自我教育。道德教育在于为人们揭示善恶界限，指明形成途径，营造环境。而道德品质的最终完善在于受教育者的向善决心与自觉努力。道德修养具有自我立法的作用。作为道德主体，个人承担着自己德性好坏的责任，所以道德教育的重点在于启迪受教育者的自觉，激发其自我锻炼、自我修养的主动性和积极性。公民是道德教育的主体，教育要围绕主体开展。从德性的最终养成看，道德教育要充分考虑主体的地位和利益，从公民的切实需要出发。要努力探索提高公民道德教育效果的恰当方法，在确立公民主体地位的基础上，让其获得自尊、自信的情感体验，形成自主意识和独立意识，产生自我教育的内在动力，从而在道德实践中对自己负责、对他人和社会负责。对于教育者来讲，要充分利用教育教学活动，积极创设道德选择情境，让公民在选择的过程中展示内在德性，培养道德责任感。

3.倡导"慎独"的修养方法

"道德的基础是人类精神的自律"[①]。应当说，从规范性角度理解，道

[①]　《马克思恩格斯全集》第 1 卷，人民出版社 1995 年版，第 119 页。

德源于建立良好社会秩序的需要。但是，道德不能外在于道德主体，其最终要诉诸人的自律，社会道德也要转化为个体道德的需要才有其现实性。[①] 自律意识，决定了外在道德规范能否内化为人们的道德意识和道德信念，也直接影响道德主体的内心选择。先秦儒家特别强调通过"自律"来完成道德价值与人格的实现。"吾日三省吾身"强调了在道德修养过程中不断修正和完善自己的德性和品格，内心的自觉是笃守道德的保障。这里的自省就是通过对自己的言行进行自觉检查以达到相应道德要求，这里的心理过程就是经过自觉反省，切实感受到自我行为的正当性，从而更加笃定地坚守道义，"内省不疚，夫何忧何惧"（《论语·颜渊》），它体现了道德修养的自觉性特点。人贵于自觉，在任何条件下，个体都要自觉以客观道德标准来规范自己，涵养德性，这是完善道德人格的内在机制。

在当今社会转型期，文化冲突，价值多元，道德选择和道德行为都受到影响和冲击，自律意识是发挥主体能动性的重要保障，其中，要倡导"慎独"的方法，"君子戒慎乎其所不睹，恐惧乎其所不闻"（《礼记·中庸》）。即使在独处时，依然能够恪守一定道德准则，坚持良好道德行为规范，这是一种境界，也是一种修养方法，当个体能够通过修养达到慎独境界，就算是修养有成。在网络社会，在相应的制度和监管机制尚未完善之时，不能仅仅依靠法律和社会道德舆论来约束，更加需要慎独，也就是要人们在"隐"和"微"的状态下进行道德选择。受教育者要深刻理解"莫见乎隐，莫显乎微"的君子之道，注重反省自己的言行举止。从教育者的角度来看，要少些强制和约束，多些关爱和引导。诚然，在当今社会公民道德教育中，重视灌输的理性化教育方式在社会公共生活领域及塑造公民道德人格方面具有不可替代的价值。但是，鉴于公民社会私人生活

---

① 郭广银等：《伦理新论：中国市场经济体制下的道德建设》，人民出版社 2004 年版，第586 页。

领域中个体主体性和心性世界的多样性，更要注重发挥情感教育方法的作用，唤醒修养主体的积极性和对典范学习的自觉性，重视内在自觉，努力实现个体的自我培育和自我完善。

三、追求价值理性，为文化发展提供精神指引

当代社会，人们对道德生活内在价值的普遍性产生了怀疑，文化发展缺乏产生教化意义的价值基础。先秦儒家道德人格及其教化思想对道德理想以及人文价值的认同，对不同文化的开放包容，对于当代文化发展实现价值认同、造就人的自由全面发展、促进中华文明的对外交流传播、实现人类命运共同体的文化建构，均具有启迪意义。具体表现在，先秦儒家追求道德理想，促进人与自身内在和谐；重视道德情感，促进人与人关系的和谐；秉持道德理性，推动人与自然的和谐；增进道德传播，实现人类命运共同体文化构建。

（一）文化发展与价值理性

文化，有狭义与广义的区分。狭义的文化指一种社会意识形态，是与政治、经济并列存在的精神成果。广义的文化指人的本质力量的显现，包括人改造自然和社会的实践方式、过程与成果。而人的本质力量在于人能以"物的尺度"和"人的尺度"双重标准进行实践，其中"人的尺度"主要指人的价值尺度。

文化还是主体客体化和客体主体化的双向动态过程。文化发展就是文化进行的由低到高、由旧到新的演变过程，它以政治、经济变化为基础，遵循自身发展规律。文化是社会发展的动力和手段，也是社会文明进步的目标，正如联合国教科文组织提出的，要以文化的概念定义发展，文化繁荣才是发展的最高目标。文化是综合国力的主要内容，21 世纪的竞争主

要是文化的竞争。文化还事关民生幸福，它回答人类从哪里来到哪里去的问题，它关系人民的精神满足和价值依归，是凝聚人心的精神纽带，① 所以，它是人类更深层次和更高境界的追求。

一般说来，价值揭示了物的属性与人的需要之间的关系，既有人对客观事物属性的需要，也有客观事物属性对人的主观需要的满足。而价值理性就是对价值问题的理性思考，尤其是追问人的价值意义，关注对人的终极关怀。理性作为人的能动力量，也指出了人不同于其他事物的方面，即人的自觉意识和能力。根据研究对象领域来看，科学理性以自然科学为对象，价值理性以伦理道德为对象。如果说，科学理性主要回答"是什么""怎么样"的问题，是认识把握世界的求真过程。价值理性则回答了世界"应当怎么样"，主要体现了人类的需要和目的，是以人的尺度去把握物的尺度的求善与求美过程。应当说，在认识、改造自然的活动中，发展出了科学理性，而在追求合乎主体理想的过程中，发展出了反映主体需要和选择的价值理性。人类的世界，既要有客观的必然规律，也要有人的本质力量，不仅合乎客观规律，更要合乎人类善美理想，这是主体需要的价值所在。②

先秦儒家追求价值理性与科学理性的本质合一。这两种理性实际上对应于马克思关于人类生产的两种尺度，其中科学理性对应物种的尺度，是人类的合规律性，是对客观世界规律的把握，而价值理性则是人类的合目的性，是人类主体选择的"内在尺度"。③

文化的发展主要是价值理性问题，从根本而言，是"人的尺度"、人的自由全面发展的问题。与物的价值不一样，人的价值包括自我价值和社

① 云杉：《文化自觉文化自信文化自强——对繁荣发展中国特色社会主义文化的思考（上）》，《红旗文稿》2010 年第 15 期。

② 葛晨虹：《德化的视野》，同心出版社 1998 年版，第 229 页。

③ 葛晨虹：《德化的视野》，同心出版社 1998 年版，第 229 页。

会价值，其中，体现社会贡献的社会价值是衡量人的价值的主要标准。人在对社会的贡献中实现自身价值，实现自身的自由全面发展。这种"全面性"，不仅包括个人与自我、个人与社会以及人与自然等全面性的关系，也包括这种全面性不断生成的历史过程。[①] 所以，人的自由全面发展是文化发展的最终目标和价值旨归。先进文化建设就是要提升人类生存的品位、境界，满足人民精神生活的需要，这也正是价值观所追求的终极目标。[②] 道德人格中的道德理性因素是道德行为的向导，道德理性决定了道德选择，进而是正确的道德行为。道德人格的价值导向功能，还在于它以追求至善为目标，当然，这种至善是超越现实具体善的更高理念之善，它所体现的是个体希望自身人的本质得以充分展示的道德精神力量，甚至可以理解为马克思所说的追求人的自由而全面的发展。应当看到，在现实中尤其是阶级社会中，至善只是理论而非现实，但还要看到，追求至善境界和成就道德人格是仁人志士的不懈追求，这也是人格教化功能的呈现。道德人格的功能不是约束而是提升，正是对完善道德人格的追求构成了个体不断奋进、提升自我道德境界的巨大动力。

（二）当代中国文化发展中的价值缺失

道德是调节人与自身关系、人与人关系以及人与自然关系中应当遵循的价值理念、原则规范与行为习惯的总和。它依靠内心信念、传统习俗和社会舆论来维系，以善恶为评价标准，它的变化由一定的经济基础所决定，也遵循自身发展的规律，其中，所发生的积极、向上的变化被称为道德进步。道德进步是文化发展的主体内容和主要标志。按照陈序经的分析，中国从唐尧时代延续到民国，一直以道德为标准与主体来解释文化，

---

① 李德顺：《价值论》（第 3 版），中国人民大学出版社 2013 年版，第 296 页。
② 郭广银等：《当代中国道德建设》，江苏人民出版社 2000 年版，"前言"。

而孔孟更是将道德作为人生与文化的唯一鹄的。① 从中国文化发展的历史可见，文化以道德为主体，而且，文化的优劣以道德为标准。

1. 道德价值缺失的现实表现

承认道德在中国传统文化中的主体地位及巨大影响并不是把文化简单地归结为道德文化，而是要清醒地认识到当代文化建设中过于强调科技发展而轻视人文道德的倾向。文化的核心是价值观，而伦理道德是价值观的核心，要用伦理道德去引领文化发展。

在现代社会中，随着科技的迅猛发展，经济也在更高层次上发展，现代科技在促进经济发展中表现出巨大的作用，同时，文化产业创造了巨大的物质财富，在经济发展中占据更大比重，科技文化俨然成了文化的主流。但是文化的道德维度却缺乏相应的进步，包括文化对人的理想信念、价值追求、生活品位等方面的关注，这个问题集中表现在人格的物化方面。所谓人格的物化，主要指人的自然属性与社会属性尤其是道德属性的分离，或者说是以物欲满足为特征的自然属性战胜了以精神价值为特征的道德属性。随着市场经济的发展，等价交换、公平竞争成为市场准则，同时，一些人信奉利益至上原则，在物欲满足中迷失自我，物质主义、消费主义似乎成了现代文化的主导。人的尊严丧失，人之为人的本质消解，"人降到物的水平上"②。所以，尽管经济不断发展，物质文化水平不断提高，但是，公民的精神生活质量却并不能完全与之适应。在当代中国文化发展中，也一定程度地存在道德价值缺失的问题，正如《新时代公民道德建设实施纲要》中提到的："一些地方、一些领域不同程度存在道德失范现象，拜金主义、享乐主义、极端个人主义仍然比较突出；一些社会成员道德观念模糊甚至缺失，是非、善恶、美丑不分，见利忘义、唯利是

---

① 陈序经：《文化学概观》，中国人民大学出版社 2005 年版，第 111 页。
② 肖川：《论主体性道德人格教育对人的物化的抗拒》，《西北师大学报（社会科学版）》2001 年第 5 期。

图，损人利己、损公肥私；造假欺诈、不讲信用的现象久治不绝，突破公序良俗底线、妨害人民幸福生活、伤害国家尊严和民族感情的事件时有发生。"①同时，国家、民族、文明之间冲突频繁、生态环境日益恶化，人类面临的共同难题越来越多，构建人类共同命运体势在必行。上述危机的出现，实质是人的身心之间、人与人之间、人与社会之间、人与自然之间的关系冲突。

2.道德价值缺失的内在制约要素

道德是历史发展的产物，受社会政治经济现实的制约，当前我国社会处于转型期，中国特色社会主义经济发展不充分、不均衡制约了道德价值和道德规范的完善。市场经济本身的利益主体多元化、价值多样化对道德建设的挑战和负面影响也亟待消解。在文化产业和文化事业的发展中出现了一味追求功利实用、缺乏信仰关怀等现象，文化发展的宗旨、主体和过程等要素均存在问题，这是文化道德发展的阶段性问题，而非市场经济的两面性问题。

文化道德自身发展的历史阶段或者说文化断层也影响了当前文化发展中的道德价值缺失问题。在中国文化发展的历史进程中出现了几次对传统伦理道德的批判否定，严重影响了伦理道德的延续。在辛亥革命之前，中国传统伦理道德占据主导地位，产生了巨大的影响。在新文化运动期间，中国传统伦理道德作为旧道德受到了严重冲击，新中国成立后，尤其是在"文化大革命"期间，中国传统伦理道德被作为封建意识形态而遭到批判否定，丰富的中国传统伦理道德资源难以发挥其应有作用。改革开放以来，伴随着社会转型，公民信仰一度出现危机，西方的拜金主义、功利主义和工具理性思维等不良思想文化乘虚而入，影响着人们的价值观和道德观。

可见，在当代中国文化发展中，存在对价值观和道德观传播的忽视，

---

① 《新时代公民道德建设实施纲要》，人民出版社 2019 年版，第 2—3 页。

从而导致了一定程度上文化发展的道德意义的失语和价值内涵的缺失。

3.道德价值缺失的外来文化影响

在当代的价值理念中，启蒙后的理性占据了主导地位。公元14世纪开始至16—18世纪，欧洲发生"启蒙运动"，理性成为启蒙的应有之义。"启蒙的纲领是要唤醒世界，祛除神话，并用知识替代幻想。"① 正如康德所倡导的，人类必须把"公开运用自己理性的自由"作为启蒙的必要条件。这种追求理性、摆脱封建专制和宗教神学带来的迷信和愚昧的做法，将人类从对上帝的崇拜和对权威的迷信中解放出来，起到了思想解放作用。理性成为时代精神的标志和衡量一切的尺度。

在摆脱封建专制和宗教迷信的过程中，人类逐步发现了科技知识的力量。"实验科学之父"培根、卢梭、牛顿、伏尔泰等启蒙思想家都论证了科技的力量。培根提出"知识就是力量"的论断，在运用知识中，人们获得了社会中的自由与平等，掌握支配自然的权利，进而成为自然与社会的主人，而这是神话与信仰所做不到的，人的主体地位也随之得到确立。启蒙运动"发现了人"，强调人的尊严、个性，人类主体性代替上帝神性。这种主体性是理性主体，人类利用这种理性，代替上帝主宰世界，君临尘世。主体性凝聚着现代生活的内容，体现着对人的理性能力的认可，只要发挥主体性，就可以谋求现实世界的幸福。

但是，消极的后果伴随而生，道德的价值被忽视了。首先，启蒙理性被单向化为工具。启蒙后的人们将技术和工具的一面界定为知识的本质。知识成为展示人类理性的技能，成为技术专家们放纵欲望的手段，这与终极关怀再无关联，人类只需要用知识去设计并控制自然即可。从目的上看，理性不再引导人类生存价值，不再关注人类发展和解放，不再控制

---

① ［德］霍克海默、阿道尔诺：《启蒙辩证法》，渠敬东、曹卫东译，上海人民出版社2006年版，第1页。

人的情欲，而只是服务于"凡人的幸福"。换言之，面向道德领域的价值理性被逐渐遮蔽，而面向自然领域的工具理性被全面推进。这样，理性开始放弃对体现自身本质的意义功能的占有，而化身为工具理性。其次，个体欲望被放纵。人类从中世纪宗教神学的禁欲中脱离，开始追求快乐与幸福，人的本质被物质化、欲望化，人成为欲望的奴隶。在理性工具的全力配合下，在追求"凡人的幸福"的合理性的掩盖下，人类创造了前所未有的生产力。当人类沉醉于工具带来的胜利和自身的无限力量时，人类的自然性得到了进一步确认，欲望被无限放纵。人类被淹没在无限欲望中并逐渐失去自我，逐渐遗忘作为人的本真意义存在的终极关怀和价值追求等，人的异化被进一步扩大。再次，人与自然分离。人与自然的关系变为控制和利用的关系。笛卡尔认为自然只是等待人类揭示的机器，而康德则提出"人为自然立法"，理性让人类在面对自然时处于一种高高在上的位置。"理性在这样做时，不是以学生的身份，只静听老师所愿说的东西，而是以受任法官的身份，迫使证人答复他自己所构成的问题。"①自然界是被统治的单纯客体，理性是人类统治自然的工具。人类任凭主观欲望驱使，去奴役和伤害自然界，而不从自身或者从人与自然的整体去考虑人与自然的关系，从而为人类生态环境的恶化埋下了祸根。对自然的过分征服带来的消极后果就是："人们要么相互摧残，要么把地球上的动物和植物一扫而光；假如地球的生命还很年轻的话，那么，用一句名言来说，万事万物就必须从更低的阶段重新开始。"②

（三）先秦儒家的价值理性追求与当代文化发展的价值实现

先秦儒家提倡以人伦道德为核心，主张养成以德统智的道德人格。在

---

① [德]康德：《纯粹理性批判》，韦卓民译，华中师范大学出版社 2000 年版，第 15 页。
② [德]霍克海默、阿道尔诺：《启蒙辩证法》，渠敬东、曹卫东译，上海人民出版社 2006 年版，第 207 页。

近代西学的冲击下，尤其是鸦片战争后中国落后挨打的现实，让中国人对科技落后有了切肤之痛。在与西方科学的对比中，有些人开始对儒学进行反思，并提出"打倒孔家店"，对儒学进行了第一次革命性的批判。而在20世纪六七十年代，儒家思想第二次被批判。在20世纪90年代，中国兴起儒学热，重新评估现代化建设中儒学对现代科学的作用。有学者对其观点进行了归纳：一种观点认为儒家以伦理道德为核心的思想忽视科学技术，是现代化的"文化妨碍"。另一种观点指出儒学与科学发展无关，从历史上看，儒学一直是中国文化主流，但并未妨碍中国历史上科学的一度辉煌，所以，儒学并不必然是科学的阻碍。还有一种观点认为，儒家实践理性是天人合德观念的思维产物，在其思维深处，社会人文价值和自然科学价值合二为一。[1]

强调文化发展中的价值理性，也即人的尺度，落脚点在于人的全面发展，具体而言，体现在人与自身、人与他人、人与社会以及人与自然的和谐发展上。

1. 追求道德理想，促进人与自身内在和谐

先秦儒家道德人格思想在物质欲望与精神追求之间明确表达了自己的立场，那就是注重道德修养，追求精神生活的满足。

当然，先秦儒家并非无视人对基本物质生活的需要，恰恰相反，先秦儒家非常肯定物质需求的重要性，"富与贵，是人之所欲也"（《论语·里仁》）。但是，物质满足要取之有道，要符合"义"的标准。同时，要在加强自身道德修养中自然而然地取得物质满足，也就是努力修道而禄在其中，要"忧道不忧贫"。孔子认为弟子颜回"一箪食，一瓢饮，在陋巷"而"不改其乐"就是值得称道的境界。孟子则从人之为人的高度论证了具有道德属性的重要意义。"人之所以异于禽兽者几希，庶民去之，君子

---

① 葛晨虹：《德化的视野》，同心出版社1998年版，第227页。

存之。舜明于庶物，察于人伦，由仁义行，非行仁义也"（《孟子·离娄下》）。"义者，宜也"，就是表明人应当做自己应当做的事情，这也指出了道德属性对于人的重要意义，正是基于此，孟子强调了人的道德人格独立性和人的自主选择能力。

先秦儒家的这种观点，实际上是看到了精神生活尤其是道德理想对于人之为人的重要意义。当人更注重道德修养、更强调追求道德理想时，就能自觉克制个体私欲的膨胀。所以，先秦儒家道德人格所强调的这样一种道德理想追求，对当今人格物化的现象产生了非常有力的抗拒作用。

从某种意义上讲，人与其他生物的不同之处在于，人是追求意义的存在物，人需要终极关怀与价值。古希腊思想家认为，理性不仅是认识工具，更是对至善伦理的追求。在中世纪，理性尽管堕落为上帝的婢女，但是也为伦理生活提供了终极关怀。现代生活中，理性的工具手段维度急速发展，终极关怀或者说面向道德领域的价值维度则被忽视了，而先秦儒家道德人格思想揭示的人的主体需要维度恰恰是人之为人的重要内涵。

在市场经济的今天，要在处理物质生活与道德理想的关系中，通过提升自身道德境界，实现人之为人的资格认定，维护社会的公序良俗。在市场经济发展中，一方面，等价交换和公平竞争的市场原则促进了主体自由、平等意识的增强；另一方面，利益至上的原则也导致一些人在物质欲望满足中迷失自我，追求感官的满足取代了对精神境界的追求，人格出现了物化。一切有用的东西都可当作商品来卖，有了钱就可以消费、享受。"在这个根本点上缺乏'道德人格尊严'的意识，就很容易把人降到物的水平上。"[1] 人的价值观受到侵袭，人的本质开始异化，先秦儒家在处理义利关系中"见利思义"的立场，在生活方式中追求精神满足的"孔颜之

---

[1]　肖川：《论主体性道德人格教育对人的物化的抗拒》，《西北师大学报（社会科学版）》2001年第5期。

乐"，都为人们在面对种种非主流价值观时明确了选择。而且，圣人、君子等人格范型也为个体道德修养指明了努力的方向。

2.重视道德情感，促进人与人关系的和谐

先秦儒家道德思想的核心是仁，"仁者爱人"，这里的爱是有层次感的，首先是始于具有血缘关系的亲子之爱，然后施行"忠恕"之道，推己及人，从家庭、家族到氏族之内，再扩充到氏族之外的夷狄。如果说血缘之亲出自感情，其他的就应当是一种责任。当然，这种责任的根源是"人同此心，心同此理"，建立在人与人之同类关系的基础上。这对于处理好个人与他人、个人与社会乃至世界各国、各民族的关系具有重要意义。

在当今社会的人际关系中，诚信缺失、关系冷漠、信任缺乏现象并不鲜见，而重视人的道德情感，才能让人与人之间变得有温情，才能建立起互相的信任感。同时，要尊重他人的个性差异和情感，才能有效沟通，建立融洽的关系。

在人与社会的关系中，则要重视道德责任。先秦儒家在论证人的本性、论述人与社会的关系时，指出了道德责任产生的必要性。孟子认为，人禽之别在于人有仁义、通达人性、明察人伦。自然属性和社会属性都是人的属性，而社会属性是本质属性，其中，道德属性就是社会属性的重要内容，人能在各种社会关系中履行相应的道德责任，这也是人与动物之间的区别。可见，先秦儒家道德人格内含了人的道德责任感和社会责任感要求。当然，因其所处关系不同，人所承担的道德责任也不尽相同。而人之所以能够且应当承担道德责任，在于人在一定的社会关系中能相对自由地选择道德行为。这与西方的价值观有所不同，西方个人主义强调绝对自由，张扬人的主体地位，在对待人与他人、社会以及自然等关系中，都采取主体至上、权利至上的原则，相应地，在道德义务履行和道德责任的承担上对人的要求明显不足。

中国现阶段道德水准整体不够理想，呈现出私德崇高、公德滞后的局面。在私人领域、熟人圈子里，道德表现尚可，而在涉及陌生人、集体的社会领域时，道德水平明显不高。应当说，社会公德体现了国民道德素质和精神面貌，而其本质是社会责任感。社会公德的缺乏，恰恰反映了社会责任感的缺失。问题的实质在于公民的权利至上观念以及道德义务教育方面的缺失。而要解决这一问题，就要让公民认识到人的道德素质是人之为人的体现，人的道德义务和道德责任恰恰是道德素质的重要核心。当然，我们要看到道德权利表征着人道与文明，更要看到道德义务和道德责任缺失会直接导致公民社会责任感不足。应当既要有对他人权利、自由和尊严的重视，对权利主体的帮助和尊重，更要有个体对社会的义务与责任。

总的来说，对于当代社会生活而言，人与人之间的关系不仅仅有趋利避害的利益关系，还有相互关怀的伦理情感，不仅仅有法律义务，还有道德责任。

3. 秉持道德理性，推动人与自然的和谐

在处理人与自然的关系中，先秦儒家倡导"天人合一"的基本理念。所谓"天人合一"，有孟子、《中庸》的性天同一，《易传》的天人合德①等几种表述，其根本价值取向就在于人与自然的统一。其中，《中庸》提出"天命之为性"（《礼记·中庸》），把天与人性联系起来，主张通过穷尽己、人、物之性，以赞助天地产生自然万物；《易传》则提出"夫大人者，与天地合其德，与日月合其明，……与四时合其序"，就是强调天人不违，人与自然的规律、秩序相协调②。先秦儒家"修身""养性"以合天德，强调人与自然之间不是控制征服而是内在一致的关系。这些理念尽管产生于小农自然经济基础之上，但是，其所倡导的人与自然有机统一的观点和理念，对于处理人与自然关系、改善现代生活方式具有重要借鉴意义。

---

① 张岱年：《中国伦理思想研究》，江苏教育出版社 2009 年版，第 140 页。
② 张岱年：《中国伦理思想研究》，江苏教育出版社 2009 年版，第 140 页。

现代科技的发展，引起了社会关系的变革，推动了社会的进步，但是，一定程度上也让人迷失了自我，走进了对科技无所不能的盲目自信中，将人与自然变成了冰冷的对立面。所以，人为了满足自己的欲望而忽略了对大自然的伤害。当前资源匮乏、环境危机、生物多样性减少等种种问题都昭示了人与自然关系的紧张。先秦儒家从仁爱情感出发的理性，是一种包含大爱的理性，这种情感是人类共同的、具有道德意义的。因为其不同于私人的情感，才具有了成为理性的可能。[①] 这种情感理性，体现在人与自然的关系中，就是强调人对自然的义务和责任。当然，这种责任和义务不是外在的道德规范约束，甚至不是环境危机的警示，更多的是人之为人的自觉，是成就自身德性的需要，"君子之于禽兽也，见其生，不忍见其死；闻其声，不忍食其肉"（《孟子·梁惠王上》）。情感理性从人的内在情感出发，层层外推至自然万物，实现了人与自然的一体之仁。这种境界，就是成物的境界，也就是"天人合一"的境界，这是从人之本性出发，通达天道。在这种境界下，人才能将自然万物视为自己身体的重要组成而加以情感上的亲近和行为上的保护，这里的情感是不求回报的单向度责任和义务。确立了这种情感理性，人类就能自觉到人的本质，认识到自然之于人的生命价值和意义，也就不再单纯依赖科技进步来满足自身的物质欲望，就不会为了满足物质欲望而控制、征服自然，而是走近、爱护自然，在人与自然之间建立一种和谐的关系。

4.增进道德传播，实现人类命运共同体文化构建

命运共同体是我国政府针对当今国际形势新特点提出的关于人类社会的新理念。2011年《中国的和平发展》白皮书中提到，"命运共同体"为寻找人类共同利益和共同价值时代内涵提供了新视角。面对当前国际秩序和人类生存现状，人类已经身处一个"命运共同体"，并且以应对新的挑

---

① 蒙培元：《人与自然——中国哲学生态观》，人民出版社2004年版，第13页。

战为内容的全球价值观已开始形成。

"人类命运共同体"作为一种价值观，包括国际权力观、共同利益观、可持续发展理论、全球治理理论等内涵。从政治上来讲，就是主要依靠相互制约力量和多边框架而形成多极化；在经济上，要保持发达国家和发展中国家的均衡与共同发展；在文化上，强调多元文化的并存互容；在安全上，主张互信互利平等协作的新安全观。

先秦儒家道德人格及其教化思想中蕴含着命运共同体以及实现路径机制等丰富资源。《礼记·礼运》里描述的"大道之行也，天下为公，选贤与能，讲信修睦。故人不独亲其亲，不独子其子……是谓大同"，就是中华文明中人类命运共同体思想的重要体现。这是从社会理想的角度为人类命运共同体描绘的图景。而道德人格思想中蕴含的处理人与自我关系的"义利之辨"、人与人关系的"和而不同"、人与自然关系的"天人合一"等，都是人类命运共同体理念的重要内容。先秦儒家道德人格教化思想为人类命运共同体构建提供了启迪，如"人能弘道，非道弘人"（《论语·卫灵公》）、"君子所过者化"（《孟子·尽心上》）等思想。作为一种理念，道德人格教化不仅指向个体和理想，更指向群体与现实。教化就是让每个人实现理想道德人格，达到至善境界，"为人子止于孝，为人父止于慈，与国人交止于信"（《礼记·大学》）。教化的出发点在于自我德性的完善，即"明明德"，而教化的展开则是推己及人，即"亲民"，当然这种展开是以人与人之间的人性相通为前提的，其实现路径包括自我教化、家庭教化、社会教化。尤其是社会教化，不仅指向人与非血缘关系的朋友、师生、同事之间的关系，更以其对神道的关注，指向了对人终极关怀的宗教信仰，还有对人与自然关系和谐的追求。具体而言，人类命运共同体需要自我德性的成就，需要人与人之间的价值观的认同，更需要在不同文明的对话中，传播承载中华价值观的道德人格思想。针对如何处理不同文明的关系，社会学家费孝通总结了"各美其美，美人之美，美美与共，天下大同"的十六字箴言。

"人类命运共同体"理念是对中国传统文化的继承，传统文化从个体修身开始，形成家国天下一体的情怀，进而提出"协和万邦"的理念。"人类命运共同体"理念包含的和平共处、持续发展、全球治理、共同繁荣等理念是符合世界各国共同利益的价值理念，这也说明，随着中国经济和综合实力的增强，中国开始更多地思考自己的责任，体现了"达则兼济天下"的社会责任感。

第三节　先秦儒家道德人格及其教化思想的转化发展

所谓"转化"，就是在一定条件下，矛盾的双方经过斗争，各自向自己对立面及其地位转变。而传统文化的现代转化就是在新的时代背景下，传统文化精华在与现代文化的斗争中，获得自己应有的位置，其实质就是由为小农经济生产方式服务转变成为以建立社会主义市场经济体制为中心的现代化建设服务。唯物史观告诉我们，文化的转化发展是一个自然历史过程，是一个从量变到质变的自我更新、自我发展的过程，它"与其说是一种文化发展战略，不如说是我们对传统文化转化发展规律的自觉把握和运用"①。

一、转化发展的必要性

在历史上，对待传统文化的态度有一个复杂曲折的变化过程，主要表现为"全盘西化"和"全盘复古"两种错误倾向。中国共产党人历来重视

---

① 杨明：《不能割断精神命脉》，《光明日报》2014 年 10 月 29 日。

对中华优秀传统文化的传承和弘扬，具有基本的科学态度和理性自觉。毛泽东同志指出："我们是马克思主义的历史主义者，我们不应当割断历史。从孔夫子到孙中山，我们应当给以总结，承继这一份珍贵的遗产。"[1]在新的历史条件下和文化实践中，邓小平同志、江泽民同志、胡锦涛同志坚持马克思主义的指导地位，继承和发展了毛泽东的传统文化观。

　　自党的十八大以来，习近平同志更是进一步继承和发展了中国共产党人的中国传统文化观。在《在纪念孔子诞辰2565周年国际学术研讨会暨国际儒学联合会第五届会员大会开幕会上的讲话》中，习近平同志指出："不忘历史才能开辟未来，善于继承才能善于创新。优秀传统文化是一个国家、一个民族传承和发展的根本，如果丢掉了，就割断了精神命脉。"[2]在文艺工作座谈会上，他再次强调："中华优秀传统文化是中华民族的精神命脉，是涵养社会主义核心价值观的重要源泉，也是我们在世界文化激荡中站稳脚跟的坚实根基。"[3]所谓"命脉"，即生命、血脉，比喻生死攸关的事物。"精神命脉"指出了中华优秀传统文化事关中华民族生命共同体的生死存亡，这一判断表明了中国共产党人对于中华优秀传统文化历史地位的清醒认识，是马克思主义文化观的时代发展，体现了中国共产党人高度的文化自信。不仅如此，习近平同志还指出了中华优秀传统文化的现实价值，认为中华优秀传统文化中蕴含着丰富的"哲学思想、人文精神、教化思想、道德理念等，可以为人们认识和改造世界提供有益启迪，可以为治国理政提供有益启示，也可以为道德建设提供有益启发"[4]。既然中华优秀传统文化具有如此重要的历史地位和现实价值，那就不能视若糟粕、

---

[1]　《毛泽东选集》第二卷，人民出版社1991年版，第534页。

[2]　习近平：《在纪念孔子诞辰2565周年国际学术研讨会暨国际儒学联合会第五届会员大会开幕会上的讲话》，《人民日报》2014年9月25日。

[3]　习近平：《在文艺工作座谈会上的讲话》，人民出版社2015年版，第25页。

[4]　习近平：《在纪念孔子诞辰2565周年国际学术研讨会暨国际儒学联合会第五届会员大会开幕会上的讲话》，《人民日报》2014年9月25日。

弃之不用，当然，"传统文化在其形成和发展过程中，不可避免会受到当时人们的认识水平、时代条件、社会制度的局限性的制约和影响，因而也不可避免会存在陈旧过时或已成为糟粕性的东西"①，所以，也不能原封不动，照搬照抄。正确的做法就是"要坚持古为今用、以古鉴今，坚持有鉴别的对待，有扬弃的继承……努力实现传统文化的创造性转化、创新性发展，使之与现实文化相融相通，共同服务以文化人的时代任务"②。

而先秦儒家道德人格及其教化思想，面临着新的时代场域，如工业文明、民主社会、市场经济和法治时代等，既有社会转型带来的结构性冲突，也有价值观念变迁带来的理念冲突，如伦理至上与功利主义、等级与民主等，这些都提出了转化的必要性。

二、转化发展的基本原则

（一）坚持科学化原则

科学化就是要正确对待马克思主义与先秦儒家道德人格及其教化思想之间的关系。中华优秀传统文化的"创造性转化和创新性发展"是对"取其精华，弃其糟粕"的继承与发展，是科学对待中国文化的马克思主义命题。

作为科学的世界观和方法论，马克思主义指引着文化建设的方向，使中国特色社会主义文化建设保持科学性和先进性。面对先秦儒家道德人格及其教化思想的转化发展问题，我们也要坚持其辩证思维方法，实事求是，与时俱进，保证正确的转化发展方向。

要正确处理马克思主义和先秦儒家道德人格及其教化思想的关系，就

---

① 《习近平谈治国理政》第二卷，外文出版社 2017 年版，第 313 页。
② 《习近平谈治国理政》第二卷，外文出版社 2017 年版，第 313 页。

要牢固树立马克思主义的指导地位，不同的社会上层建筑领域中有不同的指导思想，在长期的封建社会中，儒家学说作为官方意识形态成为指导思想，发挥着"帝王师"的功能和作用。而在当今社会，儒家学说却存在无法解释并指导阶级斗争等局限，它只能是构筑当代思想文化的资源。① 有的学者将马克思主义与儒学的关系表述为"主导意识与支援意识"② 的关系，也就是主张要顺应历史发展规律，坚持先进文化的方向，同时，将有价值的历史资源转化为支援意识，这是科学的态度。作为产生于小农自然经济社会、以血缘宗法等级关系为基础的思想，先秦儒家道德人格及其教化思想为当时社会的政治、经济与文化的发展提供了有价值的指导，但是，在新时代中国特色社会主义实践中，促使其继续发挥作用的首要条件，就是坚持马克思主义对其转化实践的指导，克服其历史和阶级的局限性，用马克思主义的人学理论和思想政治教育理论去科学引导、客观分析，实现其创造性转化与创新性发展。

（二）坚持时代化原则

时代化就是指先秦儒家道德人格及其教化思想的转化要主动回应时代问题。先秦儒家道德人格及其教化思想面对新的时代场域和新的现实问题，转化的实质就是要使其为社会主义现代化建设服务，"古为今用"，落脚点就在"用"上。而检验其转化成败的标准就是其能否由适应小农经济的思想文化转化为适应社会主义市场经济的思想文化体系。所以，要坚持时代化原则。首先，根据时代发展的客观需要，对先秦儒家道德人格及其教化思想中的要素进行重新选择与诠释，要立足适应当代社会发展实践，在与经济社会发展融合中为其提供内在动力。具体而言，要按照"是

---

① 　陈先达：《中国传统文化的创造性转化和发展》，《前线》2017 年第 2 期。
② 　方克立：《关于马克思主义与儒学关系的三点看法》，《红旗文稿》2009 年第 1 期。

否有利于推动中国特色社会主义建设事业，是否有利于建设和形成中国特色社会主义道德体系，是否有利于改善社会风气和提高广大人民群众的思想道德水平"[1]，是否有利于培养担当中华民族复兴大任时代新人的标准，做好判断取舍和转化发展。其次，要关注社会现实，坚持问题导向，积极回应社会热点和时代焦点问题，在与时代问题的交锋中转化更新自身的理论体系。最后，要保持开放包容，善于交流。创造性转化面临一个与人类其他文明交流交融交锋的过程。先秦儒家道德人格及其教化思想所倡导的"和而不同""物之不齐，物之情也"等都蕴含着开放、包容的要素，所以，先秦儒家道德人格及其教化思想要在与其他文明的交流中主动开启自我更新、自主发展的模式，保持其生命力。

（三）坚持大众化原则

大众化就是让先秦儒家道德人格及其教化思想立足于人民群众的现实利益，服务人民群众的精神文化需求。先秦儒家道德人格及其教化思想的一个重要特点就是强调道德人格思想具有实践性特点，认为个体人格化育就是在人伦日用之中，所以，这一思想资源的转化也要立足现实，让道德人格及其教化思想面向并服务于人民群众，在日常生活中进行人格化育。应当看到，先秦儒家道德人格及其教化思想具有的精英化和理想化特点要求现实的道德主体具有较高的道德素质和道德境界，而在市场经济条件下，利益主体的多元化导致社会成员的自我道德要求具有明显的层次性。这种传统道德思想的理想期待与市场经济体制中道德标准的现实要求存在矛盾。所以，要实现先秦儒家道德人格及其教化思想的转化，就要坚持大众化原则，夯实转化发展的群众基础，保障其在社会道德生活中具有现实性和可操作性。坚持大众化原则就要紧密结合广大人民群众的精神文化需

---

[1]　王易：《探求中华传统美德的创造性转化》，《思想理论教育导刊》2015 年第 5 期。

求，找准人民群众的利益交汇点，对先秦儒家道德人格及其教化思想中的人文精神、价值理念、道德观念等重新诠释，结合现实生活，赋予其新的内涵，最大限度满足群众的利益关切和精神需求；在转化形式上，尽量采用新鲜活泼的、为中国老百姓喜闻乐见的方式，要彰显"中国作风和中国气派"①，充分运用现代媒体资源，进行最大范围的道德传播，注重完善制度，健全机制，保障先秦儒家道德人格及其教化思想能够获得社会成员的心理认同，促使其在现代社会道德生活中得以落实。

三、转化发展的现实路径

转化发展的路径，主要是植根并服务于现实，返回思想的历史文化本原，既要关注真实个体生命，同时不放弃教化的引导。先秦儒家道德人格教化思想承载的历史价值在现代社会重现，为现实的意识形态建设、现代性教化困境的超越及精神家园的构建提供文化支撑，从方法论上讲，对其道德的独立性和蕴含的政治意义的分析，要置于历史文化背景中考察，还原真实的历史语境，然后与现代语境比较。要有反思和批判，在对现实问题的剖析中对其前途进行考量。

（一）推动市场经济和诚信社会的发展与培养讲道义有境界的人格

应当说，考量思想转化的路径，要立足当代中国实践，突出问题意识。与先秦儒家思想立足小农经济基础、以血缘关系为纽带不同，当前中国最大的经济现实就是社会主义市场经济。在社会主义市场经济的时代框架内，要注重考量利益驱动与个体正当的物质需求满足，同时，道德主体面临的物质诱惑更加多元，需要的层次更加多样。对个体来讲，道德理想

---

① 《毛泽东选集》第二卷，人民出版社1991年版，第534页。

化色彩在面临利益冲击时，如何能更有说服力？在强调契约精神的背景下，如何克服个体权利失落？个体与集体关系如何协调？这些都是转化发展不可避免的问题。

在建立社会主义市场经济体制的新形势下，原有的以血缘伦理关系为主让位于以利益交换关系为主，先秦儒家道德人格及其教化思想体系还面临的问题，是找准正确处理个人利益和集体利益的契合点，使得个人的利益同国家的、人民的利益都能够得到满足和实现，促进全社会的共同进步和发展。针对这个问题，先秦儒家"以义制利"等思想强调人们在合乎道义原则的指导下，采取合宜方式取利，有利于促进市场活动中物质利益与道德原则、个体与集体关系的协调发展，其"仁者爱人"思想中蕴含的相互依存、互助交往原则与市场经济中的互利交换原则具有同构契合性，二者的融通可以培养市场主体的诚信交往与互利交换的自觉意识。而市场经济活动对人的主动精神与人的发展的要求，也存在着将儒家思想重视人的和谐、现实与超越统一的思想融入市场经济的可能，并克服市场经济中可能出现的片面强调个人利益、追求工具理性而造成价值理想失落的弊端，实现培养讲道义有境界的人格的目标。

（二）依法治国与以德治国相结合，构建良法善治社会与培养有民主法治意识的人格

着眼于社会政治领域，先秦儒家道德人格思想中具有民本要素，但是，民本并不等于民主，它是等级制度下为调和等级矛盾而对底层民众的关注。就民众意识来看，由于先秦儒家道德教化存在价值目标理想化和泛政治化、个体在群体中的权利失落与价值遮蔽等局限，培养的社会成员普遍缺少规范准则意识，缺乏民主精神。因此，在推进先秦儒家道德人格及其教化思想的转化发展中，要结合公民道德建设，以公民权利与义务的统一为价值取向，以倡导人与人之间遵守普遍道德契约、追求秩序的和谐为

目标，培育平等健全的独立人格。要加强以公民的本质特征为基础，将公共生活领域内的行为准则内化为公民意识指导其行为的公民道德教育，培养社会需要的好公民。

在德治与法治关系中，尽管先秦儒家道德人格及其教化思想表达了对道德人格的充分信任，也包含了对"礼"的规范作用的认识，但是在德治具有根本性地位的遮蔽下，法治的功能并没得到相应的凸显。有鉴于此，在提倡依法治国的今天，我们要自觉将先秦儒家以"礼"规范调节人际关系、形成和谐秩序的思想融入法治社会建设中，将以道德为法律依据的思想融入以完善人类自身为法律根本价值的追求中，以德教优于法治的思想促进法律内化为主体的自觉意识与行为模式，将"移孝作忠"的家国治理模式转化为以契约法制规范为主的治理模式。在当代社会中，要坚持"法律是成文的道德，道德是内心的法律"的理念，在培养时代新人的过程中，加强法治意识的培养，同时，要让道德成为法律的支撑，在立法、执法、司法的过程中，都要有道德的考量，在充分发挥法治的作用中实现良法善治的理想状态。

（三）推进文化认同，构建人类命运共同体与培养有担当开放意识的人格

在文化方面，当今社会人类文明的交流交融交锋日益频繁，国际文化软实力的比拼也更加激烈。所以，我们更要坚持社会主义核心价值观，形成价值共识，增强民族凝聚力，引领文化发展，增强文化自信。中华民族的复兴从根本上讲是文化复兴和文明养成，是对传统文化的自觉认识，对文化多样性以及"和而不同"文化观的价值认同。人格及其教化实际上强调对价值观、境界观和实践观的认同。文化认同是群体对个体的文化影响，尤其对自身文化的认同，是增强凝聚力、自立于世界的精神力量。

先秦儒家道德人格思想中对待不同文明提出了"和而不同"的原则，

体现了包容性和开放性。"人能弘道，非道弘人"（《论语·卫灵公》），"君子所过者化"（《孟子·尽心上》），"君子居之，何陋之有"（《论语·子罕》），表达了强烈的文化自信。在当代社会的理想道德人格设计中，要注重培养新时代个体担当、开放的人格，要有充分的文化自觉和文化自信，同时，还要注意群体与个体、群体与群体之间的关系。在民族与民族、国家与国家的交往中，要讲好中国故事，协调增强自身的文化软实力和国际影响力，彰显中华文化形象。

参考文献

一、中国古典文献

顾颉刚、刘起釪：《尚书校释译论》，中华书局 2005 年版。

金兆梓：《尚书诠译》，中华书局 2010 年版。

《诗经》，刘毓庆、李蹊译注，中华书局 2011 年版。

（战国）左丘明：《国语》，（三国）韦昭注，上海古籍出版社 2015 年版。

陈鼓应：《管子四篇诠释》，商务印书馆 2006 年版。

杨伯峻编著：《春秋左传注》，中华书局 1981 年版。

《周易译注》，周振甫译注，中华书局 2012 年版。

《吕氏春秋》，陆玖译注，中华书局 2011 年版。

《论语注疏》，（魏）何晏注，（宋）邢昺疏，中国致公出版社 2016 年版。

《论语正义》，（汉）郑玄注，（清）刘宝楠注，上海书店出版社 1998 年版。

（梁）皇侃：《论语义疏》，高尚榘校点，中华书局 2013 年版。

（清）刘宝楠：《论语注疏》，中华书局 2012 年版。

（清）刘宝楠：《论语正义》，高流水点校，中华书局 1990 年版。

程树德：《论语集释》（上、下），中华书局 2013 年版。

杨树达：《论语疏证》，上海古籍出版社 2006 年版。

《论语译注》，杨伯峻译注，中华书局 2006 年版。

《孟子译注》，杨伯峻译注，中华书局 2012 年版。

（清）王先谦：《荀子集解》（上、下），中华书局 2013 年版。

《荀子》，方勇、李波译注，中华书局 2011 年版。

张觉撰：《荀子译注》，上海古籍出版社 2012 年版。

（宋）朱熹：《四书集注》，岳麓书社 2004 年版。

（宋）黎靖德：《朱子语类》第一卷，杨绳其、周娴君校点，岳麓书社 1997 年版。

《孔子家语》，王国轩、王秀梅译注，中华书局 2011 年版。

（唐）孔颖达：《礼记正义》，上海古籍出版社 2008 年版。

杨天宇：《礼记译注》（上、下），上海古籍出版社 2004 年版。

《老子今注今译》，陈鼓应注译，商务印书馆 2003 年版。

任继愈译：《老子新译》，上海古籍出版社 1985 年版。

《庄子今注今译》，陈鼓应注译，商务印书馆 2007 年版。

《墨子》，（清）毕沅校注，上海古籍出版社 2014 年版。

《韩非子译注》，张觉译注，上海古籍出版社 2016 年版。

（汉）司马迁：《史记》（第三册），中华书局 2011 年版。

（明）王守仁：《传习录注疏》，邓艾民注，上海古籍出版社 2015 年版。

（明）王守仁：《王阳明全集》（上、中、下），上海古籍出版社 2012 年版。

陈荣捷：《传习录详注集评》，华东师范大学出版社 2009 年版。

二、经典文献

《马克思恩格斯全集》第 1—50 卷，人民出版社版。

［德］恩格斯：《自然辩证法》，人民出版社 2015 年版。

《毛泽东选集》第一、二、三、四卷，人民出版社 1991 年版。

三、中文专著

郭广银主编：《伦理学原理》，南京大学出版社 1995 年版。

郭广银、杨明：《社会主义荣辱观概论》，南京大学出版社 2008 年版。

郭广银、杨明：《当代中国道德建设》，江苏人民出版社 2000 年版。

郭广银、杨明：《应用伦理的热点探索》，江苏人民出版社 2004 年版。

郭广银等：《伦理新论：中国市场经济体制下的道德建设》，人民出版社 2004 年版。

杨明：《现代儒学重构研究》，南京大学出版社 2002 年版。

杨明：《宗教与伦理》，译林出版社 2010 年版。

杨明、张晓东：《现代西方伦理思潮》，安徽人民出版社 2009 年版。

张一兵、周宪主编：《唐君毅新儒学论集》，南京大学出版社 2008 年版。

张晓东：《中国现代化进程中的道德重建》，贵州人民出版社 2002 年版。

张晓东：《大学蠡测》，江苏人民出版社 2016 年版。

张锡生主编，杨明、王月清副主编：《中华传统道德修养概论》，南京大学出版社 1998 年版。

蔡元培：《中国伦理学史》，上海古籍出版社 2005 年版。

曹孟勤：《人性与自然》，南京师范大学出版社 2006 年版。

陈瑛主编：《中国教育思想史》，湖南教育出版社 2004 年版。

陈序经：《文化学概观》，中国人民大学出版社 2005 年版。

崔华前：《先秦诸子德育方法思想研究》，中国社会科学出版社 2007 年版。

冯友兰：《中国哲学史新编》（上、中、下），人民出版社 2007 年版。

费孝通：《乡土中国》，人民出版社 2015 年版。

樊浩：《道德与自我》，吉林教育出版社 1994 年版。

高时良：《学记研究》，人民教育出版社 2005 年版。

郭齐家：《中国教育思想史》，教育科学出版社 1987 年版。

顾明远：《民族文化传统与教育现代化》，北京师范大学出版社 1999 年版。

韩钟文：《先秦儒家教育哲学思想研究》，齐鲁书社 2003 年版。

何光荣：《中国古代教育哲学》，北京师范大学出版社 1997 年版。

侯外庐等：《中国思想通史》第 1 卷，人民出版社 2011 年版。

黄玉顺：《儒学与生活——"生活儒学论稿"》，四川大学出版社 2009 年版。

金生鈜：《规训与教化》，教育科学出版社 2004 年版。

康学伟：《先秦孝道研究》，吉林人民出版社 2000 年版。

罗国杰主编，许抗生本卷主编、陈来本卷副主编：《中国传统道德·教育修养卷》，中国人民大学出版社 1995 年版。

罗国杰：《以德治国与公民道德建设》，河南人民出版社 2003 年版。

赖永海：《佛学与儒学》，浙江人民出版社 1992 年版。

李书有：《中国儒家伦理思想发展史》，江苏古籍出版社 1992 年版。

李泽厚：《论语今读》，天津社会科学院出版社 2007 年版。

李景林：《教化的哲学——儒学思想的一种新诠释》，黑龙江人民出版社 2005 年版。

梁启超：《先秦政治思想史》，上海古籍出版社 2014 年版。

梁漱溟：《中国文化要义》，上海人民出版社 2011 年版。

蒙培元：《人与自然》，人民出版社 2004 年版。

牟钟鉴：《儒学价值的新探索》，齐鲁书社 2001 年版。

钱穆：《论语新解》，生活·读书·新知三联书店 2002 年版。

任剑涛：《道德理想主义与伦理中心主义：儒家伦理及其现代处境》，东方出版社 2003 年版。

汤一介：《瞩望新轴心时代：在新世纪的哲学思考》，中央编译出版社 2014 年版。

童书业：《先秦七子思想研究》，齐鲁书社 1982 年版。

万俊人：《寻求普世伦理》，北京大学出版社 2009 年版。

王月清：《中国佛教伦理研究》，南京大学出版社 1999 年版。

徐仲林等主编：《中国教育思想通史》第 1 卷，湖南教育出版社 1994 年版。

肖群忠：《伦理与传统》，人民出版社 2006 年版。

许倬云：《中国古代社会史论——春秋战国时期的社会流动》，邹水杰译，广西师范大学出版社 2006 年版。

杨国荣：《伦理与存在——道德哲学研究》，华东师范大学出版社 2009 年版。

杨国荣：《善的历程：儒家价值体系研究》，上海人民出版社 2006 年版。

詹世友：《道德教化与经济技术时代》，江西人民出版社 2002 年版。

张岱年：《中国伦理思想研究》，江苏人民出版社 2009 年版。

唐凯麟、张怀承：《成人成圣——儒家伦理道德精粹》，湖南大学出版社 1999 年版。

张惠芬：《中国古代教化史》，山西教育出版社 2009 年版。

张国刚主编：《中国家庭史》第 1 卷，广东人民出版社 2007 年版。

张瑞璠主编：《中国教育哲学史》第 1 卷，山东教育出版社 1999 年版。

张锡生主编：《中国德育思想史》，江苏教育出版社 1993 年版。

张勤：《国民教育新视野——蔡元培教育思想研究》，吉林人民出版社 2005 年版。

朱伯崑：《先秦伦理学概论》，北京大学出版社 1984 年版。

朱义禄：《儒家理想人格与中国文化》，复旦大学出版社 2006 年版。

余英时：《士与中国文化》，上海人民出版社 1987 年版。

四、中文论文

郭广银：《党的历史使命的"新时代"意蕴》，《群众》2018 年第 7 期。

郭广银：《坚持依法治国和以德治国的内在统一》，《唯实》2015 年第 4 期。

郭广银：《走向世界的中国伦理》，《伦理学研究》2013 年第 3 期。

郭广银、杨明：《儒家伦理与当代理想人格》，《学术研究》1996 年第 2 期。

杨明：《儒家中和理念及其现代价值》，《道德与文明》2010 年第 2 期。

杨明：《伦理文化视角中的宗教》，《江苏社会科学》2006 年第 4 期。

杨明：《个体道德·家庭伦理·社会理想——〈礼记〉伦理思想探析》，《道德与文明》2012 年第 5 期。

杨明：《中和精神与和谐社会》，《江海学刊》2005 年第 4 期。

杨明：《论王船山的君子与小人之辨》，《船山学刊》2015 年第 4 期。

张晓东：《道德发展与人的解放》，《东南大学学报》2016 年第 4 期。

张晓东：《道德：追寻生存方式之善》，《学术研究》2013 年第 1 期。

张晓东：《唯物史观视野中的道德进步》，《南京社会科学》2012 年第 8 期。

赵华：《论伦理在媒体传播过程中的嬗变》，《江海学刊》2008 年第 6 期。

郭良婧：《论公民道德教育的层次性》，《学术交流》2002 年第 11 期。

韩玉胜：《中国古代乡约道德教化精神的理性审视及现代性重塑》，《云南社会科学》2014 年第 5 期。

韩玉胜：《"宋明乡约"乡村道德教化展开的历史逻辑》，《伦理学研究》2014 年第 3 期。

陈来：《论儒家教育思想的基本理念》，《北京大学学报（哲学社会科学版）》2005 年第 9 期。

陈宗章：《先秦儒家"教化"思想的研究回顾与展望》，《船山学刊》2014 年第 1 期。

陈秉公：《中国传统人格发展历程与当代理想人格模式建构》，《思想教育研究》2015 年第 10 期。

龚群：《中国的君子人格理想》，《伦理学研究》2006 年第 1 期。

蒋国保：《儒家君子人格的当代意义——以孔孟"君子"说为论域》，《道德与文明》2016 年第 6 期。

黎红雷：《位与德之间：从〈周易·解卦〉看孔子君子小人说的纠结》，《孔子研究》2012 年第 1 期。

李振纲：《孔门"君子"释义》，《河北大学学报》2010 年第 3 期。

李承贵：《儒家榜样教化论及其当代省察——以先秦儒家为中心》，《齐鲁学刊》2014 年第 4 期。

梁国典：《孔子的"君子"人格论》，《齐鲁学刊》2008 年第 5 期。

罗国杰：《关于孔子义利观的一点思考——兼析"君子喻于义，小人喻于利"》，《学术研究》1994 年第 3 期。

彭国翔：《君子的意义与儒家的困境》，《读书》2009 年第 6 期

施忠连：《美国对儒学的新认识》，《社会科学》1997 年第 8 期。

唐凯麟：《道德人格论》，《求索》1994 年第 5 期。

王保国：《教化的政治与政治的教化——传统中原政治文化传播模式探析》，《学术论坛》2008 年第 1 期。

肖群忠：《儒家为己之学传统的现代意义》，《齐鲁学刊》2002 年第 5 期。

杨朝明：《刍议儒家的教化文化》，《孔子研究》2008 年第 6 期。

张岱年：《先秦儒家教育哲学思想研究》序，《上饶师专学报》1990 年第 2 期。

张锡勤：《试论儒家的"教化"思想》，《齐鲁学刊》1998 年第 2 期。

周慧梅、王炳照：《沿革与流变：从古代社会教化到近代民众教育》，《河北师范大

学学报（教育科学版）》2005年第4期。

五、报纸文章

杨明：《不能割断"精神命脉"》，《光明日报》2014年10月29日。

钱念孙：《君子文化与社会主义核心价值观》，《光明日报》2014年6月13日。

六、外文译著

[古希腊] 亚里士多德：《尼各马可伦理学》，廖申白译，商务印书馆2003年版。

[古希腊] 亚里士多德：《形而上学》，吴寿彭译，商务印书馆1981年版。

[德] 康德：《实践理性批判》，韩水法译，商务印书馆1999年版。

[德] 黑格尔：《小逻辑》，贺麟译，商务印书馆2003年版。

[德] 包尔生：《伦理学体系》，何怀宏、廖申白译，中国社会科学出版社1997年版。

[德] 恩斯特·卡西尔：《人论》，甘阳译，上海译文出版社1985年版。

[德] 伽达默尔：《真理与方法》，王才勇译，辽宁人民出版社1987年版。

[美] 理查德·罗蒂：《哲学和自然之镜》，李幼蒸译，商务印书馆2003年版。

[美] 摩尔根：《古代社会》，杨东莼、马雍、马巨译，商务印书馆1977年版。

[美] 杜维明：《道·学·政：论儒家知识分子》，钱文忠、盛勤译，上海人民出版社2000年版。

[美] 杜维明：《儒家传统与文明对话》，彭国翔编译，人民出版社2010年版。

[美] 狄百瑞：《儒家的困境》，黄水婴译，北京大学出版社2009年版。

七、外文著作

Wm Theodore de Bary, *The Trouble with Confueianism*, Harvard University Press, 1991.

八、学位论文

鲁从阳：《伦理学视域中理想人格研究——关于人的存在价值、意义和状态的探索》，南京大学博士学位论文，2008年。

陈继红：《"分"与伦理——先秦儒家治世伦理的一种解读视角》，南京师范大学博士学位论文，2008年。

林贵长：《君子论——先秦儒家理想人格研究》，中国人民大学博士学位论文，2007年。

后 记

"文章千古事，得失寸心知"，这本小书，几易其稿，几经修改，越是临近交付出版，越是感觉还应有更深刻的思考、更独特的见解、更准确的表达。对待博大丰厚的中华优秀传统文化，我是始终怀有温情与敬意的，我深知，中华民族的生生不息、绵延不绝，正是根源于此。而我们所面对的中国传统伦理思想不是一堆冰冷僵硬的历史材料，它的生命与传承都需要用温情与敬意去追寻与探求。

本书是 2020 年国家社科基金项目"新时代英雄精神的传统根基与培育机制研究"（编号 20BKS136）的阶段性成果，也是在我的博士论文基础上修改而成的。南京大学的四年求学之路，是徜徉于中国传统伦理思想经典之中的问道之旅。四年间，虽然有着从工作单位到学校的生活奔波，有着从"西方的生态伦理思想"到"中国传统伦理思想"的研究转向，但是，能暂时抛开事务性工作投入纯粹的学生学业中，更是一个来之不易和值得我珍惜的机遇。"仁者先难而后获，可谓仁矣"，对待中国传统伦理思想的学习与研究，不仅有伏案爬格的辛勤写作，也有偶有所得的内心喜悦，不仅有学术研究的阶段成果，更是为仁之道的终极追求，而这种追求，于我而言，是求道之得在自我内心之中的精神体悟，也有诸位师友的辅仁之功。

感谢恩师杨明先生。正是在先生的指引下，我才能在中国传统伦理思想的学术海洋中泛舟遨游。在本书写作过程中，在研究选题、写作思路甚至遣词造句等方面，先生都给予了悉心指导。能跟随先生学习，是人生幸事，从先生身上，我所要学的不仅是学问知识，更多的是为人处世之道与儒雅、睿智、博学的君子风范。

感谢南京大学伦理学专业这个学术共同体中的郭广银教授、张晓东教授、赵华教授、郭良婧副教授、韩玉胜副教授。犹记得，郭老师的那句毕业赠语"希望你在学有所获之后能更好地学以致用"，一直鞭策、激励我在伦理学这片学术沃土中精耕细作。感谢张勤教授多年以来的鼓励和支持，在学术和工作上给予的指点与帮助。感谢李喜英教授、吴翠丽教授、徐海红教授、张伟副教授、邓立博士、张浩博士、宗益祥博士、罗建华博士、薛丁辉博士、许至博士、赵宁博士的关心与鼓励。感谢我的博士同窗陈琳、宋文慧，能与她们一起学习，是一种缘分。

感谢我的硕士生导师曹孟勤教授带给我伦理学研究启蒙，教给我学术的严谨与研究的方法。感谢张异宾教授、赖永海教授、王小锡教授、徐小跃教授、王永贵教授、王月清教授、马永庆教授、刘云林教授、王跃教授、徐强教授、李承贵教授的授课、教诲或启发。同时，感谢人民出版社陈晓燕编辑对拙著出版给予的大力支持。

最后，还要感谢我的家人。感谢生我养我的父母，是他们教给我那些平实质朴的做人道理，因工作原因不能在身边尽孝，唯愿他们晚年幸福、健康快乐。感谢我的妻子刘楠楠，她为支撑我们这个小家付出太多辛劳，在完成自己教学科研工作的同时几乎承担了所有家务。还要感谢我的儿子张皓宸，总是能在我写作之余相伴嬉闹，带给我欢笑与安慰，盼他茁壮成长，天天快乐。

本书虽已完成，但因学力有限，在内容与形式上难免存在不尽如人意之处，甚至一些学术见解还存在一定的争议，恳请学界同仁批评指正！

张晓庆

2022 年 4 月 19 日

责任编辑：陈晓燕
封面设计：九五书装

图书在版编目（CIP）数据

先秦儒家道德人格及其教化思想研究／张晓庆 著 . — 北京：人民出版社，
　2023.11
ISBN 978 - 7 - 01 - 025732 - 7

I.①先…　II.①张…　III.①儒家－品德教育－研究－中国－先秦时代
　IV.① B222.05

中国国家版本馆 CIP 数据核字（2023）第 095920 号

先秦儒家道德人格及其教化思想研究

XIANQIN RUJIA DAODE RENGE JI QI JIAOHUA SIXIANG YANJIU

张晓庆　著

人 民 出 版 社 出版发行
（100706　北京市东城区隆福寺街 99 号）

北京汇林印务有限公司印刷　新华书店经销

2023 年 11 月第 1 版　2023 年 11 月北京第 1 次印刷
开本：710 毫米 ×1000 毫米 1/16　印张：17.75
字数：253 千字

ISBN 978 - 7 - 01 - 025732 - 7　定价：58.00 元

邮购地址 100706　北京市东城区隆福寺街 99 号
人民东方图书销售中心　电话（010）65250042　65289539